Deutsches Beamtengesetz
und
Reichsdienststrafordnung

mit Begründung und Erläuterungen

Von

Dr. Udo Krauthausen
Ministerialrat im Reichs- und
Preuß. Ministerium des Innern

1937
J. Schweitzer Verlag (Arthur Sellier)
München, Berlin und Leipzig

Druck von Dr. F. P. Datterer & Cie., Freising-München.

Vorwort

Die vorliegende Textausgabe des Deutschen Beamtengesetzes (DBG.) und der Reichsdienststrafordnung (RDStO.) enthält:

- eine allgemeine Einführung zu beiden Gesetzen von dem Verfasser;
- die Begründung zum Deutschen Beamtengesetz;
- den Wortlaut des Gesetzes;
- die Begründung zur Reichsdienststrafordnung;
- den Wortlaut zur Reichsdienststrafordnung;
- zum Wortlaut beider Gesetze Bemerkungen und Verweisungen, sowie ein Sachregister.

Die Bemerkungen sind nach dem Gesichtspunkt zusammengestellt, für solche Leser, die die Grundbegriffe des bisherigen Beamtenrechts einigermaßen kennen, das rasche Eindringen in das neue Gesetzeswerk zu erleichtern.

Inhalt

Einleitung

Das Deutsche Beamtengesetz (DBG.) regelt die Pflichten der Beamten, Eintritt und Ende des Beamtenverhältnisses, die Rechtsstellung der Beamten sowie die Fragen der Versorgung einschließlich der Unfallversorgung. Die Reichsdienststrafordnung (RDStO.) regelt ergänzend Strafe und Verfahren bei schuldhafter Pflichtverletzung der Beamten (einschließlich der Ruhestandsbeamten).

Die neuen Gesetze schaffen gleiches Beamtenrecht für alle Beamten von Reich und Ländern, Gemeinden, Gemeindeverbänden, Körperschaften, Anstalten und Stiftungen des öffentlichen Rechts, soweit sich nicht aus der Eigenart des Dienstes die Notwendigkeit zu Sondervorschriften ergibt. Nur wenige können voll übersehen, wie bunt und vielgestaltig bisher das Beamtenrecht in Reich, Ländern und Gemeinden auseinanderstrebte, dazu kam noch in schier unübersehbarer Fülle das Sonderrecht der Körperschaften des öffentlichen Rechts. Das Reich hatte zwar in den letzten Jahren eine Reihe von Neuerungen auf dem Gebiete des Reichsbeamtenrechts getroffen, daneben bestanden aber weitgehend ältere Vorschriften weiter. Das Reich hatte ferner auch nach und nach in steigendem Maße für die Beamten der Länder, Gemeinden (GemV.) und Körperschaften des öffentlichen Rechts reichsrechtliche Vorschriften erlassen, dadurch war die eigene Fortentwicklung des Beamtenrechts durch Länder, Gemeinden usw. zwar beeinflußt, aber nicht ausgeschaltet worden. Vielmehr ergaben sich gerade aus dem unvermittelten Nebeneinander von Reichs-, Landes- und Körperschaftsrechten vielfach Schwierigkeiten und Unklarheiten. Dabei lag es zwar keineswegs so, als ob sich über die grundlegenden

Gedanken des Beamtenrechts oder des Dienststrafrechts in Reich, Ländern und Gemeinden wesentlich unterschiedliche Auffassungen in irgend beachtlichem Umfange aus großen grundsätzlichen Gesichtspunkten heraus entwickelt hätten. Im Gegenteil, die bisherige Vielgestaltigkeit des Beamtenrechts bestand trotz weitgehender Übereinstimmung in den Grundsätzen. Die Vereinheitlichung, die das neue Reichsrecht bringt, hebt alle unorganischen Unterschiedlichkeiten auf. Sie bedeutet daher eine Zurückführung von territorialrechtlichen und sonstigen Besonderheiten auf ein gemeindeutsches Beamtenrecht.

Die neuen Beamtengesetze vereinheitlichen das Beamtenrecht grundsätzlich auch über die einzelnen fachlichen Gruppen weg.

Die neuen Gesetze gelten grundsätzlich für alle Beamten, Sie gelten ebensowohl für den Verwaltungsbeamten wie für den beamteten Lokomotivführer, den Sparkassenrendanten, den staatlichen Förster, für den Oberbürgermeister und den ehrenamtlichen Gemeinderat (§ 149). Nur für den Bereich der Beamtengruppen, bei dem die besondere Eigenart des Amtes das Bedürfnis zu Ausnahmen von der für alle geltenden Regelung zwingend erscheinen läßt, sind in engem Rahmen Sondervorschriften getroffen oder zugelassen (z. B. für richterliche Beamte, Polizeivollzugsbeamte). Zu den Ausnahmen vgl. Abschn. XI—XIV des Deutschen Beamtengesetzes, Abschn. IX der Reichsdienststrafordnung.

Das neue deutsche Beamtenrecht ist n a t i o n a l s o z i a l i s t i s c h e s Beamtenrecht. Die Stellung des Beamten im öffentlichen Leben, Pflichten und Rechte des Beamten sind in den neuen Gesetzen nach nationalsozialistischen Grundsätzen bestimmt. Das Gesetz bekennt sich in der Präambel zu einem von nationalsozialistischer Weltanschauung durchdrungenen Berufsbeamtentum, das als ein Grundpfeiler des nationalsozialistischen Staates bezeichnet wird. Das Gesetz stellt den Beamten in ein persönliches Dienst- und

Treueverhältnis zu dem Führer des Deutschen Reiches (§ 51). Diese besondere Verbundenheit wird durch den Treueid bekräftigt (§ 4). Dem Führer hat der Beamte Treue bis zum Tode zu halten. Dieses Treueverhältnis findet auch nach Beendigung des Beamtenverhältnisses noch im Ruhestandsverhältnis seine Fortsetzung dergestalt, daß noch der Ruhestandsbeamte bei Verletzung dieser Pflicht seines Ruhegehaltes verlustig gehen kann.

Auch der Grundsatz der Einheit von Partei und Staat hat im Beamtengesetz seine Auswirkung gefunden.

Das Gesetz bestimmt, daß der Beamte jederzeit, also im Dienste und außerdienstlich für den nationalsozialistischen Staat einzutreten und sich in seinem gesamten Verhalten von der Tatsache leiten zu lassen hat, daß die Nationalsozialistische deutsche Arbeiterpartei in unlöslicher Verbundenheit mit dem Volke die Trägerin des deutschen Staatsgedankens ist. Vorgänge, die den Bestand der Nationalsozialistischen deutschen Arbeiterpartei gefährden könnten, hat er ebenso wie Vorgänge, die den Bestand des Reiches gefährden könnten, seinen Dienstvorgesetzten zur Kenntnis zu bringen, auch wenn sie ihm außerdienstlich bekannt geworden sind. Innerbehördliche Vorgänge, denen er glaubt, eine solche Wirkung beimessen zu können, darf er, wenn er den Dienstweg vermeiden will, seiner obersten Reichsbehörde unmittelbar und sogar dem Führer und Reichskanzler allein melden. Diese Bestimmungen gelten gleichmäßig für alle Beamten, und zwar sowohl für Parteigenossen wie für Nichtparteiangehörige. Der Beamte, der solche Mitteilungen an anderen Stellen gäbe, würde ein Dienstvergehen begehen.

Trotz der Einheit von Partei und Staat mag es vorkommen, daß im Einzelfall die Belange von Staat und Partei nicht voll im Einklang zu stehen scheinen. Um in solchen Fällen den Beamten vor einem Gewissenskonflikt zu bewahren und um eine klare Scheidung zwischen Parteigerichtsbarkeit und Dienststrafgerichtsbarkeit zu erreichen, ist im Gesetz vorgesehen, daß der Führer und Reichskanzler bestimmt, ob und inwieweit es zulässig ist, einen Beamten, der Mitglied der NSDAP. ist, insbesondere wegen seines dienstlichen Verhaltens vor einem Parteigericht zur Verantwortung zu ziehen. Auch sonst ist der Stellung der Partei in vielen Einzelbestimmungen der beiden Gesetze Rechnung getragen. Auf folgendes sei besonders hingewiesen: Für die Übernahme eines unbesoldeten Amtes in der Partei, ihren Gliederungen und angeschlossenen Verbänden bedarf der Beamte keiner Genehmigung wie sie sonst zur Übernahme eines Nebenamtes erforderlich ist. Die Versetzung von Beamten, die Stellen gewisser politischer Leiter bekleiden oder Führer von höheren Einheiten der SA., SS. oder des NSKK. sind, soll nur im Benehmen mit dem Stellvertreter des Führers geschehen. Hauptberufliche, für die Zeit vor der Machtübernahme auch nebenberufliche Tätigkeit in der Partei und ihren Gliederungen wird hinsichtlich der Ruhegehaltfähigkeit dem Dienste als Beamter gleichgesetzt.

Auch auf die Vorschriften der Reichsdienststrafordnung zur Sicherung der Einheit von Partei und Staat sei verwiesen.

Zur Durchführung beider Gesetze werden noch eine Reihe von Durchführungs- und Überleitungsvorschriften nötig sein. Länderrechtliche Sonderheiten müssen auf den neuen Rechtszustand überführt werden. Auch hierbei wird maßgebend sein, möglichst rasch und möglichst ganz diese Sonderheiten auf das neue Reichsrecht überzuleiten.

Eine besondere Frage muß für die Beamten der Gemeinden (GemV.) sowie der Körperschaften des öffentlichen Rechts noch geordnet werden. Für sie paßt häufig die im Gesetz vorgesehene Zuständigkeitsregelung nicht. Während bei Reichs- und Länderbeamten die oberste Dienstbehörde, der besonders wichtige Entscheidungen vorbehalten sind, der Ressortminister ist, ist oberste Dienstbehörde der Beamten der Gemeinden (GemV.) und Körperschaften des öffentlichen Rechts im Deutschen Beamtengesetz der Leiter dieser Körperschaften (§ 2 Abs. 4 DG.); das zwingt aber umgekehrt dazu, ganz besonders wichtige Entscheidungen der Aufsichtsbehörde dieser Körperschaft vorzubehalten oder diese wenigstens in irgendeiner Form in die Entscheidung einzuschalten (§ 151 Abs. 1 DG.). Im Dienststrafrecht gilt umgekehrt der Fachminister als oberste Dienstbehörde der Körperschaftsbeamten. Im Bereiche der Reichsdienststraforduung müssen daher Zuständigkeiten nach unten verlagert werden. Das Nähere muß erst die Durchführungsverordnung regeln.

Begründung zum deutschen Beamtengesetz

vom 26. Januar 1937 (DRAnz. 1937 Nr. 22)

Allgemeiner Teil

Nachdem es trotz jahrelanger Bemühungen nicht gelungen war, ein den veränderten Zeitverhältnissen entsprechendes Beamtengesetz zu schaffen, betrachtete es die nationalsozialistische Staatsführung als vordringliche Aufgabe, nicht nur das Recht der Reichsbeamten, sondern darüber hinaus die Rechtsverhältnisse sämtlicher deutschen Beamten einheitlich und nach den Erfordernissen des nationalsozialistischen Staates neu zu ordnen.

Das Gesetz zur Herstellung des Berufsbeamtentums vom 7. April 1933 bedeutete einen ersten Schritt auf diesem Wege, indem es die Möglichkeit schuf, aus dem Beamtenkörper diejenigen Beamten zu entfernen, die nicht geeignet erschienen, den Aufgaben des neuen Staates mit der notwendigen ehrlichen Überzeugung zu dienen.

Das Gesetz zur Änderung von Vorschriften auf dem Gebiete des allgemeinen Beamten-, Besoldungs- und Versorgungsrechts vom 30. Juni 1933 bahnte sodann die Wege für die Neuschaffung eines dem Wesen des nationalsozialistischen Staates entsprechenden Beamtenkörpers für die Zukunft und legte den Grund für die Vereinheitlichung des deutschen Beamtenrechts insofern, als die in ihm für Reichsbeamte erlassenen Vorschriften für die übrigen deutschen Beamten für verbindlich erklärt wurden.

Nachdem diese Gesetze seit mehr als drei Jahren durchgeführt sind und die Reichsreform weitere Fortschritte gemacht hat, ist der Zeitpunkt gekommen, ein einheitliches, alle deutschen Beamten umfassendes Gesetz zu erlassen, das die Rechtsverhältnisse der Beamtenschaft des nationalsozialistischen Staates abschließend regelt.

Im nationalsozialistischen Staat ist treue Pflichterfüllung oberstes Gebot für jeden Volksgenossen, insonderheit für denjenigen, der sich als Beamter unmittelbar dem Dienst am Staate widmet. In Abweichung vom Aufbau der bisherigen Beamtengesetze regelt das Gesetz nach einer Festlegung der begrifflichen Merkmale des Beamtentums und einer kurzen Darstellung organisatorischer Verhältnisse gleich zu Anfang die Pflichten, die dem deutschen Beamten obliegen. An diese Darstellung der Pflichten schließt sich die der Folgen einer Nichterfüllung dieser Pflichten. Erst danach folgen die Vorschriften über die Begründung des Beamtenverhältnisses. Wer Beamter werden will, muß sich zunächst darüber klar werden, ob er gewillt und imstande ist, die im nationalsozialistischen Staat aus dem Beamtenverhältnis ihm erwachsenden Pflichten zu erfüllen; erst wenn er diese Frage bejaht, ist es für ihn von Belang, auf welchem Wege er Beamter wird, und welche rechtliche Stellung er als Beamter hat. Deswegen folgen erst auf die die Ernennung regelnden Vorschriften diejenigen über die öffentlich-rechtliche Stellung des Beamten und danach die Vorschriften über die Beendigung des Beamtenverhältnisses. Hieran schließen sich die Vorschriften über die Versorgung, in die auch das Unfallfürsorgegesetz für Beamte eingebaut ist, und eine Reihe von Sondervorschriften.

Mit dem Gesetz erkennt der nationalsozialistische Staat

das Berufsbeamtentum an. Er übernimmt diese Einrichtung, weil er in einer von nationalsozialistischer Weltanschauung durchdrungenen und mit dem Führer in Treue verbundenen Beamtenschaft, welcher der Dienst für den Staat Lebensberuf ist, die Grundlage für eine geordnete Staatsführung erblickt. Der Beamte ist nicht nur Diener am Staate und am Volk; er soll auch Diener an der nationalsozialistischen Idee sein, die den Staat trägt, und an der Nationalsozialistischen Deutschen Arbeiterpartei, die mit dem Staat eine Einheit bildet. Der Beamte steht zum Führer und Reich in einem öffentlich-rechtlichen Dienst- und Treueverhältnis. Dem Führer persönlich ist der Beamte durch den Treueid zu Treue und Gehorsam, zur Beachtung der Gesetze und gewissenhaften Erfüllung seiner Amtspflichten verbunden. Er soll dem Führer Treue halten bis zum Tode; wenn auch die Dienstpflicht des Beamten und damit sein Beamtenverhältnis selbst endet, so darf darum doch die Treue nicht aufhören. Dieser Gedanke findet seinen Niederschlag darin, daß auch der Ruhestandsbeamte seiner Rechte verlustig gehen kann, wenn er Handlungen der Treulosigkeit begeht. Auch der Ruhestandsbeamte kann noch, wenn er sich staatsfeindlich betätigt, die Pflicht zur Amtsverschwiegenheit verletzt oder Geschenke mit Bezug auf sein früheres Amt ohne Genehmigung annimmt, im Wege des Dienststrafverfahrens mit den Strafen der Aberkennung oder Kürzung des Ruhegehalts belegt werden. Wird er wegen eines nach Eintritt in den Ruhestand begangenen Hoch- oder Landesverrats oder einer sonst mit dem Tode bedrohten Handlung zum Tode oder zu Zuchthaus oder wegen einer sonstigen vorsätzlichen hoch- oder landesverräterischen Handlung zu Gefängnis verurteilt, so verliert er ohne weiteres seinen Anspruch auf Ruhegehalt und Hinterbliebenenversorgung sowie die äußeren Eigenschaften als Ruhestandsbeamter (§ 132). Selbst den Hinterbliebenen eines Beamten, die als Ausfluß seines Beamtenverhältnisses vom Staate Hinterbliebenenversorgung erhalten, liegt die gleiche Treupflicht noch ob. Auch sie verlieren bei Verletzung dieser

Treupflicht ihre Ansprüche auf Hinterbliebenenversorgung (§ 133 Abs. 1 Nr. 3).

Der Führer trifft die für den Beamten wichtigsten Entscheidungen. Er ernennt ihn (§ 24), er bestimmt Amtsbezeichnungen und Uniformen (§§ 37, 20); er versetzt den Beamten in den Wartestand (§ 44), er entläßt ihn und versetzt ihn in den Ruhestand (§§ 66, 71, 78); er hat hinsichtlich der beamtenrechtlichen Folgen eines strafgerichtlichen Urteils das Gnadenrecht für alle Beamten (§§ 54, 132, 133 Abs. 1 Nr. 3).

Der Beamte soll vom nationalsozialistischen Geist durchdrungen sein; er soll jederzeit für den nationalsozialistischen Staat eintreten und sich in seinem gesamten Verhalten von der Tatsache leiten lassen, daß die Nationalsozialistische Deutsche Arbeiterpartei in unlösbarer Verbundenheit mit dem Volke die Trägerin des deutschen Staatsgedankens ist. Die gleiche Pflicht, die ihm als Diener des Staates obliegt, Schaden von dem Staat abzuwehren, liegt ihm, da Staat und Partei eins sind, auch der Nationalsozialistischen Deutschen Arbeiterpartei gegenüber ob. Er ist deshalb verpflichtet, seinem Dienstvorgesetzten von solchen Vorgängen Kenntnis zu geben, die den Bestand des Reichs oder der Nationalsozialistischen Deutschen Arbeiterpartei gefährden können, selbst wenn sie ihm nicht vermöge seines Amtes bekannt geworden sind (§ 3 Abs. 2).

Die innere Verbundenheit des Beamten mit der Partei ist Voraussetzung für seine Ernennung. Nur der darf zum Beamten ernannt werden, der neben der Eignung für das Amt die Gewähr dafür bietet, daß er jederzeit rückhaltlos für den nationalsozialistischen Staat eintritt. Denn der Beamte soll der Vollstrecker des Willens des von der Nationalsozialistischen Deutschen Arbeiterpartei getragenen Staates sein. Wer dem Staat in Treue dient, dient dem im Nationalsozialismus geeinten Volk in Treue.

Wer aus der Partei ausgeschlossen oder ausgestoßen ist und dies der ernennenden Behörde verschweigt, kann nicht Beamter sein; die unter solchen Umständen erfolgte Ernennung ist daher für nichtig zu erklären (§ 32 Abs. 2 Nr. 3). Ein Beamter, in dessen Verhalten in einem besonders geordneten Verfahren Tatsachen festgestellt werden, aus denen sich ergibt, daß er nicht mehr die Gewähr eines jederzeitigen Einsatzes für den nationalsozialistischen Staat bietet, kann nicht weiterhin Beamter bleiben; er kann vom Führer und Reichskanzler jederzeit in den Ruhestand versetzt werden (§ 71).

Um eine möglichst reibungslose Zusammenarbeit der öffentlichen Behörden mit den Dienststellen der Partei zu gewährleisten, ist die Mitwirkung des Stellvertreters des Führers in mehrfacher Hinsicht im Gesetz vorgesehen: Er ist nach Maßgabe eines Erlasses des Führers bei der Ernennung von Beamten gewisser Gruppen zu beteiligen (§ 31). Er wirkt mit bei der ausnahmsweisen Ernennung von Personen, die nicht deutschen oder artverwandten Blutes sind oder die einen Ehegatten haben, der nicht deutschen oder artverwandten Blutes oder Mischling zweiten Grades ist (§ 25 Abs. 3), ebenso, wenn ein Beamter eine Ehe mit einem solchen Verlobten eingehen will (§ 25 Abs. 3). Beamte, die Hoheitsträger der Nationalsozialistischen Deutschen Arbeiterpartei sind, dürfen nur nach Benehmen mit ihm versetzt werden (§ 35 Abs. 3); der Kreis dieser Hoheitsträger ist im § 35 Abs. 3 genau umschrieben.

Die hauptberufliche Wahrnehmung eines Amts in der Partei und ihren Gliederungen ist dem öffentlichen Dienst gleichgestellt; die Zeit solcher Tätigkeit kann als ruhegehaltfähige Dienstzeit angerechnet werden (§ 85 Abs. 1 Nr. 1). Das gleiche gilt in gewissem Umfange für die Zeit, während der ein Beamter vor dem 30. Januar 1933 ein Amt in der Partei oder ihren Gliederungen nicht hauptberuflich bekleidet hat (§ 179 Abs. 8). Zur Übernahme eines unbesoldeten Amts in der Partei bedarf der Beamte keiner Genehmigung seines Dienstvorgesetzten (§ 11 Abs. 2).

Durch alle diese Vorschriften ist der Einheit von Partei

und Staat Rechnung getragen und die enge Verbundenheit des Beamten mit Führer und Partei sichergestellt.

Der nationalsozialistische Staat ist ein Führerstaat. Alle Macht im Staate leitet sich von dem Führer und Reichskanzler her. Er beruft die Reichsminister, die auf Grund seines Vertrauens arbeiten. Sie sind ihm dafür verantwortlich, daß in der Verwaltung nach nationalsozialistischen Grundsätzen verfahren wird. Wie der Beamte dem Führer zum Gehorsam verpflichtet ist, so ist er es auch gegenüber den vom Führer berufenen Ministern und allen Personen, die als seine Vorgesetzten vom Führer oder den von ihm bestimmten Stellen eingesetzt worden sind. Gehorsam und Amtsverschwiegenheit sind wesentliche Grundlagen zur Aufrechterhaltung der Disziplin in der Beamtenschaft. Der Beamte darf für die Führung seiner Amtsgeschäfte Weisungen nur von seinen Vorgesetzten oder den sonst zur Erteilung von Weisungen berechtigten Amtsstellen entgegennehmen. Diese Gehorsamspflicht des Beamten geht jeder anderen Gehorsamspflicht vor. Selbst Gehorsamsbindungen, die er als Mitglied der Nationalsozialistischen Deutschen Arbeiterpartei eingegangen ist, müssen hinter der Gehorsamspflicht gegenüber seinen Vorgesetzten und deren Anordnungen in dienstlichen Angelegenheiten zurücktreten (§ 7 Abs. 3). Der Beamte darf also auch als Mitglied der Nationalsozialistischen Deutschen Arbeiterpartei Weisungen seiner Parteivorgesetzten, die den dienstlichen Weisungen widersprechen, nicht befolgen. Der Führer und Reichskanzler bestimmt, ob und inwieweit es zulässig ist, einen Beamten, der Mitglied der Nationalsozialistischen Deutschen Arbeiterpartei ist, vor einem Parteigericht zur Verantwortung zu ziehen (§ 7 Abs. 4).

Die jeder anderen Gehorsamspflicht vorgehende Pflicht gegenüber dem Staat und dem Vorgesetzten bedingt auch, daß der Beamte gegenüber jedermann zur Amtsverschwiegenheit verpflichtet ist, auch gegenüber Parteistellen, die von dem Beamten Auskunft über Angelegenheiten fordern sollten, deren Geheimhaltung ihm durch Gesetz oder dienstliche Anordnung oder der Natur der Sache nach vorgeschrieben ist (§ 8 Abs. 1). Die Vorschrift, daß er über solche Angelegenheiten ohne Genehmigung vor Gericht nicht aussagen oder sonst Erklärungen abgeben darf, bezieht sich auch auf Erklärungen vor den Parteigerichten und den Parteidienststellen. Hält eine Parteidienststelle die Auskunft über solche Angelegenheiten für erforderlich, so muß sie sich daher nicht an den Beamten, sondern nur an die dem Beamten vorgesetzte Behörde wenden.

Der Beamte darf sich auch dann, wenn er dienstliche Vorgänge zu beobachten glaubt, die der Nationalsozialistischen Deutschen Arbeiterpartei schaden könnten, nicht an Parteistellen mit seinen Wahrnehmungen wenden. Sein Verhalten in solcher Lage ist ihm durch § 42 Abs. 2 vorgeschrieben. Da es sich um dienstliche Vorgänge handelt, sind in erster Linie seine Dienstvorgesetzten zu ihrer Beurteilung befugt. Sie müssen, wenn es erforderlich ist, für Abhilfe sorgen. Insoweit ist also die Pflicht des Beamten zur Amtsverschwiegenheit erweitert. Gibt der Beamte von solchen Vorgängen anderen als den im § 42 Abs. 2 bezeichneten Stellen Kenntnis, so vergeht er sich gegen die ihm obliegende Pflicht zum Gehorsam und zur Amtsverschwiegenheit und macht sich dienstlich strafbar.

Pflicht des Beamten ist es, echte Vaterlandsliebe und Opferbereitschaft zu beweisen, dem Staate seine Arbeitskraft voll hinzugeben, gehorsam gegen seine Vorgesetzten und kameradschaftlich gegen seine Mitarbeiter zu sein. Die Pflicht der Kameradschaftlichkeit besteht nicht nur zwischen gleichstehenden Mitarbeitern, sie ist auch vom Vorgesetzten gegen den nachgeordneten Beamten und von diesem gegenüber dem Vorgesetzten zu üben. Kameradschaftlichkeit bedeutet trotz aller durch die Erfordernisse des Dienstes gegebenen Über- und Unterordnung, jeden Beamten als Mitarbeiter und Volksgenossen zu achten und ihm entsprechend entgegenzutreten, ihn als Kameraden gelten zu lassen, der an demselben Ziele, dem Wohle des Volkes und Vaterlandes, arbeitet. Es kommt nicht darauf an, was der Beamte tut, sondern wie er es tut. Kastengeist und Standesdünkel sind der nationalsozialistischen Auffassung fremd. Der Beamte, der es an dieser Kameradschaftlichkeit fehlen läßt, kann dienststrafrechtlich zur Verantwortung gezogen werden.

Der Beamte hat alles zu tun, um von dem Reich, von seinem Dienstherrn und von der Partei Schaden abzuwehren; er hat seine Amtspflichten gewissenhaft zu erfüllen. Auch außerdienstlich muß er sich der Achtung und des Vertrauens, die seinem Berufe entgegengebracht werden, würdig zeigen (§ 3).

Der Beamte muß seine Arbeitskraft voll für den Dienst am Staat einsetzen und auch über die regelmäßige Arbeitszeit hinaus Dienst tun, wenn die Verhältnisse es fordern (§ 16); er darf Nebenbeschäftigungen nur ausüben (§§ 10 ff.) und Belohnungen und Geschenke (§ 15) nur annehmen mit Zustimmung seiner Dienstvorgesetzten. Er darf ohne Erlaubnis dem Dienst nicht fernbleiben (§ 17), darf, wenn es verlangt wird, seinen Wohnort nicht verlassen (§ 18) und muß seine Wohnung so nehmen, wie es durch die dienstlichen Verhältnisse geboten ist (§ 19). Seinen Vorgesetzten gegenüber ist er zur Offenheit und Vertrauen verpflichtet (§ 42 Abs. 1); dazu gehört auch Wahrhaftigkeit in allen dienstlichen Meldungen und Auskünften; bei Beschwerden und Anträgen ist der Dienstweg einzuhalten.

Dem Beamten, der seine Pflichten gegenüber dem Führer und dem Reich treu und gewissenhaft erfüllt, sichert der vom Führer vertretene Staat seine Lebensstellung (§ 1 Abs. 3, § 3 Abs. 1); er gewährt ihm Fürsorge und Schutz bei seinen amtlichen Verrichtungen und in seiner Stellung als Beamter (§ 36). Der Beamte aber, der seine Pflichten nicht oder nicht in vollem Umfange erfüllt, hat mit Strafen und Nachteilen zu rechnen. Verletzt der Beamte schuldhaft seine Pflichten im Dienst oder außer Dienst, so hat er Bestrafung zu gewärtigen. Die Strafen und das bei der Bestrafung zu beobachtende Verfahren werden in der Reichsdienststrafordnung geregelt (§ 22 Abs. 2).

Deutsches Beamtengesetz

vom 26. Januar 1937

Inhaltsübersicht

Ein im deutschen Volk wurzelndes, von nationalsozialistischer Weltanschauung durchdrungenes Berufsbeamtentum, das dem Führer des Deutschen Reichs und Volkes, Adolf Hitler, in Treue verbunden ist, bildet einen Grundpfeiler des nationalsozialistischen Staates. Daher hat die Reichsregierung das folgende Gesetz beschlossen, das hiermit verkündet wird:

Abschnitt I

Das Beamtenverhältnis

Begründung:

Besonderer Teil.

Zu Abschnitt I:

Jeder deutsche Beamte steht zum Führer und zum Reich in einem öffentlich-rechtlichen Dienst- und Treueverhältnis. Das Beamtenverhältnis ist frei von privatrechtlichen Bestandteilen. Der Staat schließt nicht einen Vertrag mit dem Beamten, sondern er überträgt ihm mit der Ernennung Pflichten und übernimmt für sich die Pflicht, dem Beamten die Lebensstellung zu sichern und ihm Fürsorge und Schutz angedeihen zu lassen. Jeder deutsche Beamte hat das Reich unmittelbar oder mittelbar zum Dienstherrn (§ 2). Wenn der Beamte nur das Reich zum Dienstherrn hat, wenn er also Reichsbeamter im Sinne des bisherigen Reichsbeamtengesetzes ist, ist er unmittelbarer Reichsbeamter. Hat er außer dem Reich einen anderen Dienstherrn, z. B. als Landesbeamter, als Gemeindebeamter oder als Beamter einer anderen öffentlich-rechtlichen Körperschaft, so steht er in einem Dienstverhältnis auch zu diesem Dienstherrn, der das Recht zu unmittelbaren Weisungen hat und die Fürsorgepflicht für den Beamten trägt. Da dieser Dienstherr auch der Reichsregierung untergeordnet ist, ist ein solcher Beamter über seinen Dienstherrn auch dem Reiche zu Gehorsam verpflichtet und damit mittelbar Reichsbeamter.

§ 1

(1) Der deutsche Beamte steht zum Führer und zum Reich in einem öffentlich-rechtlichen Dienst- und Treueverhältnis (Beamtenverhältnis).

(2) Er ist der Vollstrecker des Willens des von der Nationalsozialistischen Deutschen Arbeiterpartei getragenen Staates.

(3) Der Staat fordert von dem Beamten unbedingten Gehorsam und äußerste Pflichterfüllung; er sichert ihm dafür seine Lebensstellung.

Erl. zu § 1:

1. Die beiden Gesetze (DBG. und RTStO.) enthalten nicht etwa das gesamte reichsrechtlich geordnete Beamtenrecht außerhalb des Besoldungsrechts (Reichsbesoldungsgesetz vom 16. Dezember 1927, RGBl. I S. 349 häufig geändert). Weitere Reichsgesetze, die Beamtenrecht enthalten, sind z. B. das Bürgerliche Gesetzbuch, das Strafgesetzbuch, das Gerichtsverfassungsgesetz, die Deutsche Gemeindeordnung, die Reichsärzteordnung vom 13. Dez. 1935, RGBl. I S. 1433, die Rechtsanwaltsordnung (Bek. vom 21. Febr. 1936, RGBl. I S. 107), die Reichstierärzteordnung vom 3. April 1936, RGBl. I S. 347, ferner die noch in Kraft gebliebenen Teile der Kap. III, V, VIII, IX—XIII des Gesetzes zur Änderung von Vorschriften auf dem Gebiete des allgemeinen Beamten-, des Besoldungs- und des Versorgungsrechts vom 30. Juni 1933, RGBl. I S. 433 (Erg.-Gesetz vom 31. Mai 1934, RGBl. I S. 471), die Vorschriften über das Defektenverfahren §§ 134—148 des alten Reichsbeamtengesetzes (Fassung der Bekanntm. vom 18. Mai 1907, RGBl. I S. 245) usw.

Dazu kommen auch noch landesrechtliche Vorschriften auf den reichsrechtlich noch nicht erfaßten Teilgebieten des Beamtenrechts, z. B. dem gemeindlichen Ruhegehaltskassenrecht, dem Defektenrecht.

2. Das Gesetz geht von einem formellen Beamtenbegriff aus (§ 27). Es entscheidet, welche Stellen im öffentlichen Dienst mit Beamten besetzt werden sollen (§ 148). Beamte im Sinne des Gesetzes sind nicht Soldaten (Offiziere, Unteroffiziere und Mannschaften, Wehrgesetz vom 21. Mai 1935 RGBl. I S. 609 § 21), das Stammpersonal des Arbeitsdienstes (Arbeitsdienstgesetz vom 26. Juni 1935, RG.-Bl. I S. 769 § 11), Angestellte (einschließlich der Dauerangestellten) und Arbeiter des öffentlichen Dienstes, Rechtsanwälte, Geistliche.

3. Wegen der Beamten der Reichsbank und Reichsbahn vgl. § 153, der NSDAP. § 154.

4. Ermächtigung für die öffentlich-rechtlichen Religionsgesellschaften § 174.

5. Reichsminister, Reichsstatthalter, Vorsitzende und Mitglieder einer Landesregierung sind keine Beamten §§ 156, 177.

6. Zeitlicher Geltungsbereich § 184.

§ 2

(1) Das Dienstverhältnis zum Reich ist entweder unmittelbar oder mittelbar.

(2) Wer unmittelbarer Dienstherr des Beamten ist, ergibt sich aus dem Aufbau der öffentlichen Verwaltung.

(3) Hat der Beamte nur das Reich zum Dienstherrn, so ist er unmittelbarer Reichsbeamter; hat er einen anderen unmittelbaren Dienstherrn, so ist er mittelbarer Reichsbeamter. Beim Wechsel des Dienstherrn endet das bisherige unmittelbare Dienstverhältnis.

(4) Oberste Dienstbehörde des Beamten ist die oberste Behörde seines unmittelbaren Dienstherrn.

(5) Dienstvorgesetzter ist, wer für beamtenrechtliche Entscheidungen über die persönlichen Angelegenheiten des ihm nachgeordneten Beamten zuständig ist. Vorgesetzter ist, wer einem Beamten für seine dienstliche Tätigkeit Weisungen erteilen kann. Wer Dienstvorgesetzter und Vorgesetzter ist, bestimmt sich nach dem Aufbau der öffentlichen Verwaltung.

Begründung:

Im § 2 Abs. 5 sind die Begriffe Dienstvorgesetzter und Vorgesetzter umschrieben, Begriffe, die an Stelle der bisherigen Bezeichnung vorgesetzte Dienstbehörde getreten sind und das persönliche Verhältnis des Beamten zu seinem Vorgesetzten betonen. Neben dem Dienstvorgesetzten, der für beamtenrechtliche Entscheidungen des ihm nachgeordneten Beamten zuständig ist, z. B. Dienststrafgewalt hat, muß es zur Aufrechterhaltung des Dienstbetriebes noch solche Personen geben, die dem Beamten in seiner dienstlichen Tätigkeit Weisungen erteilen können, ohne daß sie in sein persönliches Beamtenverhältnis eingreifen können. Sind sie nach dem Aufbau der öffentlichen Verwaltung oder nach den hiernach erlassenen Dienstvorschriften nicht nur für den Einzelfall, sondern für die Dauer des Dienstverhältnisses zur Erteilung von dienstlichen Weisungen befugt, so sind sie Vorgesetzte; Vorgesetzter eines Beamten kann auch ein Nichtbeamter sein. Daneben erfordert es der Dienstbetrieb, daß auch andere Personen, bei denen von einem Überordnungsverhältnis nicht gesprochen werden kann, zeitweilig Anordnungen für bestimmte Tätigkeiten geben können. Z. B. ist im Eisenbahnbetrieb der Stationsvorsteher allein berechtigt, die Weisung zu erteilen, ob und wann der Zug abfahren soll; die in dem Zugbetrieb tätigen Personen, wie Zugführer, Lokomotivführer, Schaffner, haben dieser Weisung Folge zu leisten, ohne daß sie in einem Unterordnungsverhältnis zu dem Stationsvorsteher stehen; sie können ihm sogar sonst übergeordnet sein. Es ist deshalb zu den Begriffen Dienstvorgesetzter und Vorgesetzter noch der Begriff der Person, die dem Beamten gegenüber kraft besonderer Vorschrift zur Erteilung von Weisungen berechtigt ist, in § 7 klargestellt.

Erl. zu § 2:

1. Mittelbare Reichsbeamte sind z. B. Beamte der Länder, Gemeinden, Kreise, Provinzen, Zweckverbände, des Reichsnährstandes, der Reichskulturkammer, der Sozialversicherungsträger, der öffentlich-rechtlichen Kreditinstitute.

2. Beispiel zu Abs. 4 der Bürgermeister für die Gemeindebeamten § 37 DGO., der Oberpräsident für die preußischen Provinzialbeamten.

3. Der Aufbau der öffentlichen Verwaltung ergibt sich aus Gesetzen, aus Erlassen, Satzungen, innerdienstlichen Anweisungen u. dgl.

Abschnitt II

Pflichten der Beamten[1]

1. Allgemein

§ 3

(1) Die Berufung in das Beamtenverhältnis ist ein Vertrauensbeweis der Staatsführung, den der Beamte dadurch zu rechtfertigen hat, daß er sich der erhöhten Pflichten, die ihm seine Stellung auferlegt, stets bewußt ist. Führer und Reich verlangen von ihm echte Vaterlandsliebe, Opferbereitschaft und volle Hingabe der Arbeitskraft, Gehorsam gegenüber den Vorgesetzten und Kameradschaftlichkeit gegenüber den Mitarbeitern. Allen Volksgenossen soll er ein Vorbild treuer Pflichterfüllung sein. Dem Führer, der ihm seinen besonderen Schutz zusichert, hat er Treue bis zum Tode zu halten.

(2) Der Beamte hat jederzeit rückhaltlos für den nationalsozialistischen Staat einzutreten und sich in seinem gesamten Verhalten von der Tatsache leiten zu lassen, daß die Nationalsozialistische Deutsche Arbeiterpartei in unlöslicher Verbundenheit mit dem Volke die Trägerin des deutschen Staatsgedankens ist. Er hat Vorgänge, die den Bestand des Reichs oder der Nationalsozialistischen Deutschen Arbeiterpartei gefährden könnten, auch dann, wenn sie ihm nicht vermöge seines Amtes bekanntgeworden sind, zur Kenntnis seines Dienstvorgesetzten zu bringen.

(3) Der Beamte ist für gewissenhafte Erfüllung seiner Amtspflichten verantwortlich. Durch sein Verhalten in und außer dem Amte hat er sich der Achtung und des Vertrauens, die seinem Berufe entgegengebracht werden, würdig zu zeigen. Er darf nicht dulden, daß ein seinem Hausstande angehörendes Familienmitglied eine unehrenhafte Tätigkeit ausübt.

Erl. zu § 3:

1. Für das Verhältnis der Beamten zur NSDAP. sind auch folgende Vorschriften von besonderer Bedeutung:

DBG. §§ 7 Abs. 3 (Parteigericht), 11 Abs. 2 (unbesoldetes Amt in der Partei), 31 (Mitwirkung des Stellvertreters des Führers bei Beamtenernennungen), 32 Abs. 2 Ausschluß aus der Partei), 35 Abs. 3 (Versetzung von Hoheitsträgern), 42 Abs. 2 (Vorgänge, die der Partei schaden könnten), 71 (Versetzung in den Ruhestand aus politischen Gründen), 85 (Amtszeiten in der Partei), 127 Abs. 5 (Dienst der NSDAP.), 154 (Beamte der Partei), 179 (Amtszeiten in der Partei);

RDStO. §§ 28; 36 Abs. 3; 40 Abs. 1 Nr. 2; 58 Abs. 2; 60 Abs. 2; 65 Abs. 3 (Rechte des Stellvertreters des Führers im Dienststrafverfahren).

2. Auf folgende Erlasse sei hingewiesen:

Erziehung des Beamtennachwuchs in nationalsozialistischer Weltanschauung, RdErl. vom 1. Nov. 1935, MBliV. S. 1319;

Richtlinien für die Anstellung und Beförderung von Beamten, die Freimaurerlogen usw. angehört haben vom 2. Sept. 1936, RMBliV. S. 1186 und 7. Dez. 1936, RM.-BliV. S. 1628;

Beurlaubung für Zwecke der Partei, RdErl. vom 12. Jan. 1936, RMBliV. S. 49;

Parteiamtliche Tätigkeit von Beamten, RdErl. vom 20. Aug. 1936, RMBliV. S. 1131;

Austritt von Beamten aus der Partei, RdErl. vom 27. Febr. 1936, RMBliV. S. 275; vgl. hiezu auch den Erlaß des Stellvertreters des Führers VB. vom 10. Febr. 1937;

Bekanntgabe von Akten an die Dienststellen der NSDAP. und ihrer Gliederungen, RdErl. d. RuPrMdJ. vom 2. Nov. 1936, RMBliV. S. 1491;

Halten der NS.-Presse, RdErl. vom 3. Dez. 1935, MBl. iV. S. 1443;

Beamtenkinder und Hitlerjugend, RdErl. vom 17. Nov. 1935, MBliV. S. 1403;

Abgabe von politischen Beurteilungen, RdErl. vom 8. Okt. 1936, RMBliV. S. 1329 und vom 28. Jan. 1937, RMBliV. S. 169.

2. Treueid

§ 4

(1) Die besondere Verbundenheit mit Führer und Reich bekräftigt der Beamte mit folgendem Eide, den er bei Antritt seines ersten Dienstes zu leisten hat:

„Ich schwöre: Ich werde dem Führer des Deutschen Reichs und Volkes, Adolf Hitler, treu und gehorsam sein, die Gesetze beachten und meine Amtspflichten gewissenhaft erfüllen, so wahr mir Gott helfe."

(2) Gestattet ein Gesetz den Mitgliedern einer Religionsgesellschaft an Stelle des Eides andere Beteuerungsformeln zu gebrauchen, so kann der Beamte, der Mitglied einer solchen Religionsgesellschaft ist, diese Beteuerungsformel sprechen.

(3) Erklärt der Beamte, daß er Bedenken habe, den Eid in religiöser Form zu leisten, so kann er ihn ohne die Schlußworte leisten.

Erl. zu § 4:

1. Der Eid bekräftigt die Verbundenheit mit Führer und Reich; vgl. § 57 Eidesverweigerung.

2. Eid der Reichsminister, Reichsstatthalter, Vorsitzenden und Mitglieder einer Landesregierung §§ 157, 177.

3. Religionsgesellschaften nach Abs. 2 sind z. B. die Mennoniten.

3. Beschränkung bei Vornahme von Amtshandlungen

§ 5

(1) Der Beamte darf ohne Genehmigung seines Dienstvorgesetzten keine Amtshandlungen vornehmen, durch die er sich selbst oder einer Person, zu deren Gunsten ihm wegen familienrechtlicher Beziehungen im Strafverfahren das Zeugnisverweigerungsrecht zusteht, einen Vorteil verschaffen würde.

(2) Der Beamte ist von solchen Amtshandlungen zu befreien, die sich gegen ihn selbst oder eine Person richten würden, zu deren Gunsten ihm wegen familienrechtlicher Beziehungen im Strafverfahren das Zeugnisverweigerungsrecht zusteht.

(3) Gesetzliche Vorschriften, nach denen der Beamte von einzelnen Amtshandlungen ausgeschlossen ist, bleiben unberührt.

Zu Abschnitt II:

Die Pflichten der Beamten sind im allgemeinen schon erörtert.

§ 5 unterscheidet zwischen Amtshandlungen zugunsten des Beamten oder seiner Angehörigen, die ihm verboten sind, und Amtshandlungen, die sich gegen ihn oder seine Angehörigen richten. Die ersteren sind ihm untersagt, von den letzteren ist er zu befreien. Nimmt der Beamte entgegen dieser Vorschrift Amtshandlungen zu seinen oder seiner Angehörigen Gunsten vor, so bleiben sie Amtshandlungen und sind nach außen gültig. Der Beamte ist jedoch seinem Dienstherrn gegenüber verantwortlich.

Erl. zu § 5:

1. Zeugnisweigerungsrecht im Strafverfahren § 53 StPO.
2. Ein Verstoß gegen Abs. 1 und 2 berührt nicht die Gültigkeit der Amtshandlung.
3. Beispiel zu Abs. 3 — § 93 Abs. 1 RDStO.

§ 6

(1) Der Beamte hat sich jeder amtlichen Tätigkeit zu enthalten, wenn ihm die Führung seiner Dienstgeschäfte von der obersten Dienstbehörde oder der von ihr bestimmten Behörde verboten wird. Ein solches Verbot soll nur bis zur Dauer von drei Monaten aufrechterhalten werden.

(2) Einem richterlichen Beamten darf die Führung seiner Dienstgeschäfte nur dann verboten werden, wenn gegen ihn ein Untersuchungsverfahren nach § 71 eingeleitet und nach den Umständen die Versetzung in den Ruhestand mit Wahrscheinlichkeit zu erwarten ist, oder wenn seine Ernennung nach § 32 Abs. 2, 3 für nichtig zu erklären ist oder erklärt werden kann.

Begründung:

§ 6 regelt die zwangsweise Enthebung vom Amt, für die bisher im Reichsrecht eine gesetzliche Vorschrift fehlte. Diese zwangsweise Enthebung vom Amt hat keine vermögensrechtlichen Folgen für den Beamten, sie kann der Enthebung vom Dienst im förmlichen Dienststrafverfahren vorangehen. Sie kann auch aus anderen, in der Person des Beamten liegenden Gründen angeordnet werden, besonders dann, wenn die Erklärung der Nichtigkeit der Ernennung nach § 32 Abs. 2 und 3 in Frage steht; gegen eine Enthebung, die eine nachgeordnete Behörde verfügt hat, ist Dienstaufsichtsbeschwerde zulässig. Die Enthebung vom Amte soll, um eine endgültige Klärung der Verhältnisse nicht allzu weit hinauszuschieben, nicht länger als drei Monate aufrechterhalten werden. Die Sondervorschrift für richterliche Beamte folgt aus dem Erfordernis einer unabhängigen Rechtspflege. Richterliche Beamte, die auch an anderen Stellen des Gesetzes erwähnt sind, sind diejenigen Beamten, die in ihrem Hauptamt eine richterliche Tätigkeit ausüben, für die gesetzlich die Unabhängigkeit gewährleistet ist.

Erl. zu § 6:

1. Anspruch auf Wahrnehmung des Amtes besteht nicht.
2. Bezügl. der richterlichen Beamten vgl. § 171.

4. Gehorsamspflicht

§ 7

(1) Der Beamte ist für die Gesetzmäßigkeit seiner Amtshandlungen verantwortlich.

(2) Er hat die dienstlichen Anordnungen seiner Vorgesetzten oder der kraft besonderer Vorschrift ihm gegenüber zur Erteilung von Weisungen berechtigten Personen zu befolgen, soweit gesetzlich nichts anderes vorgeschrieben ist; die Verantwortung trifft dann denjenigen, der die Anordnung gegeben hat. Der Beamte darf eine Anordnung nicht befolgen, deren Ausführung für ihn erkennbar den Strafgesetzen zuwiderlaufen würde.

(3) Der Beamte darf Anordnungen für seine Amtshandlungen nur von seinen Vorgesetzten oder den kraft besonderer Vorschrift ihm gegenüber zur Erteilung von Weisungen berechtigten Personen entgegennehmen; seine Bindung an Gesetz und solche Anordnungen geht jeder anderen Gehorsamsbindung vor.

(4) Der Führer und Reichskanzler bestimmt, ob und inwieweit es zulässig ist, einen Beamten, der Mitglied der Nationalsozialistischen Deutschen Arbeiterpartei ist, vor einem Parteigericht zur Verantwortung zu ziehen.

Begründung:

§ 7 **Abs.** 2. Der Beamte hat allen Anordnungen seiner Vorgesetzten und der zur Erteilung von Weisungen berechtigten Personen Folge zu leisten, wenn solche Anordnungen nicht für ihn erkennbar den Strafgesetzen zuwiderlaufen. Ausgenommen sind nur solche Amtshandlungen, für die gesetzlich die Erteilung von Weisungen ausgeschlossen ist, z. B. für die Spruchtätigkeit richterlicher Beamter, für die Mitglieder des Rechnungshofs des Deutschen Reichs und der Preußischen Oberrechnungskammer, aber auch in anderen Fällen, in denen dem Beamten eigene Verantwortung auferlegt ist, z. B. nach § 48 der Deutschen Gemeindeordnung den Gemeinderäten. Besteht der Vorgesetzte auf Durchführung einer Anordnung, die zwar nicht den Strafgesetzen zuwiderläuft, wohl aber anderen Gesetzen und Verwaltungsvorschriften, so muß der Beamte diese Anordnung befolgen. In diesem Falle übernimmt der Vorgesetzte die Folgen für eine unrichtige oder Schaden stiftende Handlung. Der Beamte ist jedoch je nach Lage des Falles verpflichtet, in geeigneter Weise seine abweichende Ansicht zum Ausdruck zu bringen.

Erl. zu § 7:

1. Über die Verpflichtung zur Gesetzmäßigkeit der Amtshandlungen hinaus ist der Beamte im Rahmen seines Ermessens zu pflichtmäßigem Handeln verpflichtet, er darf also nicht sein Ermessen willkürlich gebrauchen.

2. „Gesetzlich nichts anderes vorgeschrieben“, z. B. bei Richtern, Verwaltungsrichtern.

3. Kraft besonderer Vorschrift zur Erteilung von Weisungen berechtigt, kann auch eine dienstlich gleichgestellte Person sein, der für den Einzelfall oder allgemein ein Weisungsrecht gegeben ist.

4. Hinsichtlich der Wehrmachtsbeamten vgl. § 171 Abs. 6.

5. Amtsverschwiegenheit

§ 8

(1) Der Beamte hat — auch nach Beendigung seines Beamtenverhältnisses — über die ihm bei seiner amtlichen Tätigkeit bekanntgewordenen Angelegenheiten, deren Geheimhaltung durch Gesetz oder dienstliche Anordnung vorgeschrieben oder ihrer Natur nach erforderlich ist, Verschwiegenheit gegen jedermann zu bewahren;

von dieser Amtspflicht kann ihn keinerlei andere persönliche Bindung befreien.

(2) Er darf ohne Genehmigung über solche Angelegenheiten weder vor Gericht noch außergerichtlich aussagen oder Erklärungen abgeben.

(3) Die Genehmigung erteilt der Dienstvorgesetzte oder der letzte Dienstvorgesetzte.

(4) Der Beamte hat — auch nach Beendigung seines Beamtenverhältnisses — auf Verlangen des Dienstvorgesetzten oder des letzten Dienstvorgesetzten amtliche Schriftstücke, Zeichnungen, bildliche Darstellungen und dergleichen und Aufzeichnungen über dienstliche Vorgänge sowie von Wiedergaben solcher herauszugeben. Die gleiche Verpflichtung trifft seine Hinterbliebenen und seine Erben.

Begründung:

§ 8. Die Amtsverschwiegenheit ist eine wesentliche Pflicht des Beamten. Sie muß auch über die Beendigung des Beamtenverhältnisses hinaus gewahrt werden. Die Verletzung dieser Pflicht kann deshalb auch noch gegenüber den Ruhestandsbeamten im Dienststrafverfahren mit Verlust oder Kürzung des Ruhegehalts geahndet werden, abgesehen von etwaiger strafrechtlicher Verfolgung. Ist der Beamte Partei oder Beschuldigter in einem gerichtlichen Verfahren, so kann es die Rücksicht auf das Wohl des Reiches oder auf die Erfüllung öffentlicher Aufgaben fordern, daß bestimmte Vorgänge auch vor Gericht nicht erörtert werden, und daß dem Beamten die Pflicht zur Amtsverschwiegenheit auch dann obliegen muß, wenn er Nachteile daraus zu gewärtigen hat. Es ist selbstverständlich, daß er von dieser Verpflichtung nur dann nicht entbunden wird, wenn die dienstlichen Rücksichten dies unabweisbar fordern; in diesem Fall wird ihm von den Dienstvorgesetzten jeder nur mögliche Schutz gewährt. Die Voruntersuchung im Dienststrafverfahren ist kein gerichtliches Verfahren, sie spielt sich innerhalb der Behörde ab. Auf dieses Verfahren, das erst die Unterlage für ein dienststrafgerichtliches Verfahren bilden soll, kann sich für den Beamten, der Beschuldigter ist, die Verpflichtung zur Amtsverschwiegenheit deshalb nicht beziehen.

Neu ist die Vorschrift des § 8 Abs. 4, nach der der Beamte verpflichtet ist, amtliche Schriftstücke u. dgl. herauszugeben. Diese Regelung entspricht einem schon lange bestehenden Bedürfnis. Für die Hinterbliebenen und die Erben des Beamten ist die gleiche Verpflichtung begründet.

§ 9

(1) Die Genehmigung, als Zeuge auszusagen, soll nur versagt werden, wenn die Aussage dem Wohle des Reichs Nachteile bereiten oder die Erfüllung öffentlicher Aufgaben ernstlich gefährden oder erheblich erschweren würde. Die Genehmigung, ein Gutachten zu erstatten, kann versagt werden, wenn die Erstattung auch sonst dienstlich Nachteile bereiten würde.

(2) Ist der Beamte Partei oder Beschuldigter in einem gerichtlichen Verfahren und soll sein Vorbringen der Wahrnehmung seiner berechtigten Belange dienen, so soll die Genehmigung auch dann, wenn sein Vorbringen dem Wohle des Reichs Nachteile bereiten oder die Erfüllung öffentlicher Aufgaben ernstlich gefährden oder erheblich erschweren würde, nur versagt werden, wenn die dienstlichen Rücksichten dies unabweisbar fordern; wird sie versagt, so hat der Dienstvorgesetzte dem Beamten den Schutz zu gewähren, den die dienstlichen Rücksichten zulassen.

Erl. zu § 9:

Bei der Verweigerung der Genehmigung zur Zeugenaussage muß eine Abwägung der verschiedenen öffentlichen Zwecke erfolgen.

6. Nebentätigkeit und Annahme von Belohnungen

§ 10

(1) Der Beamte ist verpflichtet, auf Anordnung seiner obersten Dienstbehörde jede Nebentätigkeit (Nebenamt, Nebenbeschäftigung) im öffentlichen Dienst — auch ohne Vergütung — zu übernehmen oder fortzuführen, sofern diese Tätigkeit seiner Vorbildung oder Berufsausbildung entspricht. Die oberste Dienstbehörde kann die Befugnis zur Anordnung auf nachgeordnete Behörden übertragen.

(2) Der Beamte bedarf, soweit er nicht nach Abs. 1 zur Übernahme verpflichtet ist, der vorherigen Genehmigung

1. zur Übernahme eines Nebenamts, einer Vormundschaft, Pflegschaft oder Testamentsvollstreckung,
2. zur Übernahme einer Nebenbeschäftigung gegen Vergütung, insbesondere auch zu einer gewerblichen Tätigkeit,
3. zum Eintritt in den Vorstand, Aufsichtsrat, Verwaltungsrat oder in ein sonstiges Organ einer Gesellschaft, Genossenschaft oder eines in einer anderen Rechtsform betriebenen Unternehmens sowie zur Übernahme einer Treuhänderschaft — die Genehmigung darf nur erteilt werden, wenn mit der Tätigkeit keine Vergütung verbunden ist, oder wenn die Tätigkeit auf Vorschlag oder Veranlassung des Dienstvorgesetzten übernommen wird, oder wenn es sich um Selbsthilfeeinrichtungen der Beamten handelt —,
4. zum Betriebe eines Gewerbes im Sinne der Reichsgewerbeordnung durch seine Ehefrau, wenn nicht

die eheliche Gemeinschaft aufgehoben ist (§§ 1575, 1587 des Bürgerlichen Gesetzbuchs).

(3) Die Genehmigung erteilt die oberste Dienstbehörde, die diese Befugnis auf andere Behörden übertragen kann; sie kann bedingt oder befristet werden und ist jederzeit widerruflich.

Begründung:

Zu §§ 10—14. Die Vorschriften über die Nebentätigkeit der Beamten entsprechen im allgemeinen dem geltenden Recht. Das Gesetz enthält nur die Grundsätze über die Nebentätigkeit, Einzelheiten wird eine Verordnung regeln. Es wird insbesondere daran festzuhalten sein, daß die dienstlichen Belange in gewissen Fällen eine Anzeigepflicht auch über Nebenbeschäftigungen erfordern, die nicht genehmigungspflichtig sind.

Neu ist die einem hervorgetretenen Bedürfnis entsprechende Bestimmung (§ 13), daß mit der Beendigung des Beamtenverhältnisses auch die Nebenämter und Nebenbeschäftigungen enden, die dem Beamten im Zusammenhang mit seinem Hauptamt übertragen sind, oder die er auf Anordnung, Vorschlag oder Veranlassung seines Dienstvorgesetzten übernommen hat. Ausnahmen können angeordnet werden. Zu den mit Beendigung des Beamtenverhältnisses endigenden Nebenämtern gehören z. B. nicht gemeindliche Ämter, die keinen Zusammenhang mit dem Hauptamt haben, und Kirchenämter.

Erl. zu § 10:

1. Der Begriff „jede Nebentätigkeit im öffentlichen Dienst" ist wesentlich weiter als der Begriff „Verwendung im öffentlichen Dienst" § 127 Abs. 2. Die Verpflichtung bezieht sich auch auf Nebentätigkeiten außerhalb des Dienstes seines unmittelbaren Dienstherrn.

2. Hinsichtlich der Ehrenbeamten vgl. § 149.

3. Unbesoldetes Amt in der NSDAP. vgl. § 11 Abs. 2.

4. Wegen der Reichsminister, Reichsstatthalter, Vorsitzenden und Mitglieder einer Landesregierung vgl. §§ 158, 159, 177.

§ 11

(1) Nicht genehmigungspflichtig ist die Verwaltung eigenen oder der Nutznießung des Beamten unterliegenden Vermögens, eine schriftstellerische, wissenschaftliche, künstlerische oder Vortragstätigkeit der Beamten sowie die mit der Lehr- oder Forschungstätigkeit zusammenhängende Gutachtertätigkeit von Lehrern an öffentlichen Hochschulen und von Beamten an wissenschaftlichen Instituten und Anstalten. Die dienstliche Verantwortlichkeit des Beamten bleibt unberührt; es ist Pflicht des Dienstvorgesetzten, Mißbräuchen entgegenzutreten.

(2) Für die Übernahme eines unbesoldeten Amts in der Nationalsozialistischen Deutschen Arbeiterpartei, ihren Gliederungen und den ihr angeschlossenen Verbänden bedarf es keiner Genehmigung.

Erl. zu § 11:

Hinsichtlich der Ehrenbeamten vgl. § 149; hinsichtlich der Wehrmachtsbeamten vgl. § 171 Abs. 6.

§ 12

Der Beamte, der aus einer auf Anordnung, Vorschlag oder Veranlassung seines Dienstvorgesetzten übernommenen Tätigkeit im Vorstand, Aufsichtsrat, Verwaltungsrat oder in einem sonstigen Organ einer Gesellschaft, Genossenschaft oder eines in einer anderen Rechtsform betriebenen Unternehmens haftbar gemacht wird, hat gegen den Dienstherrn Anspruch auf Ersatz des ihm entstandenen Schadens. Ist der Schaden vorsätzlich oder grob fahrlässig herbeigeführt, so ist der Dienstherr nur dann ersatzpflichtig, wenn der Beamte auf Anordnung eines Vorgesetzten gehandelt hat.

Erl. zu § 12: Vgl. auch § 70 DGO.

§ 13

Endet das Beamtenverhältnis, so enden, wenn im Einzelfall nichts anderes bestimmt wird, auch die Nebenämter und Nebenbeschäftigungen, die dem Beamten im Zusammenhang mit seinem Hauptamt übertragen sind, oder die er auf Anordnung, Vorschlag oder Veranlassung seines Dienstvorgesetzten übernommen hat.

Erl. zu § 13:

Hinsichtlich der richterlichen Beamten vgl. § 171.

§ 14

Das Nähere über die Nebentätigkeit der Beamten wird durch Verordnung geregelt. Dabei wird auch bestimmt, ob und inwieweit der Beamte die für eine Nebentätigkeit gezahlte Vergütung abzuführen hat.

Erl. zu § 14:

Hinsichtlich der Ehrenbeamten vgl. § 149.

§ 15

Der Beamte darf — auch nach Beendigung des Beamtenverhältnisses — Belohnungen oder Geschenke in bezug auf sein Amt nur mit Zustimmung der obersten oder der letzten obersten Dienstbehörde annehmen. Die Befugnis zur Zustimmung kann auf andere Behörden übertragen werden.

7. Arbeitszeit, Urlaub, Wohnung und Uniform

§ 16

(1) Die Reichsregierung kann die Arbeitszeit der Beamten regeln.

(2) Der Beamte ist verpflichtet, auch über die regelmäßige Arbeitszeit hinaus Dienst zu tun, wenn die dienstlichen Verhältnisse es fordern.

Erl. zu § 16:

1. Der Beamte ist verpflichtet, seine ganze Zeit und Kraft dem öffentlichen Dienst zu widmen. Arbeitsrechtliche Erwägungen können für ihn daher bei der Regelung der Arbeitszeit keine Bedeutung haben. Die Dienstzeit ist z. Zt. bei Reich, Ländern und Gemeinden noch unterschiedlich geregelt. Regelung der Dienstzeit der Reichsbeamten durch die Bekanntmachungen vom 22. Dez. 1923, RMBl. 1924 S. 1, 6. März 1925, RMBl. S. 121 und 24. Dez. 1925 (RBesBl. S. 213).

Die Verpflichtung nach Abs. 2 besteht ohne Anspruch auf Entschädigung; die Entscheidung liegt bei dem Dienstvorgesetzten.

2. Wegen der Ehrenbeamten vgl. § 149.

§ 17

(1) Der Beamte bedarf, wenn er dem Dienste fernbleiben will, eines Urlaubs. Während einer auf Krankheit beruhenden Dienstunfähigkeit bedarf er nur dann eines Urlaubs, wenn er seinen Wohnort verläßt.

(2) Bleibt er ohne Urlaub schuldhaft dem Dienste fern, so verliert er für die Zeit des Fernbleibens seine Dienstbezüge. Der Dienstvorgesetzte stellt den Verlust der Dienstbezüge fest und teilt dies dem Beamten mit. Der Beamte kann innerhalb einer Woche die Entscheidung der Dienststrafkammer beantragen.

(3) Die Dauer des jährlichen Erholungsurlaubs regelt die Reichsregierung.

(4) Bei einem nicht unter Abs. 1 Satz 2 und Abs. 3 fallenden Urlaub kann völliger oder teilweiser Fortfall der Dienstbezüge angeordnet werden.

Erl. zu § 17:

1. Ein Urlaubsanspruch besteht nicht. Z. Zt. richtet sich der Erholungsurlaub der Reichsbeamten nach den Richtlinien vom 12. März 1925, RMBl. 121, Berichtigung 130.

Beurlaubung für Zwecke der Partei, RdErl. vom 12. Jan. 1936, RMBliV. S. 49; zur Ableistung des Wehr- und Arbeitsdienstes vom 15. April 1936, RMBliV. S. 517.

2. Abs. 2 bezieht sich nur auf den Fall vorsätzlichen oder fahrlässigen Handelns, nicht auf Fälle, an denen den Beamten keine Schuld trifft, z. B. Wassernot, Verkehrssperre. Wegen des Verfahrens vgl. §§ 105 und 106 RDStO.

§ 18

Wenn die dienstlichen Verhältnisse es fordern, kann der Beamte angewiesen werden, auch während der dienstfreien Zeit seinen Wohnort nicht zu verlassen.

Begründung:

§§ 18 und 19 passen die sogenannte Residenzpflicht der Beamten den heutigen Lebensverhältnissen an. Der Beamte kann, wenn nicht besondere dienstliche Verhältnisse etwas anderes fordern, in der dienstfreien Zeit, z. B. zum Wochenende, den Wohnort verlassen, er kann im allgemeinen seine Wohnung auch außerhalb der Gemeinde, in der sich seine Behörde befindet, nehmen.

Erl. zu § 18:

Die Residenzpflicht ist also stark gelockert.

§ 19

(1) Der Beamte hat seine Wohnung so zu nehmen, daß er in der ordnungsmäßigen Wahrnehmung seiner Dienstgeschäfte nicht beeinträchtigt wird.

(2) Der Dienstvorgesetzte kann ihn, wenn die dienstlichen Verhältnisse es fordern, anweisen, seine Wohnung innerhalb bestimmter Entfernung von seiner Dienststelle zu nehmen oder eine Dienstwohnung zu beziehen.

Erl. zu § 19:

1. Die „Dienstwohnung" muß als solche zugewiesen werden (§ 11 des Reichsbesoldungsgesetzes, Nr. 52 der Reichsbesoldungsvorschriften). Gegensatz die „Dienstmietwohnung". Vorschriften über Reichsdienstwohnungen (Reichsmietwohnungen) vom 30. Januar 1937, RBesBl. S. 9 (S. 25).

2. Vgl. auch den Begriff dienstlicher Wohnsitz § 33 RDStO., Nr. 61 der Reichsbesoldungsvorschriften; dieser braucht sich nicht mit dem bürgerlichen Wohnsitz zu decken.

3. Bezüglich der Ehrenbeamten vgl. § 149.

§ 20

Der Führer und Reichskanzler erläßt die Bestimmungen über Uniform und Amtstracht, wenn er die Ausübung dieses Rechts nicht anderen Stellen überträgt.

Erl. zu § 20:

1. Ein eigenes Recht der Gebietskörperschaften, Vorschriften hierüber zu erlassen, besteht nicht mehr; § 47 DGO. bleibt unberührt.

Abschnitt III

Folgen der Nichterfüllung der Pflichten

1. Versagung des Aufsteigens im Gehalt

§ 21

(1) Bleibt der Beamte in seinen Leistungen hinter dem billigerweise von ihm zu fordernden Maß zurück, so kann ihm das nach den Dienstaltersstufen des Besoldungsrechts vorgesehene Aufsteigen im Gehalt in jeder Dienstaltersstufe bis zu zwei Jahren versagt werden.

(2) Die Entscheidung trifft die oberste Dienstbehörde, die ihre Befugnis auf andere Behörden übertragen kann. Die Entscheidung der obersten Dienstbehörde ist endgültig.

Begründung:

Zu Abschnitt III:

Bleibt der Beamte ohne schuldhafte Verletzung seiner Amtspflichten in seinen Leistungen hinter dem billigerweise von ihm zu fordernden Maß zurück, so kann ihm das nach den Dienstaltersstufen des Besoldungsrechts vorgesehene Aufsteigen im Gehalt in jeder Dienstaltersstufe bis zu zwei Jahren versagt werden (§ 21). Es handelt sich hier um Beamte, die, ohne daß ihnen eine auf Vorsatz oder Fahrlässigkeit zurückzuführende Minderleistung vorgeworfen werden kann, die zur Dienstbestrafung führen würde, nicht dasselbe leisten, was man von den in gleicher Lage befindlichen Beamten im allgemeinen fordern muß, und von ihnen auch tatsächlich geleistet wird. Die Minderleistung kann auf eine natürliche Veranlagung zurückzuführen sein, die bei der Anstellung des Beamten nicht erkannt worden ist; sie kann auch auf einem Nachlassen der geistigen Kräfte beruhen, das aber nicht zur Feststellung einer Dienstunfähigkeit ausreicht. Solche Beamte können nicht beanspruchen, in ihren Leistungen ebenso bewertet zu werden wie ihre voll leistungsfähigen Mitarbeiter, die u. U. noch ihre Arbeit miterledigen müssen.

Auf Beamte, die infolge vorübergehender Krankheit nicht voll leistungsfähig sind, oder deren Leistungsfähigkeit in den letzten Dienstjahren vor Erreichung der Altersgrenze naturgemäß nachläßt, ist die Bestimmung im allgemeinen nicht anzuwenden.

Das Aufsteigen im Gehalt kann in jeder Dienstaltersstufe bis zu zwei Jahren versagt werden. Der Beamte steigt in solchem Falle also erst bis zu zwei Jahren später auf; bleibt er auch dann weiter in seinen Leistungen zurück, so kann ihm beim nächsten Male wieder das Aufsteigen versagt werden. Bei ständigen Minderleistungen würde ein solcher Beamter statt alle zwei Jahre nur alle vier Jahre aufsteigen.

Damit ist der § 4 Abs. 1 Satz 1 des Reichsbesoldungsgesetzes vom 16. Dezember 1927, nach dem die planmäßigen Beamten einen Rechtsanspruch auf die Gewährung der Dienstalterszulagen haben, in gewissem Umfange außer Kraft gesetzt und teilweise auf die frühere Rechtslage zurückgegangen, nach der ein Rechtsanspruch nicht bestand, vielmehr das Aufrücken jeweilig bewilligt werden mußte. — Selbstverständlich soll eine so schwerwiegende Entscheidung gegen einen Beamten nur ganz ausnahmsweise getroffen werden. Es wird deshalb dem Beamten Gelegenheit zu geben sein, durch Darlegung der Gründe für sein Verhalten bei der höheren Stelle die Abwendung der Maßnahme zu erwirken. Die Vorschrift soll in erster Linie erzieherisch wirken und gründet sich auf den nationalsozialistischen Leistungsgrundsatz.

Erl. zu § 21:

Die Leistungen müssen billigerweise gefordert werden können; ein Verschulden braucht nicht unbedingt vorzuliegen.

2. Dienstvergehen

§ 22

(1) Der Beamte begeht ein Dienstvergehen, wenn er schuldhaft die ihm obliegenden Pflichten verletzt. Als Dienstvergehen gilt es auch, wenn ein Ruhestandsbeamter sich staatsfeindlich betätigt, oder wenn er gegen § 8 (Verletzung der Amtsverschwiegenheit) oder gegen § 15 (Annahme von Belohnungen oder Geschenken) verstößt.

(2) Das Nähere über die Bestrafung von Dienstvergehen regelt die Reichsdienststrafordnung.

Erl. zu § 22:

Nur aktive, Wartestands- und im Rahmen von Abs. 1 Satz 2 Ruhestandsbeamte können Dienstvergehen begehen, nicht entlassene Beamte, ausgeschiedene Beamte — vgl. jedoch § 2 RDStO. Wegen der Empfänger von Unterhaltsbeiträgen vgl. § 96 RDStO.

Überleitungsvorschrift für Ruhestandsbeamte § 184 Abs. 1.

3. Haftung

§ 23

(1) Verletzt ein Beamter schuldhaft seine Amtspflicht, so hat er dem Dienstherrn, dessen Aufgaben er wahrgenommen hat, den daraus entstandenen Schaden zu ersetzen; haben mehrere Beamte gemeinschaftlich den Schaden verursacht, so haften sie als Gesamtschuldner.

(2) Hat der Dienstherr einem anderen Schadensersatz geleistet, weil ein Beamter in Ausübung der ihm anvertrauten öffentlichen Gewalt seine Amtspflicht verletzt hat, so hat der Beamte dem Dienstherrn den Schaden nur insoweit zu ersetzen, als ihm Vorsatz oder grobe Fahrlässigkeit zur Last fällt.

(3) Leistet der Beamte dem Dienstherrn Ersatz, und hat dieser einen Ersatzanspruch gegen einen Dritten, so geht der Ersatzanspruch auf den Beamten über.

(4) Abs. 2 und 3 gelten auch, wenn eine Person, die nicht Beamter im Sinne dieses Gesetzes ist, in Ausübung der ihr anvertrauten öffentlichen Gewalt ihre Amtspflicht verletzt hat.

Begründung:

Die in § 23 Abs. 1 vorgeschriebene Haftpflicht des Beamten für schuldhafte Verletzung seiner Amtspflicht entspricht dem bisherigen Recht. Die Begrenzung der Haftung auf Vorsatz und grobe Fahrlässigkeit für Verletzung einer Amtspflicht gegenüber einem Dritten hat sich als notwendig erwiesen. Der Beamte soll in Lagen, die schnellen Entschluß und schnelles Handeln fordern, in seiner Entschlußfähigkeit nicht dadurch gehemmt werden, daß er sich von Erwägungen über seine etwaige Haftung beeinflussen läßt. Es sei hier besonders an die Polizeibeamten erinnert, die häufig sehr schnelle Entschlüsse fassen müssen.

Erl. zu § 23:

Die Vorschrift befaßt sich nur mit dem Verhältnis des Beamten zu seinem Dienstherrn. Die Vorschriften über die Haftung des Dienstherrn für schuldhaftes Handeln des Beamten Dritten gegenüber sind unberührt geblieben.

Überleitungsvorschrift für Ruhestandsbeamte § 184 Abs. 1.

Abschnitt IV

Ernennung und Versetzung

Begründung:

Zu Abschnitt IV

Dieser Abschnitt enthält wesentliche Neuerungen. Er bestimmt, daß nur derjenige Beamter werden darf, der neben den bereits erörterten politischen Voraussetzungen die vorgeschriebene Vorbildung nachweisen kann. Nur da, wo solche Vorbildung nicht vorgeschrieben ist, kann an ihre Stelle die übliche Vorbildung oder die sonstige besondere Eignung treten. Es kann also z. B. niemand Richter werden, der nicht die vorgeschriebene Vorbildung hat. In den Fällen, in denen eine Vorbildung nicht vorgeschrieben oder üblich ist, kann auch nicht jedermann Beamter werden; es muß vielmehr eine besondere Eignung für das Amt vorhanden sein. Damit ist der eingangs erwähnten Anerkennung des Berufsbeamtentums der Grundsatz gefolgt, daß im allgemeinen nur derjenige Beamter werden soll, der die Beamtenlaufbahn von Anfang an als Lebensberuf erwählt und sich die dafür erforderliche Vorbildung angeeignet hat.

1. Ernennung

§ 24

Der Führer und Reichskanzler ernennt die Beamten, soweit gesetzlich nicht etwas anderes vorgeschrieben ist, oder er die Ausübung dieses Rechts nicht anderen Stellen überträgt.

Erl. zu § 24:

1. Gesetzliche Vorschriften, die anderes vorschreiben, vgl. z. B. § 37 DGO., §§ 152, 155 dieses Gesetzes.

2. Für die Zuständigkeit zur Ernennung und Entlassung von Reichs- und Landesbeamten gelten zur Zeit folgende Erlasse, die im großen Ganzen auch für die Zukunft beibehalten werden dürften:

Erlaß des Führers und Reichskanzlers vom 1. Febr. 1935, RGBl. I S. 73 und 74; vgl. dazu die Erste bis Vierte Ausführungs- und Übergangsbestimmung vom 22. Februar, 28. Mai, 15. Oktober 1935, RGBl. I S. 268, 724, 1255 und vom 20. August 1936, RGBl. I S. 635.

Ergänzende Erlasse:

des Pr. MinPräs. vom 6. Febr. 1935, GS. S. 13, geändert durch Erl. vom 11. Okt. 1935, GS. S. 136; ferner Regelungen preußischer Minister für einzelne preußische Verwaltungen.

Anordnungen der Reichsressorts:

für die allgemeine und innere Verwaltung Anordnung vom 14. Febr. 1935, RGBl. I S. 201;

für die Reichsjustizverwaltung: vom 20. März 1935, RGBl. I S. 391, geändert 14. Nov. 1935, RGBl. I S. 1340;

Finanzverwaltung: vom 9. März 1935, RGBl. I S. 358;

Wirtschaftsverwaltung: vom 9. April 1935, RGBl. I S. 511;

Forstverwaltung: vom 12. April 1935, RGBl. I S. 569;

Schulverwaltung: vom 21. März 1935, RGBl. I S. 751, geändert 11. Dez. 1936, RGBl. I S. 1019;

Sozialverwaltung: vom 10. Mai 1935, RGBl. I S. 602;

Wasserstraßenverwaltung: vom 27. Mai 1935, RGBl. I S. 696;

Landwirtschaftliche Verwaltung: vom 11. Juli 1935, RGBl. I S. 1016;

Theaterverwaltung: vom 10. Okt. 1935, RGBl. I S. 1249;

Reichspost: vom 23. April 1935 (PostABl. S. 205);

Wasser- und Kulturbauverwaltung: vom 20. Dez. 1935, RGBl. I S. 1526.

3. Reichsgrundsätze über Einstellung, Anstellung und Beförderung von Reichs- und Landesbeamten vom 14. Okt. 1936, RGBl. I S. 893.

§ 25

(1) Beamter kann nur werden, wer deutschen oder artverwandten Blutes ist und, wenn er verheiratet ist, einen Ehegatten deutschen oder artverwandten Blutes hat. Ist der Ehegatte Mischling zweiten Grades, so kann eine Ausnahme zugelassen werden.

(2) Ein Beamter darf eine Ehe nur mit einer Person deutschen oder artverwandten Blutes eingehen. Ist der Verlobte Mischling zweiten Grades, so kann die Eheschließung genehmigt werden.

(3) Für die Zulassung einer Ausnahme nach Abs. 1 Satz 2 und die Genehmigung nach Abs. 2 Satz 2 ist die oberste Dienstbehörde im Einvernehmen mit dem Reichsminister des Innern und dem Stellvertreter des Führers zuständig. Dieselben Stellen können auch für den Einzelfall Ausnahmen von Abs. 1 Satz 1 und von Abs. 2 Satz 1 zulassen.

Begründung:

§ 25 entspricht dem geltenden Recht. Nur wer deutschen oder artverwandten Blutes ist, soll Beamter werden können. Dagegen ist entsprechend den Vorschriften des Reichsbürgergesetzes insofern eine Erleichterung geschaffen, als die Ehe mit einem Mischling zweiten Grades nicht ausgeschlossen sein soll, sondern von einer von der obersten Dienstbehörde im Einvernehmen mit dem Reichsminister des Innern und dem Stellvertreter des Führers zu erteilenden Genehmigung abhängig gemacht ist. Die Durchführungsverordnungen zum Reichsbürgergesetz bestimmen, wer als Mischling zweiten Grades zu gelten hat.

Erl. zu § 25:

Vgl. auch §§ 2 und 3 der Ersten VO. zum Reichsbürgergesetz vom 14. Nov. 1935, RGBl. I S. 1333.

§ 26

(1) Beamter kann ferner nur werden, wer

1. Reichsbürger ist oder nur deshalb noch nicht ist, weil er infolge seines Lebensalters die Voraussetzungen hierfür noch nicht erfüllt,
2. die für seine Laufbahn vorgeschriebene oder, mangels solcher Vorschriften, die übliche Vorbildung oder sonstige besondere Eignung für das ihm zu übertragende Amt besitzt und
3. die Gewähr dafür bietet, daß er jederzeit rückhaltlos für den nationalsozialistischen Staat eintritt.

(2) Ausnahmen vom Abs. 1 Nr. 1 bedürfen der Zustimmung des Reichsministers des Innern im Einvernehmen mit dem Stellvertreter des Führers oder der von ihnen bestimmten Stellen.

Erl. zu § 26:

1. Erl. vom 29. Mai 1936, RMBliV. S. 755 (betr. Nichterfüllung der Altersvoraussetzung). Vorgeschriebene Ausbildung: § 164 d. G., ferner z. B. § 40 DGO., Reichsgesetz über die Befähigung zum höheren bautechnischen Verwaltungsdienst vom 16. Juli 1935, RGBl. I S. 563; Pr. Gesetz über die Befähigung zum höheren Verwaltungsdienst vom 10. Aug. 1906 in Fassung des Gesetzes vom 8. Juli 1920, GS. S. 388; das Gerichtsverfassungsgesetz vom 27. Januar 1877 in der Fassung der Bekanntmachung vom 22. März 1924, RGBl. I S. 299.

2. Anspruch auf Anstellung in Beamtenstellen haben die Inhaber des Versorgungsscheins. Anstellungsgrundsätze vom 16. Juli 1930.

3. Die Vorschrift gilt auch für Ehrenbeamte.

4. Zu Abs. 1 Ziff. 3 vgl. RdErl. vom 1. Nov. 1935, MBliV. S. 1319 über die nationalsozialistische Schulung von Beamtenanwärtern; ferner die RdErl. über die Zugehörigkeit von Beamten zu Logen vom 10. Juli 1935, MBliV. S. 888 a, 2. Nov. 1935, MBliV. S. 1367, 2. Sept. 1936, RMBliV. S. 1186, 7. Dez. 1936, RMBliV. S. 1628.

§ 27

(1) Das Beamtenverhältnis wird durch Aushändigung einer Ernennungsurkunde begründet, in der die Worte „unter Berufung in das Beamtenverhältnis" enthalten sind. Wer keine solche Urkunde erhalten hat, ist nicht Beamter im Sinne dieses Gesetzes.

(2) Das Beamtenverhältnis wird, soweit gesetzlich nichts anderes vorgeschrieben ist, für Beamte, die für Daueraufgaben voll verwendet werden, mit dem Ziele begründet, den Beamten lebenslänglich mit dem Staate zu verbinden (Beamter auf Lebenszeit).

Begründung:

Die schon im Gesetz vom 30. Juni 1933 enthaltene Vorschrift, daß nur derjenige Beamter wird, der mit der besonderen Formel „unter Berufung in das Beamtenverhältnis" ernannt ist, ist in das Gesetz übernommen (§ 27).

Da nach § 1 Abs. 3 dem Beamten seine Lebensstellung gesichert sein soll, ist in § 27 Abs. 2 festgestellt, daß das Beamtenverhältnis mit dem Ziele begründet wird, den Beamten lebenslänglich mit dem Staate zu verbinden, ihn zum Beamten auf Lebenszeit zu ernennen, wenn er für Daueraufgaben voll verwendet wird. Ausnahmen von diesem grundsätzlichen Ziele sind nur dann zulässig, wenn dies gesetzlich besonders vorgeschrieben ist, wie z. B. bei den Standesbeamten, die nur widerruflich ernannt werden dürfen.

In Verfolg dieses Grundsatzes schreibt § 28 im einzelnen vor, wann der Beamte auf Lebenszeit ernannt werden darf. Das darf nicht geschehen vor Vollendung des 27. Lebensjahres, bei weiblichen Beamten vor Vollendung des 35. Lebensjahres, ferner nicht vor Ableistung des vorgeschriebenen oder üblichen Probedienstes und vor Ablegung der vorgeschriebenen oder üblichen Prüfung. Wird jemand zum Beamten ernannt, der diese letztere Voraussetzung nicht erfüllt, so muß er sich in seinem Amt erst fünf Jahre lang bewährt haben, ehe ihn der Staat auf Lebenszeit an sich bindet.

Wenn auch die Regel sein soll, daß die Beamten auf Lebenszeit anzustellen sind, so wird es doch immer eine große Zahl von Personen geben, die in das Beamtenverhältnis übernommen werden müssen, weil sie mit Aufgaben betraut sind, die nur von Beamten erfüllt werden können, die dabei aber nicht auf Lebenszeit angestellt werden können, weil sie noch nicht 27 Jahre alt sind oder keine Planstelle für sie vorhanden ist. Dazu kommen die Beamten, die sich im Vorbereitungsdienst oder im Probedienst befinden. Sie wurden bisher auf Kündigung, auf Probe, auf Widerruf u. dgl. angestellt. Jetzt gibt es für diese Beamten nur noch ein „Beamtenverhältnis auf Widerruf". Dabei bleibt es der anstellenden Stelle überlassen, anzuordnen, daß bei Beamten bestimmter Gruppen der Widerruf erst nach Ablauf einer gewissen Frist wirksam wird, oder beim Widerruf selbst einen späteren Zeitpunkt für sein Wirksamwerden zu bestimmen (§ 62 Abs. 1).

Erl. zu § 27:

Überleitungsvorschrift § 178; Ehrenbeamte § 149; Beamte auf Lebenszeit § 28, auf Zeit § 29.

§ 28

(1) Beamter auf Lebenszeit ist, wer eine Urkunde erhalten hat, in der die Worte „auf Lebenszeit" enthalten sind.

(2) Die Urkunde darf nur erhalten, wer

1. das siebenundzwanzigste Lebensjahr vollendet hat — bei weiblichen Beamten tritt an die Stelle des siebenundzwanzigsten das fünfunddreißigste Lebensjahr —,
2. den für das Amt vorgeschriebenen oder üblichen Vorbereitungs- oder Probedienst abgeleistet und die vorgeschriebenen oder üblichen Prüfungen bestanden hat oder das ihm übertragene Amt fünf Jahre lang geführt hat und

3. in eine Planstelle, die besetzt werden darf, eingewiesen ist oder wird. Die Einweisung in die Planstelle bedarf der Schriftform.

Erl. zu § 28:

Ausnahme hinsichtlich des Lebensalters für Ehrenbeamte § 149; Überleitungsvorschrift § 180; Planstelle § 148 Abs. 4.

§ 29

(1) Die gesetzlichen Vorschriften bestimmen die Fälle und die Voraussetzungen der Ernennung von Beamten auf Zeit. Im übrigen gilt § 28 Abs. 2 Nr. 1 und 3.

(2) In der Ernennungsurkunde eines auf Zeit ernannten Beamten muß die Zeit angegeben werden, für die er ernannt ist.

(3(Läuft die Amtszeit eines Beamten auf Zeit ab, so ist er verpflichtet, das Amt weiterzuführen, wenn er unter nicht ungünstigeren Bedingungen für wenigstens die gleiche Zeit wieder ernannt werden soll.

Begründung:

Zwischen der Gruppe der Beamten auf Lebenszeit und der Gruppe der Beamten auf Widerruf (§ 30) steht die Gruppe der Beamten, die auf Zeit berufen werden (§ 29). Welche Beamten auf Zeit berufen werden sollen, wird durch gesetzliche Vorschrift bestimmt; dieser sind genehmigte statutarische Vorschriften gleichgestellt (§ 151 Abs. 5). Die Gruppe der Beamten auf Zeit ist im wesentlichen bestimmt für die leitenden Beamten des Gemeindedienstes, insbesondere also die Bürgermeister und Beigeordneten. Eine lebensvolle Verwaltung dieser mit großer Selbständigkeit und Verantwortung ausgestatteten Stellen erscheint am besten dadurch gewährleistet, daß nach bestimmten Zeitabschnitten die Möglichkeit eines Wechsels der leitenden Beamten vorgesehen wird. Gegenüber dem Gewinn, der in der Möglichkeit des Einsatzes neuer, frischer Kräfte in diese Posten nach Ablauf einer bestimmten Zahl von

Jahren liegt, können die damit verbundenen finanziellen Mehraufwendungen nicht ins Gewicht fallen. Sie werden aber dadurch niedriger gehalten, daß § 29 Abs. 3 ausdrücklich die Verpflichtung eines Beamten auf Zeit feststellt, bei Ablauf der Amtszeit das Amt weiterzuführen, wenn er unter nicht ungünstigeren Bedingungen für wenigstens die gleiche Zeit wieder ernannt wird. Damit ist es selbstverständlich nicht ausgeschlossen, einen solchen Beamten nach § 44 Abs. 2 der Deutschen Gemeindeordnung auf Lebenszeit wieder zu berufen, um auch im Amt bewährte Kräfte auf Lebenszeit für den Dienst in der Gemeinde zu erhalten.

Um Klarheit darüber zu schaffen, wer Beamter auf Widerruf, auf Zeit oder auf Lebenszeit werden soll, ist vorgeschrieben, daß in der Ernennungsurkunde oder in einer besonderen Urkunde angegeben wird, ob der Beamte auf Lebenszeit oder auf Zeit ernannt ist. Ist dies nicht in der Urkunde ausgesprochen, so ist er Beamter auf Widerruf. Die Urkunde begründet kein neues Beamtenverhältnis. Es bedarf deshalb keiner besonderen Ernennung, sondern nur der Bescheinigung, daß der Beamte, bei dem die drei Voraussetzungen des § 28 Abs. 2 vorliegen, nunmehr Beamter „auf Lebenszeit" sei.

Erl. zu § 29:

Vgl. §§ 151 Abs. 5, 149; zum letzten Absatz §§ 44, 52, 23 DGO.

§ 30

(1) Wer nicht Beamter auf Lebenszeit oder auf Zeit ist, ist Beamter auf Widerruf.

(2) Bei einem Beamten auf Widerruf, der sich in einer Planstelle befindet, ist nach Ablauf einer Bewährungsfrist, die nach Vollendung des siebenundzwanzigsten Lebensjahres sechs Jahre nicht übersteigen darf, das Beamtenverhältnis in ein solches auf Lebenszeit umzuwandeln, wenn dies nicht gesetzlich ausgeschlossen ist.

Begründung:

Dem Grundsatz, daß die lebenslängliche Anstellung die Regel sein soll, trägt § 30 Abs. 2 Rechnung, indem er vorschreibt, daß das Beamtenverhältnis eines Beamten auf Widerruf, der sich in einer Planstelle befindet, nach Ablauf einer Bewährungsfrist von längstens sechs Jahren nach Vollendung des siebenundzwanzigsten Lebensjahres in ein solches auf Lebenszeit umzuwandeln ist.

Erl. zu § 30:

Planstelle vgl. § 148 Abs. 4.

§ 31

Der Führer und Reichskanzler bestimmt durch Erlaß, inwieweit bei der Ernennung von Beamten der Stellvertreter des Führers oder die von ihm bestimmte Stelle zu hören ist.

Erl. zu § 31:

Vgl. Erl. vom 24. Sept. 1935, RGBl. I S. 1203.

2. Nichtigkeit der Ernennung

§ 32

(1) Die Ernennung ist nichtig, wenn der Ernannte zur Zeit seiner Ernennung nach § 26 Abs. 1 Nr. 1 nicht ernannt werden konnte, entmündigt oder infolge strafgerichtlicher Verurteilung unfähig war, öffentliche Ämter zu bekleiden.

(2) Die Ernennung ist für nichtig zu erklären, wenn

1. sie durch Zwang, arglistige Täuschung oder Bestechung herbeigeführt wurde,
2. nicht bekannt war, daß der Ernannte ein Verbrechen oder ein solches Vergehen begangen hatte, das ihn der Berufung in das Beamtenverhältnis unwürdig erscheinen läßt, und er deswegen rechts-

kräftig zu einer Strafe verurteilt war oder wird, oder

3. nicht bekannt war, daß der Ernannte zur Zeit seiner Ernennung aus der Nationalsozialistischen Deutschen Arbeiterpartei ausgeschlossen oder ausgestoßen war.

(3) Die Ernennung kann sonst nur für nichtig erklärt werden, wenn

1. sie von einer sachlich unzuständigen Behörde ausgesprochen wurde,
2. bei einem nach seiner Ernennung Entmündigten die Voraussetzungen für die Entmündigung im Zeitpunkt der Ernennung vorlagen oder
3. nicht bekannt war, daß der Ernannte auf Grund der §§ 2, 2 a, 4 des Gesetzes zur Wiederherstellung des Berufsbeamtentums entlassen oder im Wege des Dienststrafverfahrens aus dem Dienst entfernt oder zum Ruhegehaltsverlust verurteilt worden war.

Begründung:

Zu §§ 32—34. Die Ernennung zum Beamten ist ein Hoheitsakt. Sie ist nichtig, wenn die Voraussetzungen des § 32 Abs. 1 vorliegen. Sonstige Fehler bei der Ernennung sollen den öffentlich-rechtlichen Akt nicht ohne weiteres nichtig machen. Es ist vielmehr der Weg gewählt worden, die Ernennung für nichtig erklären zu lassen. Die Rechtsfolgen einer für nichtig erklärten Ernennung sind der von vornherein nichtigen Ernennung gleichzustellen; der zum Beamten Ernannte ist also nicht Beamter geworden. Würde, wie es naheliegen könnte, die Ernennung in den Fällen der Abs. 2 und 3 zurückgenommen, so wäre die Ernennung bis zur Rücknahme gültig. Das erschien nicht zweckmäßig, zumal dann dem Ernannten bis zur Rücknahme auch das bereits gezahlte Gehalt hätte belassen werden müssen. Es ist deshalb die Form der Nichtigkeitserklärung gewählt worden. Aus Gründen der allgemeinen Rechtssicherheit ist jedoch in § 34 vorgeschrieben, daß die Amtshandlungen von solchen, nach außen als Beamte erscheinenden Personen bis zu einem erkennbaren Zeitpunkt in der gleichen Weise gültig sein sollen, wie wenn sie ein Beamter ausgeführt hätte.

Die für die Nichtigkeitserklärung maßgebenden Gründe sind erschöpfend aufgeführt, die Ernennung kann außer in den Fällen des Abs. 2 sonst nur aus den Gründen des Abs. 3 für nichtig erklärt werden.

Da es sich um einen öffentlich-rechtlichen Akt handelt, ist auch davon abgesehen worden, die Anfechtungsgründe des Zivilrechts noch daneben gelten zu lassen. Besonders ist davon abgesehen worden, eine Anfechtung wegen Irrtums zuzulassen. Soweit der Irrtum durch arglistige Täuschung erregt ist, gilt Abs. 2 Nr. 1. Im übrigen wird es Sache der ernennenden Stelle sein, sich durch besonders sorgfältige Prüfung davor zu schützen, daß jemand zum Beamten ernannt wird, der nicht alle an einen Beamten zu stellenden Anforderungen erfüllt. Das muß aber auch durch Anweisungen der obersten Dienstbehörden an die nachgeordneten mit der Ernennung von Beamten oder mit Vorschlägen für die Ernennung beauftragten Stellen zu erreichen sein.

Erl. zu § 32:

1. Vgl. §§ 171 (richterliche Beamte), 141 (Nachentrichtung von Beiträgen der Sozialversicherung).

2. Gesetz zur Wiederherstellung des Berufsbeamtentums vom 7. April 1933, RGBl. I S. 175 häufiger geändert.

3. Die Aufzählung der Nichtigkeitsgründe ist erschöpfend.

§ 33

(1) Im Fall des § 32 Abs. 1 hat der Dienstvorgesetzte nach Kenntnis des Nichtigkeitsgrundes dem Ernannten sofort jede weitere Führung der Dienstgeschäfte zu verbieten.

(2) In den Fällen des § 32 Abs. 2 und 3 muß die Nichtigkeit innerhalb von sechs Monaten erklärt werden, nachdem die oberste Dienstbehörde von der Ernennung und von dem Nichtigkeitsgrunde Kenntnis erlangt hat. Vor der Nichtigkeitserklärung soll der Beamte gehört werden. Die Erklärung wird von dem für den Beamten verwaltungsmäßig zuständigen Reichsminister abgegeben; sie ist dem Beamten zuzustellen. Die Entscheidung ist endgültig.

Erl. zu § 33:

Wegen der Ehrenbeamten vgl. § 149.

§ 34

Ist eine Ernennung nichtig oder für nichtig erklärt, so sind die bis zu dem Verbot (§ 33 Abs. 1) oder bis zur Zustellung der Entscheidung über die Nichtigkeit (§ 33 Abs. 2) vorgenommenen Amtshandlungen des Ernannten in der gleichen Weise gültig, wie wenn sie ein Beamter ausgeführt hätte. Die gezahlten Dienstbezüge können belassen werden.

3. Versetzung

§ 35

(1) Der Beamte kann, wenn durch gesetzliche Vorschrift nichts anderes bestimmt ist, innerhalb des Dienstbereichs seines unmittelbaren Dienstherrn versetzt werden, wenn er es beantragt oder ein dienstliches Bedürfnis dafür besteht. Ohne seine Zustimmung ist eine Versetzung in ein anderes Amt nur zulässig, wenn das neue Amt derselben oder einer gleichwertigen Laufbahn angehört wie das bisherige Amt und mit mindestens gleich hohem Endgrundgehalt verbunden ist.

Ruhegehaltfähige und unwiderrufliche Stellenzulagen gelten hierbei als Bestandteile des Grundgehalts. Beim Wechsel der Verwaltung soll der Beamte gehört werden.

(2) Mittelbare Reichsbeamte auf Lebenszeit kann der zuständige Reichsminister unter den Voraussetzungen des Abs. 1 Satz 2 und 3 in den Dienstbereich eines anderen Dienstherrn versetzen, wenn der bisherige und der neue Dienstherr zustimmen.

(3) Beamte, die Reichsleiter, Gauleiter, Kreisleiter oder Ortsgruppenleiter der Nationalsozialistischen Deutschen Arbeiterpartei oder Führer von Standarten oder höheren Einheiten der SA., SS. oder des NSKK. sind, sollen nur im Benehmen mit dem Stellvertreter des Führers versetzt werden.

Begründung:

Zu § 35. Der Beamte kann innerhalb des Dienstbereichs seines unmittelbaren Dienstherrn auch gegen seinen Willen jederzeit versetzt werden. Eingeschränkt ist die Möglichkeit der Versetzung nur da, wo gesetzliche Vorschriften entgegenstehen, wie z. B. bei den Richtern. Die berechtigten Belange des Beamten sind durch die Vorschrift des Abs. 1 Satz 2 gewahrt. Die Möglichkeit, einen Beamten aus dem unmittelbaren Reichsdienst in den Dienst eines Landes und umgekehrt auch gegen seinen Willen zu versetzen, ist durch § 166 geschaffen; sie ist ein unabweisbares Erfordernis der Gleichschaltung des Reichs- und Landesdienstes. Außer in diesem Falle können mittelbare Reichsbeamte auf Lebenszeit auch gegen ihren Willen in den Dienstbereich eines anderen Dienstherrn versetzt werden, wenn beide Dienstherren zustimmen. Dieser Grundsatz gilt nicht für mittelbare Beamte auf Zeit und damit nicht für die leitenden Gemeindebeamten, deren Versetzungsmöglichkeit mit der in der Deutschen Gemeindeordnung festgelegten Selbstverwaltung der Gemeinden und Gemeindeverbände nicht im Einklang stände.

In § 35 Abs. 3 sind, wie bereits erwähnt, die Hoheitsträger der Nationalsozialistischen Deutschen Arbeiterpartei, die als Beamte nicht ohne weiteres zu versetzen sind, erschöpfend aufgezählt. Auf andere Amtsträger der Partei, ihrer Gliederungen und der ihnen angeschlossenen Verbände bezieht sich das Erfordernis des Benehmens mit dem Stellvertreter des Führers nicht. Daß die Versetzung im Benehmen mit dem Stellvertreter des Führers geschehen soll, ist eine bindende Anweisung an die die Versetzung anordnende Stelle. Dem Beamten selbst wird dadurch aber kein Recht gegeben, gegen die Versetzung Einspruch einzulegen.

Erl. zu § 35:

1. Zum Begriff des Dienstherrn vgl. § 166, des mittelbaren Reichsbeamten § 2.
2. Ehrenbeamte vgl. § 149.
3. Kündigung von Mietverträgen bei Versetzung § 570 BGB.

Abs. 3 gilt nicht für Wehrmachtsbeamte (§ 171).

Abschnitt V

Sicherung der rechtlichen Stellung der Beamten

1. Fürsorge und Schutz

§ 36

Der Staat gewährt dem Beamten Fürsorge und Schutz bei seinen amtlichen Verrichtungen und in seiner Stellung als Beamter.

Zu Abschnitt V:

Zu § 36. Die hier vom Staat übernommene Verpflichtung zur Fürsorge und zum Schutz des Beamten bei seinen amtlichen Verrichtungen und in seiner Stellung als Beamter begründet unabhängig von privatrechtlichen Vorschriften selbständig die Pflicht des Staates, für das Wohl des Beamten zu sorgen und ihn nach außen zu schützen. Zur Fürsorge gehört u. a. auch, daß der Staat den Beamten vor Schädigungen seiner Gesundheit schützt, soweit das nach Lage des Dienstes möglich ist, daß er ihm seine Bezüge zahlt und im Falle der Dienstunfähigkeit für ihn sorgt (§ 38). Klagen wegen Verletzung der Fürsorgepflicht sind als vermögensrechtliche Ansprüche aus dem Beamtenverhältnis nach § 142 vor den Verwaltungsgerichten zu erheben.

2. Amtsbezeichnung

§ 37

(1) Der Führer und Reichskanzler setzt die Amtsbezeichnungen der Beamten fest, wenn gesetzlich nichts anderes vorgeschrieben ist oder er die Ausübung dieses Rechts nicht anderen Stellen überträgt.

(2) Der Beamte führt im Dienst seine Amtsbezeichnung; er darf sie auch außerhalb des Dienstes führen, nach Versetzung in den Wartestand mit dem Zusatz „zur Dienstverwendung (z. D.)". Neben der Amtsbezeichnung darf der Beamte nur staatlich verliehene Titel und akademische Grade, dagegen keine Berufsbezeichnung führen. Nach dem Übertritt in ein anderes Amt darf der Beamte die bisherige Amtsbezeichnung nicht mehr führen. Beamte im Ruhestande dürfen die ihnen bei der Versetzung in den Ruhestand zustehende Amtsbezeichnung mit dem Zusatz „außer Dienst (a. D.)" und die im Zusammenhang mit dem Amte verliehenen Titel weiterführen. Wartestandsbeamte und Ruhestandsbeamte, denen ein neues Amt übertragen wird, erhalten die Amtsbezeichnung des neuen Amts; gehört das Amt nicht einer Besoldungsgruppe mit mindestens demselben Endgrundgehalt (§ 35 Abs. 1 Satz 3) an

wie das bisherige Amt, so dürfen sie neben der neuen Amtsbezeichnung die des früheren Amts mit dem Zusatz „außer Dienst (a. D.)“ führen. Ändert sich die Bezeichnung des früheren Amts, so darf die geänderte Amtsbezeichnung geführt werden. Einem entlassenen Beamten kann die oberste Dienstbehörde die Erlaubnis erteilen, die Amtsbezeichnung mit dem Zusatz „außer Dienst (a. D.)“ sowie die im Zusammenhang mit dem Amte verliehenen Titel zu führen.

(3) Die oberste Dienstbehörde kann einem entlassenen oder in den Ruhestand getretenen Beamten bei Beendigung seines Beamtenverhältnisses erlauben, die Uniform zu tragen.

(4) Die oberste Dienstbehörde kann die Erlaubnis, die Amtsbezeichnung und die im Zusammenhang mit dem Amte verliehenen Titel weiterzuführen und die Uniform zu tragen, zurücknehmen, wenn der frühere Beamte rechtskräftig zu einer Strafe verurteilt ist, welche bei einem Beamten nach § 53 das Ausscheiden aus dem Beamtenverhältnis nach sich zieht. Für Beamte der Wehrmacht gelten die Vorschriften des Wehrgesetzes.

Begründung:

Zu § 37. Grundsätzlich verlieren die Beamten nach Beendigung des Beamtenverhältnisses die Amtsbezeichnung und die im Zusammenhang mit dem Amt verliehenen Titel (§§ 56, 66 Abs. 2). Nur der Ruhestandsbeamte darf die Amtsbezeichnung weiterführen mit dem Zusatz „a. D.“, und dem in Ehren aus dem Amt entlassenen Beamten kann die Erlaubnis erteilt werden, die Amtsbezeichnung und die im Zusammenhang mit dem Amt verliehenen Titel weiterzuführen. Da bei diesen Beamten ebenso wie bei den Ruhestandsbeamten das Beamtenverhältnis in Ehren beendet ist, besteht kein Bedürfnis, sie zu unterscheiden. Sie führen deshalb beide die Amtsbezeichnis mit dem Zusatz „außer Dienst".

Unter akademischen Graden sind z. B. die Doktor- und Diplomtitel zu verstehen, während z. B. die Berufsbezeichnung Baumeister nicht geführt werden darf.

Erl. zu § 37:

1. Das Titelwesen ist nicht in diesem Gesetz geregelt; vgl. Gesetz über Titel, Orden und Ehrenzeichen vom 7. April 1933, RGBl. I S. 180; VO. des Reichspräsidenten über Titel vom 30. Jan. 1934, RGBl. I S. 73; Ergänzungsgesetz vom 15. Mai 1934, RGBl. I S. 379; AusfVO. vom 14. Nov. 1935, RGBl. I S. 1341.

2. Wartestand vgl. §§ 43 ff.; Ruhestand §§ 67 ff.; Entlassung §§ 57 ff.; Uniform § 20.

3. Übergangsvorschrift (zeitlich) § 184.

3. Dienst- und Versorgungsbezüge

§ 38

(1) Der Beamte erhält, wenn nicht ein anderer Zeitpunkt festgesetzt ist, seine Dienstbezüge vom Tage des Antritts seines Amts an. Die Dienstbezüge werden durch das Besoldungsrecht geregelt. Der Beamte kann auf die laufenden Dienstbezüge weder ganz noch teilweise verzichten. Hat der Beamte gleichzeitig mehrere in der Besoldungsordnung vorgesehene Ämter inne, die nicht im Verhältnis von Haupt- und Nebenamt stehen, so erhält er, wenn nicht einheitliche Dienstbezüge vorgesehen sind, Dienstbezüge nach Bestimmung des Reichsministers der Finanzen nur aus einem Amt.

(2) Die Versorgung richtet sich nach den Vorschriften des Abschnitts VIII.

Begründung:

Zu § 38 Abs. 1 Satz 3. Durch diese Bestimmung, die der bestehenden Rechtsauffassung entspricht, soll nur der einseitige Verzicht auf Dienstbezüge ausgeschlossen sein, die dem Beamten zweifelsfrei zustehen. Durch die Vorschrift soll aber weder der freiwillige Übertritt in ein mit geringeren Bezügen ausgestattetes Amt (vgl. auch § 90 Abs. 1), noch die im Vergleichswege erfolgende Ausräumung von Meinungsverschiedenheiten über das Bestehen und die Höhe von Ansprüchen auf Zahlung von Dienstbezügen gehindert sein.

Erl. zu § 38:

1. Reichsbesoldungsgesetz vom 16. Dez. 1927, RGBl. I S. 349 häufig geändert, besonders wichtig das Gesetz vom 13. Dez. 1935, RGBl. I S. 1489, das die Überführung der Landesbeamten auf die Reichsbesoldung erleichtert hat; Pr. Besoldungsangleichungsgesetz vom 17. Jan. 1936, GS. S. 3.
2. Mehrere Ämter vgl. § 18 des Reichsbesoldungsgesetzes, § 176 dieses Gesetzes, § 33 Abs. 3 der pr. Amtsordnung vom 13. Juli 1935, MBliV. S. 893.
3. Ehrenbeamte vgl. § 149.

§ 39

(1) Der Beamte kann, wenn reichsgesetzlich nichts anderes vorgeschrieben ist, Dienstbezüge nur insoweit verpfänden oder abtreten, als sie der Pfändung unterliegen.

(2) Der Dienstherr kann ein Aufrechnungs- oder Zurückbehaltungsrecht an den Dienstbezügen nur insoweit geltend machen, als sie pfändbar sind, oder als er einen vollstreckbaren Anspruch auf Schadenersatz wegen vorsätzlicher unerlaubter Handlung hat.

Erl. zu § 39:

1. Vgl. Gesetz über die Abtretung von Beamtenbezügen zum Heimstättenbau vom 30. Juni 1927, RGBl. I S. 133; DurchfVO. vom 12. März 1928, RGBl. I S. 61, vom 27. August 1931, RGBl. I S. 461, vom 11. Febr. 1933, RGBl. I S. 67; Gesetz über die Abtretung von Beamtenbezügen zum Zwecke der Entschuldung der Beamten vom

18. Oktober 1935, RGBl. I S. 1245, Durchf.- und ErgVO. vom 29. Okt. 1936, RGBl. I S. 932.

2. Ehrenbeamte vgl. § 149; Pfändung § 850 Abs. 1 Nr. 7 und 8, Abs. 2 und 4 ZPO. in der Fassung des zweiten Abschnitts des Gesetzes zur Änderung von Vorschriften über die Zwangsvollstreckung vom 24. Okt. 1934, RGBl. I S. 1070 Art. 3, ferner Reichsabgabenordnung § 369; Aufrechnung §§ 387 ff. BGB.; Zurückbehaltung § 273 BGB.; Schadensersatz wegen vorsätzlicher unerlaubter Handlung §§ 823 ff. BGB.; Kosten des Dienststrafverfahrens § 97 RDStO.; Geldbußen § 102 Abs. 4 RDStO.; bezüglich Sterbegeld und Versorgungsbezügen vgl. §§ 96, 125, 126 DBG.

Über die Form der Abtretung des übertragbaren Teils des Diensteinkommens vgl. § 411 BGB.

4. Reise- und Umzugskosten

§ 40

Reise- und Umzugskostenvergütungen der Beamten werden durch Gesetz geregelt.

Erl. zu § 40:

Reisekostengesetz vom 15. Dez. 1933, RGBl. I S. 1067, Ausführungsbestimmungen vom 16. Dez. 1933, RBesBl. S. 192, ÄnderungsVO. vom 17. März 1936, RGBl. I S. 179; Umzugskostengesetz vom 3. Mai 1935, RGBl. I S. 566, DurchfVO. vom 7. Mai 1935, RBesBl. S. 40; VO. zur Änderung des Gesetzes vom 17. März 1936, RGBl. I S. 180.

5. Dienstzeugnis

§ 41

Dem Beamten wird nach Eintritt in den Wartestand oder nach Beendigung des Beamtenverhältnisses auf Antrag von seinem letzten Dienstvorgesetzten ein Dienstzeugnis über die Art und Dauer der von ihm bekleideten Ämter erteilt.

Begründung:

Zu § 41. Ein Anspruch auf Erteilung eines Zeugnisses über Führung und Leistungen besteht nicht.

6. Verhältnis zum Dienstvorgesetzten

§ 42

(1) Zwischen dem Beamten und seinem Dienstvorgesetzten sollen Offenheit und Vertrauen herrschen. Der Beamte muß über Beschwerden und Behauptungen tatsächlicher Art, die ihm nachteilig werden können, gehört werden, wenn es sich nicht um dienstliche Urteile über seine Person, seine Kenntnisse und Leistungen handelt.

(2) Der Beamte hat seine Anträge und Beschwerden auf dem Dienstwege vorzubringen. Glaubt er dienstliche Vorgänge zu beobachten, die der Nationalsozialistischen Deutschen Arbeiterpartei schaden könnten, so hat er sie ebenfalls auf dem Dienstwege zu melden; will er seine Beobachtungen nicht auf dem Dienstwege vorbringen, so darf er sie nur seiner obersten Reichsbehörde unmittelbar oder dem Führer und Reichskanzler melden. Für Beschwerden persönlicher Art muß der Dienstweg innegehalten werden.

Abschnitt VI

Wartestand

Zu Abschnitt VI:

Im Zuge des fortschreitenden Neuaufbaus des Reichs wird es nicht immer vermieden werden können, daß Beamte überzählig werden, oder daß bei den im § 44 angeführten Beamten aus politischen Gründen ein Wechsel eintritt. Zwar schreibt für diesen Fall der § 36 a der Reichshaushaltsordnung, dessen Grundsätze durch § 76 Abs. 3 des Gesetzes vom 30. Juni 1933 allgemeine Verbindlichkeit erlangt haben, in seinem Abs. 1 Satz 1 vor, daß freie und besetzbare Planstellen mit entbehrlich gewordenen Beamten der eigenen oder einer anderen Verwaltung zu besetzen sind. Es kann aber nicht gewährleistet werden, daß die jeweils besetzbaren Planstellen tatsächlich auch ausreichen werden, um alle entbehrlichen Beamten unterzubringen. Vorschriften über die Versetzung von Beamten in den Wartestand (bisher: einstweiligen Ruhestand) sind deshalb auch fernerhin nicht zu entbehren.

Der bisherige § 24 des Reichsbeamtengesetzes hat in mehrfacher Hinsicht Schwierigkeiten bereitet, weil seine Voraussetzung „Umbildung der Reichsbehörden" eine verschiedenartige Auslegung zuließ, und weil es beispielsweise bei drei Amtsstellen, die je ein Drittel ihrer Aufgaben eingebüßt hatten und deshalb in zwei Amtsstellen umgebildet wurden, zweifelhaft war, welcher der drei Amtsinhaber in den Wartestand versetzt werden durfte. Der § 43 will derartige, sowohl für die Verwaltung als auch für den Beamten unerwünschten Zweifel vermeiden, indem er als Voraussetzung für die Versetzung in den Wartestand unzweideutige Merkmale aufstellt: entweder Auflösung einer Behörde oder Erlaß eines Gesetzes oder einer Verordnung des Führers und Reichskanzlers, wonach eine Behörde mit einer anderen verschmolzen oder in ihrem Aufbau wesentlich verändert wird. Die ausdrückliche Einfügung des Wortes „wesentlich" will besagen, daß die Veränderung einer Behörde ein gewisses Ausmaß erreichen muß; bei unwesentlicher Veränderung wird nach § 36a Abs. 1 Satz 1 RHO. zu verfahren sein. Die weitere Vorschrift des § 43, daß die Versetzung des Beamten in den Wartestand nur innerhalb von drei Monaten nach dem Vorliegen der Voraussetzung und nur innerhalb der Zahl der im Haushaltsplan aus diesem Anlaß abgesetzten Planstellen der einzelnen Besoldungsgruppen zulässig sein soll, will verhüten, daß die betroffenen Beamten über ihr Schicksal längere Zeit im unklaren bleiben, und daß über den Umfang der Versetzungen in den Wartestand Zweifel auftauchen. Welche Beamten in den Wartestand zu versetzen sind, bestimmen innerhalb dieses Rahmens die Dienstvorgesetzten nach dem Bedürfnis der Verwaltung endgültig. § 43 läßt die Versetzung in den Wartestand nur für Beamte auf Lebenszeit oder auf Zeit zu. Für Beamte auf Widerruf gilt § 61.

Der bereits erwähnte § 36 a der RHO. sieht in seinem Abs. 1 Satz 3 noch vor, daß in Planstellen, die nicht mit entbehrlichen Beamten besetzt werden, in erster Linie geeignete Wartestandsbeamte übernommen werden sollen. Diese Anordnung dient nicht nur den Belangen des Wartestandsbeamten, sondern auch den finanziellen Belangen seines Dienstherrn, der durch die Wiedereinweisung eines Wartestandsbeamten in ein Amt von der Ausgabe des Wartegeldes entlastet wird. § 47 will deshalb in den von ihm geregelten Fällen die Unterbringung von Wartestandsbeamten durch andere Dienstherren noch dadurch fördern, daß er diesen das Recht zuspricht, sich von dem bisherigen Dienstherrn den etwaigen Unterschied zwischen den zu gewährenden früheren (höheren) Dienstbezügen und denjenigen des neuen Amts erstatten zu lassen.

Der Wartestandsbeamte bleibt nach § 46 Beamter und ist ebenso zu behandeln wie die noch im Amt befindlichen Beamten. Er unterliegt voll dem Dienststrafrecht; die Gründe, die bei einem Beamten zum Ausscheiden oder zur Entlassung aus dem Beamtenverhältnis führen, haben für ihn die gleichen Folgen.

§ 43

Wird eine Behörde aufgelöst, oder wird sie durch gesetzliche Vorschrift oder durch Verordnung des Führers und Reichskanzlers mit einer anderen verschmolzen oder in ihrem Aufbau wesentlich verändert, so können die auf Lebenszeit oder auf Zeit ernannten Beamten der beteiligten Behörden durch die oberste Dienstbehörde in den Wartestand versetzt werden. Die Versetzung in den Wartestand ist nur innerhalb dreier Monate nach Auflösung der Behörden oder nach Inkrafttreten des Gesetzes oder der Verordnung und nur innerhalb der Zahl der im Haushaltsplan aus diesem Anlaß abgesetzten Planstellen zulässig.

Erl. zu § 43:

1. Die Vorschriften über die Rechtsstellung der Beamten bei der Umbildung von juristischen Personen des öffentlichen Rechts Kap. V des Beamtenrechts-Änderungsgesetzes vom 30. Juni 1933 sind unberührt geblieben.

2. Für Ehrenbeamte vgl. § 149.

§ 44

(1) Der Führer und Reichskanzler kann jederzeit in den Wartestand versetzen

1. Staatssekretäre und sonstige ständige Vertreter der Minister, Ministerialdirektoren und Beamte, die als Pressereferenten in den obersten Dienstbehörden angestellt sind,
2. Ministerialdirigenten und sonstige Beamte des höheren Dienstes in der Präsidialkanzlei, der Reichskanzlei, im Auswärtigen Amt und im Reichsministerium für Volksaufklärung und Propaganda und bei solchen politischen Dienststellen, die der Führer und Reichskanzler ausdrücklich bestimmt,
3. Treuhänder der Arbeit,
4. Beamte des höheren Dienstes bei den diplomatischen und konsularischen Vertretungen,
5. Oberpräsidenten, Regierungspräsidenten, Landräte und die Leiter der den Regierungen und Landratsämtern entsprechenden Behörden der allgemeinen und inneren Verwaltung sowie Polizeipräsidenten und Polizeidirektoren der staatlichen Polizeiverwaltung,
6. den Oberbürgermeister und Stadtpräsidenten von Berlin,
7. Staatsanwälte,

8. Beamte der Wehrmacht solcher Gruppen, die durch Verordnung des Führers und Reichskanzlers bestimmt werden.

(2) Reichsgesetzliche Vorschriften, nach denen noch andere Beamte jederzeit in den Wartestand versetzt werden können, bleiben unberührt.

Erl. zu § 44:

Vgl. auch § 19 Abs. 3 der Ersten DurchfVO. zu § 45 DGO., RGBl. 1935 I S. 393, ferner § 55 Abs. 2 d. G.

§ 45

Der Wartestand beginnt, wenn nicht im Einzelfall ausdrücklich ein späterer Zeitpunkt festgesetzt wird, mit dem Zeitpunkt, in welchem dem Beamten die Versetzung in den Wartestand mitgeteilt wird, spätestens jedoch mit dem Ende der drei Monate, die auf den Monat der Mitteilung folgen. Die Verfügung kann bis zum Beginn des Wartestandes zurückgenommen werden.

§ 46

(1) Der Wartestandsbeamte bleibt Beamter. Er verliert jedoch mit dem Beginn des Wartestandes seine Amtsstelle und, wenn im Einzelfalle nichts anderes bestimmt wird, die Nebenämter und Nebenbeschäftigungen, die ihm im Zusammenhange mit seinem Hauptamt übertragen sind, oder die er auf Anordnung, Vorschlag oder Veranlassung seines Dienstvorgesetzten übernommen hat. §§ 10, 14 gelten für ihn nicht.

(2) Dienstvorgesetzter für ihn ist der letzte Dienstvorgesetzte. Die oberste Dienstbehörde kann einen anderen Dienstvorgesetzten bestimmen. Fehlt eine oberste Dienstbehörde, so bestimmt der Reichsminister des Innern den Dienstvorgesetzten.

(3) Der Beamte erhält für den Monat, in dem ihm die Versetzung in den Wartestand eröffnet worden ist, und für die folgenden drei Monate noch die Dienstbezüge der von ihm wahrgenommenen Amtsstelle, die zur Bestreitung von Dienstaufwandskosten bestimmten Einkünfte jedoch nur bis zum Beginn des Wartestandes. Vom Beginn des Wartestandes an rückt er in Dienstaltersstufen nur während einer Beschäftigung nach § 48 auf.

(4) Bezieht der Beamte für einen Zeitraum vor dem Aufhören der Dienstbezüge ein Einkommen aus einer Verwendung im öffentlichen Dienst (§ 127 Abs. 4), so ermäßigen sich für die Dauer des Zusammentreffens dieser Einkünfte die Dienstbezüge um den Betrag dieses Einkommens.

(5) Nach Ablauf der Zeit, für die noch die Dienstbezüge gewährt werden, erhält der Beamte während des Wartestandes Wartegeld nach den Vorschriften des Abschnitts VIII.

§ 47

(1) Wird dem Beamten ein Amt derselben oder einer mindestens gleichwertigen Laufbahn im unmittelbaren oder mittelbaren Reichsdienst übertragen, und gehört das neue Amt zur Zeit der Übertragung nicht einer Besoldungsgruppe mit mindestens demselben Endgrundgehalt an wie das bisherige Amt, so erhält er sein bisheriges Grundgehalt (§ 35 Abs. 1 Satz 3) und steigt in Dienstaltersstufen auf. Der bisherige Dienstherr hat dem neuen Dienstherrn den Unterschied zwischen den früheren und den neuen Dienstbezügen auf Antrag zu erstatten.

(2) Der Beamte ist gegenüber seinem unmittelbaren

Dienstherrn zur Annahme eines solchen Amts verpflichtet, wenn sein allgemeiner Rechtsstand (Beamter auf Lebenszeit oder auf Zeit) nicht verschlechtert wird.

§ 48

(1) Wird der Beamte vorübergehend zu einer seiner Berufsausbildung entsprechenden Dienstleistung im unmittelbaren oder mittelbaren Reichsdienst voll als Beamter verwendet, so erhält er das Grundgehalt, nach dem das Wartegeld festgesetzt ist (§§ 86, 87), einschließlich der während der Verwendung erdienten Dienstalterszulagen.

(2) Er ist gegenüber seinem unmittelbaren Dienstherrn verpflichtet, der Einberufung Folge zu leisten, wenn ihm laut schriftlicher Mitteilung eine Verwendung im Sinne des Abs. 1 für mindestens drei Monate an seinem Wohnort oder für mindestens sechs Monate außerhalb seines Wohnortes zugesichert wird.

§ 49

Der Wartestand endet, wenn

1. dem Beamten ein neues Amt übertragen wird oder
2. das Beamtenverhältnis endet.

Abschnitt VII

Beendigung des Beamtenverhältnisses

Zu Abschnitt VII:

Das Gesetz führt im § 50 neue Begriffsbestimmungen für die verschiedenen Arten der Beendigung des Beamtenverhältnisses ein. Neben der Beendigung des Beamtenverhältnisses durch den Tod und der in der Reichsdienststrafordnung zu regelnden „Entfernung aus dem Dienst" wird unterschieden zwischen einem „Ausscheiden aus dem Beamtenverhältnis", einer „Entlassung aus dem Beamtenverhältnis" und dem „Eintritt in den Ruhestand".

Ein Ausscheiden aus dem Beamtenverhältnis findet als Rechtsfolge gesetzlich festgelegter Tatbestände mit der Wirkung statt, daß das Beamtenverhältnis ohne jede Einschränkung erlischt.

Die Entlassung aus dem Beamtenverhältnis geschieht durch behördliche Willenserklärung, die in den im Gesetz festgelegten Fällen zulässig ist.

Der Eintritt in den Ruhestand geschieht teils auf Grund gesetzlich festgelegter Tatbestände, teils zufolge behördlicher Willenserklärung.

Die Entfernung aus dem Dienst ist die Folge dienststrafrechtlicher Verurteilung. Sie beendet ebenfalls das Beamtenverhältnis.

Ein **Ausscheiden** aus dem Beamtenverhältnis erfolgt bei Verlust des Reichsbürgerrechts (§ 51), bei Verlegen des Wohnsitzes in das Ausland ohne Genehmigung (§ 52) und bei gerichtlicher Verurteilung (§§ 53—55). Zu § 53 ist zu bemerken, daß es für die Folgen des Ausscheidens aus dem Beamtenverhältnis nicht darauf ankommt, ob die Verurteilung zu Gefängnis zu einem Jahr oder längerer Dauer wegen einer oder mehrerer vorsätzlich begangener Taten geschehen ist.

§ 50

(1) Das Beamtenverhältnis endet, außer durch den Tod, durch

1. Ausscheiden,
2. Entlassung,
3. Eintritt in den Ruhestand,
4. Entfernung aus dem Dienst.

(2) Die Entfernung aus dem Dienst wird in der Reichsdienststrafordnung geregelt.

Erl. zu § 50:

1. Das Ausscheiden erfolgt kraft Gesetzes.
2. Ernennung zum Reichsminister, Reichsstatthalter, Vorsitzenden und Mitglied einer Landesregierung als Ausscheidungsgrund §§ 160, 177.
3. Keine Nachentrichtung von Beiträgen zur Sozialversicherung im Falle des Ausscheidens nach §§ 51—53, der Entfernung aus dem Dienst und der Entlassung nach § 63.

1. Ausscheiden aus dem Beamtenverhältnis

a) Verlust des Reichsbürgerrechts

§ 51

Der Beamte scheidet mit Ablauf des Tages, an dem er das Reichsbürgerrecht verliert, aus dem Beamtenverhältnis aus. Die oberste Dienstbehörde kann im Einvernehmen mit dem Reichsminister des Innern die Fortdauer des Beamtenverhältnisses anordnen.

Erl. zu § 51:

1. Vgl. Erl. 3 zu § 50.
2. Richterliche Beamte vgl. § 171.

b) Verlegen des Wohnsitzes in das Ausland

§ 52

(1) Der Beamte scheidet aus dem Beamtenverhältnis aus, wenn er ohne Zustimmung der obersten Dienstbehörde seinen Wohnsitz oder dauernden Aufenthalt außerhalb des Deutschen Reichs nimmt.

(2) Die oberste Dienstbehörde entscheidet endgültig darüber, ob die Voraussetzungen des Abs. 1 vorliegen. Sie bestimmt endgültig den Tag des Ausscheidens aus dem Beamtenverhältnis.

Erl. zu § 52:

1. Wohnsitz vgl. § 7 BGB.
2. Vgl. Erl. 2 zu § 51.

c) Gerichtliche Verurteilung

§ 53

Ein Beamter, der zum Tode, zu Zuchthaus, wegen vorsätzlich begangener Tat zu Gefängnis von einem Jahr oder längerer Dauer oder wegen vorsätzlicher hoch- oder landesverräterischer Handlungen zu Gefängnis verurteilt wird, scheidet mit der Rechtskraft des Strafurteils aus dem Beamtenverhältnis aus. Dasselbe gilt, wenn dem Beamten die bürgerlichen Ehrenrechte oder die Fähigkeit zur Bekleidung öffentlicher Ämter aberkannt werden.

Erl. zu § 53:

1. Übergangsvorschrift (zeitlich) § 181.
2. Vgl. Erl. 2 zu § 51.

§ 54

(1) Dem Führer und Reichskanzler steht hinsichtlich der beamtenrechtlichen Folgen eines strafgerichtlichen Urteils das Gnadenrecht für alle Beamten zu. Er übt es selbst aus oder überträgt die Ausübung anderen Stellen.

(2) Werden im Gnadenwege die beamtenrechtlichen Folgen eines Strafurteils, demzufolge ein Beamter aus dem Beamtenverhältnis ausgeschieden ist, in vollem Umfang aufgehoben, so treten dieselben Folgen ein, wie wenn ein solches Urteil im Wiederaufnahmeverfahren durch ein Urteil ersetzt wird, das diese Folge nicht hat.

§ 55

(1) Wird ein Urteil, demzufolge der Beamte aus dem Beamtenverhältnis ausgeschieden ist, im Wiederaufnahmeverfahren durch ein Urteil ersetzt, das diese Folge nicht hat, so erhält der Verurteilte von der

Rechtskraft der aufgehobenen Entscheidung oder von der nach gesetzlicher Vorschrift erfolgten früheren Einbehaltung von Teilen seiner Dienstbezüge ab die Bezüge, die er erhalten hätte, wenn das aufgehobene Urteil dem neuen entsprochen hätte; seine ruhegehaltfähige Dienstzeit wird so berechnet, wie wenn er nicht ausgeschieden wäre.

(2) Der Verurteilte hat, wenn er nicht inzwischen die Altersgrenze erreicht hätte oder seine Amtszeit abgelaufen wäre, von der Rechtskraft der das Wiederaufnahmeverfahren abschließenden Entscheidung ab die rechtliche Stellung eines Wartestandsbeamten; seine Bezüge richten sich nach Abs. 1.

(3) Abs. 1 und 2 gelten nicht, soweit der Beamte nach dem mit Ausscheiden aus dem Beamtenverhältnis verbundenen Urteil zu einer weiteren Strafe verurteilt worden ist, die sein Ausscheiden nach sich gezogen haben würde, wenn er noch Beamter gewesen wäre.

(4) Erscheint auf Grund des in dem Wiederaufnahmeurteil festgestellten Sachverhalts oder auf Grund eines anderen rechtskräftigen Strafurteils, das nach dem mit Ausscheiden aus dem Beamtenverhältnis verbundenen Urteil ergangen ist, die Entfernung des Beamten aus dem Dienst angezeigt, so kann ein Dienststrafverfahren mit diesem Ziel eingeleitet werden. Ist das Verfahren auf Grund des in dem Wiederaufnahmeurteil festgestellten Sachverhalts eingeleitet, so können dem Beamten die ihm nach Abs. 1 zustehenden Bezüge einbehalten werden; er verliert, wenn auf Entfernung aus dem Dienst erkannt wird, den Anspruch nach Abs. 1 und 2 von der Rechtskraft der aufgehobenen Entscheidung an. Ist das Verfahren auf Grund eines neuen

Strafurteils eingeleitet, so können dem Beamten die ihm nach Abs. 1 zustehenden Bezüge von der Rechtskraft dieses Strafurteils an einbehalten werden; er verliert, wenn auf Entfernung aus dem Dienst erkannt wird, den Anspruch nach Abs. 1 und 2 von demselben Zeitpunkt an.

(5) Hätte der in dem neuen Urteil festgestellte Sachverhalt oder die nach Erlaß der aufgehobenen Entscheidung begangene Straftat oder eine gesetzliche Vorschrift die Beendigung des Beamtenverhältnisses gerechtfertigt, so bestimmt die oberste Dienstbehörde endgültig, ob und zu welchem Zeitpunkt die Beendigung des Beamtenverhältnisses gerechtfertigt gewesen wäre. Die Bezüge nach Abs. 1 erhält der Beamte bis zu diesem Zeitpunkt.

(6) Soweit der Verurteilte Bezüge nach diesen Vorschriften erhält, steht ihm ein Entschädigungsanspruch gegenüber der nach dem Gesetz, betreffend die Entschädigung der im Wiederaufnahmeverfahren freigesprochenen Personen, vom 20. Mai 1898 (Reichsgesetzbl. S. 345) verpflichteten Stelle nicht zu.

(7) Der Beamte muß sich auf die ihm nach Abs. 1 zustehenden Dienstbezüge ein anderes Arbeitseinkommen oder einen Unterhaltsbeitrag anrechnen lassen; er ist zur Auskunft hierüber verpflichtet.

Begründung:

§ 55 regelt in Abs. 1 und 2 die Fälle, in denen der Verurteilte im Wiederaufnahmeverfahren freigesprochen oder zu einer geringeren Strafe als einem Jahr Gefängnis verurteilt wird. Dann soll der Zustand wiederhergestellt werden, der ohne das erste Urteil bestanden hätte. Abs. 3 trifft den Fall, in dem nach dem ersten Urteil und vor dem das Wiederaufnahmeverfahren abschließenden Urteil ein zweites Strafurteil ergangen ist, das den Amtsverlust zur Folge gehabt hätte, wenn der Verurteilte noch im Dienst gewesen wäre; dann soll der Betroffene auch die zwischen dem ersten Urteil und dem neuen Strafurteil ihm sonst zustehenden Bezüge nicht erhalten. Abs. 5 faßt verschiedene Fälle zusammen: z. B. der Beamte war Widerrufsbeamter und im Wiederaufnahmeverfahren ist ein Sachverhalt festgestellt worden, der den Widerruf rechtfertigt, oder er hat nach dem ersten Urteil eine Straftat begangen, bei der dies der Fall ist. Oder der Beamte hat nach dem Ausscheiden aus dem Dienst vor Erlaß des freisprechenden Urteils mit einem Ehegatten nicht deutschen oder artverwandten Blutes die Ehe geschlossen, oder in dem neuen Urteil ist ein Sachverhalt festgestellt, nach dem die Vorschrift des § 71 auf ihn anzuwenden ist, oder der Freispruch ist wegen Geisteskrankheit erfolgt, oder der Beamte hat inzwischen die Reichsangehörigkeit verloren. In allen diesen Fällen rechtfertigt eine gesetzliche Vorschrift die Beendigung des Beamtenverhältnisses durch Ausscheiden, Entlassung oder Versetzung in den Ruhestand. Die oberste Dienstbehörde muß dann den Zeitpunkt bestimmen, an dem das Beamtenverhältnis je nach der Lage des Falles beendigt gewesen wäre.

Erl. zu § 55:

Wartestandsbeamte vgl. §§ 46 ff. d. G.

d) Folgen des Ausscheidens

§ 56

Scheidet der Beamte aus dem Beamtenverhältnis aus, so hat er keinen Anspruch auf Dienstbezüge und Versorgung; er darf die Amtsbezeichnung und die im Zusammenhang mit dem Amte verliehenen Titel nicht führen und die Uniform nicht tragen.

Erl. zu § 56:

Dienstbezüge § 38; Versorgung §§ 79 ff.; Amtsbezeichnung § 37; Titel Erl. 1 zu § 37; Uniform § 20.

2. Entlassung aus dem Beamtenverhältnis

Begründung:

Die **Entlassung** aus dem Beamtenverhältnis erfolgt bei Weigerung der Leistung des Treueids (§ 57) oder der Weiterführung eines Amts nach Zeitablauf (§ 58), wenn der Beamte oder seine Ehefrau nicht deutschen oder artverwandten Blutes ist (§ 59), auf Antrag des Beamten (§ 60), durch Widerruf beim Widerrufsbeamten (§§ 61, 62) und bei Verheiratung weiblicher Beamten (§§ 63 bis 65). Auch die Entlassung beseitigt alle Wirkungen des bisherigen Beamtenverhältnisses; jedoch kann einem entlassenen Beamten die Erlaubnis erteilt werden, die Amtsbezeichnung mit dem Zusatz „außer Dienst (a. D.)" sowie die im Zusammenhang mit dem Amt verliehenen Titel zu führen und die Uniform zu tragen. Im einzelnen wird noch folgendes bemerkt (siehe Begründung zu § 58 und §§ 62 ff.):

a) Eidesverweigerung

§ 57

Wer sich weigert, den gesetzlich vorgeschriebenen Treueid zu leisten, ist zu entlassen.

Erl. zu § 57:

Richterliche Beamte vgl. § 171.

b) Weigerung der Weiterführung des Amts nach Zeitablauf

§ 58

Stellt bei einem Beamten auf Zeit die oberste Dienstbehörde fest, daß er der ihm nach § 29 Abs. 3 obliegenden Verpflichtung nicht nachgekommen ist, so ist er zu entlassen; die Entlassung ist vom Tage des Ablaufs seiner Dienstzeit ab wirksam.

Begründung:

Zu § 58. Die Weigerung eines Beamten auf Zeit, das Amt nach Zeitablauf weiterzuführen, stellt eine so schwere

Verletzung der Beamtenpflichten dar, daß eine Entlassung des Beamten gerechtfertigt ist. Da der Tatbestand klarliegt, bedarf es in diesem besonderen Falle zur Entlassung keines Dienststrafverfahrens.

c) Abstammung des Beamten oder seines Ehegatten

§ 59

(1) Der Beamte ist zu entlassen, wenn sich nach seiner Ernennung herausstellt, daß er oder sein Ehegatte nicht deutschen oder artverwandten Blutes ist, oder wenn er nach seiner Ernennung die Ehe mit einer Person nicht deutschen oder artverwandten Blutes ohne die nach § 25 Abs. 2 Satz 2 oder Abs. 3 erforderliche Genehmigung geschlossen hat. Dies gilt nicht, wenn bei der Ernennung oder bei der Heirat ohne sein Verschulden angenommen worden ist, daß er oder sein Ehegatte deutschen oder artverwandten Blutes ist.

(2) § 25 Abs. 2 Satz 2 und Abs. 3 gelten sinngemäß.

Erl. zu § 59:

Richterliche Beamte vgl. § 171; Übergangsvorschrift (zeitlich) § 180 Abs. 3.

d) Antrag

§ 60

Der Beamte kann jederzeit seine Entlassung verlangen. Das Verlangen muß dem Dienstvorgesetzten schriftlich erklärt werden. Die Erklärung kann, solange die Entlassungsverfügung dem Beamten noch nicht zugegangen ist, ohne Zustimmung der Entlassungsbehörde nur innerhalb zweier Wochen zurückgenommen werden, nachdem sie dem Dienstvorgesetzten zugegangen war. Dem Verlangen muß entsprochen werden, jedoch kann die Entlassung so lange hinausgeschoben werden, bis der Beamte seine Amtsgeschäfte ordnungsgemäß erledigt hat.

Erl. zu § 60:

Bezüglich der Ehrenbeamten vgl. § 149; der richterlichen Beamten § 171.

e) Widerruf

§ 61

Der Beamte auf Widerruf kann jederzeit entlassen werden; nach Erreichung der Altersgrenze (§ 68) ist er zu entlassen. Dies gilt nicht, wenn er nach § 76 Abs. 1 oder 2 in den Ruhestand versetzt wird.

§ 62

(1) Der Widerruf wird wirksam, sobald er dem Beamten mitgeteilt ist, wenn nicht ein späterer Zeitpunkt bestimmt wird.

(2) Der durch Widerruf Entlassene erhält für den Monat, in dem ihm der Widerruf mitgeteilt worden ist, seine vollen Bezüge. Er erhält ferner, falls er mit Dienstbezügen angestellt war, als Übergangsgeld nach vollendeter

einjähriger Dienstzeit das Einfache,
dreijähriger Dienstzeit das Zweifache,
fünfjähriger Dienstzeit das Dreifache,
achtjähriger Dienstzeit das Vierfache,
zehnjähriger Dienstzeit das Fünffache,
zwölf- oder mehrjähriger Dienstzeit das Sechsfache

der Dienstbezüge des letzten Monats. Die Dienstzeit bemißt sich nach der Zahl der im Beamtenverhältnis ohne Unterbrechung zurückgelegten vollen Jahre.

(3) Das Übergangsgeld wird nicht gewährt,

1. wenn der Beamte aus einem von ihm zu vertretenden Grunde entlassen worden ist,
2. wenn ein anderes hauptberufliches Beamtenverhältnis bestehen bleibt oder im unmittelbaren Anschluß an die Entlassung neu begründet wird.

Begründung:

Zu §§ 62 und 64. Die unterschiedliche Behandlung der Beamten auf Widerruf und der weiblichen Beamten bei der Entlassung infolge Verheiratung in der Bemessung des Übergangsgeldes und der Abfindung ist damit begründet, daß bei den weiblichen Beamten mit der Abfindung alle etwaigen Versorgungsansprüche abgegolten werden; auch soll aus bevölkerungspolitischen Gründen durch die Besserstellung des weiblichen Beamten die Eheschließung gefördert werden. Das Übergangsgeld (§ 62) soll dem durch Widerruf entlassenen Beamten den Übertritt in eine andere Lebensstellung erleichtern.

„Bezüge" sind Geldgewährungen schlechthin, also auch die auf Kannbestimmungen beruhenden (z. B. Unterhaltszuschüsse). „Dienstbezüge" sind Geldgewährungen, die durch Gesetz (Besoldungsgesetz, Ortsstatut, Anstellungsgrundsätze, Haushaltsplan usw.) vorgeschrieben sind.

f) Verheiratung weiblicher Beamter

§ 63

(1) Ein verheirateter weiblicher Beamter ist zu entlassen, wenn er es beantragt oder wenn seine wirtschaftliche Versorgung nach der Höhe des Familieneinkommens dauernd gesichert erscheint. Die wirtschaftliche Versorgung gilt als dauernd gesichert, wenn der Ehemann in einem Beamtenverhältnis steht, mit dem ein Anspruch auf Ruhegehalt verbunden ist.

(2) Die oberste Dienstbehörde entscheidet endgültig darüber, ob die wirtschaftliche Versorgung dauernd gesichert erscheint.

(3) Im Einzelfall kann die oberste Dienstbehörde im Einvernehmen mit dem Reichsminister des Innern Ausnahmen von Abs. 1 Satz 2 zulassen.

(4) Die Entlassung tritt mit Ende des Monats ein, der auf den Monat folgt, in welchem dem Beamten die Entlassungsverfügung mitgeteilt worden ist.

Erl. zu § 63:

1. Bezügl. der Ehrenbeamten vgl. § 149; der richterlichen Beamten § 171.
2. Nachentrichtung von Beiträgen zur Sozialversicherung § 141.

§ 64

(1) Die auf Grund des § 63 ausscheidenden weiblichen Beamten erhalten eine Abfindung nach Abs. 2, auch wenn sie Beamte auf Widerruf sind. Durch die Abfindung werden alle Versorgungsbezüge abgegolten.

(2) Die Abfindung beträgt nach vollendetem zweiten oder dritten Dienstjahr das Zweifache, nach vollendetem vierten oder fünften Dienstjahr das Dreifache der Dienstbezüge des letzten Monats und steigt vom vollendeten sechsten Dienstjahr ab um je einen Monatsbetrag, bis sie nach vollendetem vierzehnten Dienstjahr als Höchstbetrag das Zwölffache des letzten Monatsbetrags erreicht. Der Monatsbetrag ist nach den für ledige Beamte geltenden Grundsätzen zu berechnen.

(3) Bei einem Wartestandsbeamten werden die Dienstbezüge zugrunde gelegt, die ihm im Zeitpunkt der Entlassung als ledigen Beamten zugestanden hätten, wenn er nicht in den Wartestand versetzt worden wäre.

(4) Die Abfindung wird nicht gewährt, wenn die Ehe mit einer Person geschlossen ist, die von zwei oder mehr volljüdischen Großelternteilen abstammt.

§ 65

Als Dienstzeit gilt die Zeit, die der weibliche Beamte nach Vollendung des siebzehnten Lebensjahres im Dienste des Reichs oder anderer Körperschaften, Anstalten oder Stiftungen des öffentlichen Rechts als Beamter, Angestellter oder Arbeiter zurückgelegt hat, soweit sie nicht bereits durch Gewährung einer anderen Abfindung oder durch Gewährung eines Ruhegehalts abgegolten ist. In die Gesamtdienstzeit wird die Zeit einer ehrenamtlichen Tätigkeit nicht einbezogen.

Begründung:

Zu § 65. Als Dienstzeit in diesem Sinne gilt auch die Wartestandszeit (§ 46 Abs. 1 Satz 1).

g) Entlassungsverfügung und Folgen der Entlassung

§ 66

(1) Die Entlassung wird, wenn durch Gesetz oder Erlaß des Führers und Reichkanzlers nichts anderes vorgeschrieben ist, von der Stelle verfügt, die nach § 24 für die Ernennung des Beamten zuständig wäre. Die Verfügung ist dem Beamten schriftlich mitzuteilen.

(2) Nach der Entlassung hat der Beamte keinen Anspruch auf Dienstbezüge und Versorgung; er darf, unbeschadet der Vorschrift des § 37 Abs. 2 Satz 7 und Abs. 3, die Amtsbezeichnung und die im Zusammenhange mit dem Amte verliehenen Titel nicht führen und die Uniform nicht tragen.

Erl. zu § 66:

1. Bezügl. der richterlichen Beamten vgl. § 171.

2. Dienstbezüge § 38; Ruhegehalt §§ 79 ff.; Hinterbliebenenversorgung §§ 92 ff.; Amtsbezeichnung § 37; Titel Erl. 1 zu § 37; Uniform § 20.

3. Eintritt in den Ruhestand

§ 67

(1) Das Beamtenverhältnis endet mit dem Eintritt in den Ruhestand.

(2) Wird die Arbeitskraft eines Beamten durch sein Amt nur nebenbei beansprucht, oder handelt es sich um Dienstgeschäfte, die ihrer Natur nach vorübergehend sind, so endet das Beamtenverhältnis statt durch Eintritt in den Ruhestand durch Entlassung (§ 66). Ob die Voraussetzungen des Satzes 1 vorliegen, bestimmt die Behörde bei der Ernennung endgültig.

Begründung:

Der **Eintritt in den Ruhestand** beendet das Beamtenverhältnis, da der Ruhestandsbeamte nicht mehr zur Dienstleistung verpflichtet ist, läßt aber das Treueverhältnis zu Führer und Staat bestehen. Der Ruhestandsbeamte erhält Ruhegehalt und darf seine Amtsbezeichnung mit dem Zusatze „außer Dienst (a. D.)" und die mit dem Amt verliehenen Titel führen. Im einzelnen wird folgendes bemerkt:

§ 67 Abs. 2 entspricht dem § 38 des bisherigen Reichsbeamtengesetzes.

Erl. zu § 67:

Übergangsvorschrift (zeitlich) § 180 Abs. 2.

a) Altersgrenze

§ 68

(1) Die Beamten auf Lebenszeit und auf Zeit treten mit dem Ende des Monats in den Ruhestand, in dem sie das fünfundsechzigste Lebensjahr vollenden. Für einzelne Beamtengruppen kann gesetzlich eine frühere Altersgrenze vorgesehen werden.

(2) Wenn dringende dienstliche Rücksichten der Verwaltung im Einzelfall die Fortführung der Dienstge-

schäfte durch einen bestimmten Beamten fordern, kann die Reichsregierung auf Antrag der obersten Dienstbehörde den Eintritt in den Ruhestand über das fünfundsechzigste Lebensjahr hinausschieben. Unter der gleichen Voraussetzung kann im Fall des Abs. 1 Satz 2 der zuständige Reichsminister die Altersgrenze bis zum fünfundsechzigsten Lebensjahre verlängern; er kann nachgeordnete Behörden ermächtigen, die Altersgrenze bis um fünf Monate zu verlängern.

(3) Ein Ruhestandsbeamter, der das fünfundsechzigste Lebensjahr vollendet hat, darf nicht wieder zum Beamten ernannt werden. Ist er ernannt, so ist er zu entlassen.

Begründung:

Zu § 68. Die allgemeine Altersgrenze für den Übertritt der Beamten in den Ruhestand, die bisher unterschiedlich geregelt war, wird für die Zukunft grundsätzlich auf das Ende des Monats festgelegt, in dem das fünfundsechzigste Lebensjahr vollendet worden ist. Von der Möglichkeit, für einzelne Beamtengruppen gesetzlich einen früheren Zeitpunkt vorzuschreiben, wird beispielsweise bei Beamtengruppen Gebrauch gemacht werden können, die erfahrungsgemäß vorzeitig dienstunfähig werden, weil sich ihr Dienst unter erschwerten Bedingungen vollzieht. In einzelnen Fällen können dringende Rücksichten der Verwaltung es fordern, einen Beamten über die Altersgrenze hinaus noch einige Zeit im Amte zu halten; dem trägt § 68 Abs. 2 Rechnung. Für richterliche Beamte kann von dieser Ausnahmevorschrift kein Gebrauch gemacht werden (§ 171 Abs. 1).

Erl. zu § 68:

Vgl. § 172 (Übergangsvorschrift — zeitlich —), dort auch die Übergangsregelung für die richterlichen Beamten, im übrigen § 171. Eine verkürzte Altersgrenze besteht in Preußen hinsichtlich gewisser Lehrpersonen und Polizeibeamten.

b) Zeitablauf

§ 69

Der Beamte auf Zeit tritt, abgesehen von dem Fall des § 68, mit Ablauf der Zeit, für die er ernannt ist, in den Ruhestand, wenn er nicht nach § 58 entlassen wird.

c) Antrag

§ 70

Der Beamte auf Lebenszeit oder auf Zeit, der das zweiundsechzigste Lebensjahr vollendet hat, kann auf seinen Antrag auch ohne den Nachweis der Dienstunfähigkeit in den Ruhestand versetzt werden.

Erl. zu § 70:

Richterliche Beamte § 171; Übergangsbestimmung § 179.

d) Politische Gründe

§ 71

(1) Der Führer und Reichskanzler kann einen Beamten auf Lebenszeit oder auf Zeit auf einen von der obersten Dienstbehörde im Einvernehmen mit dem Reichsminister des Innern gestellten Antrag in den Ruhestand versetzen, wenn der Beamte nicht mehr die Gewähr dafür bietet, daß er jederzeit für den nationalsozialistischen Staat eintreten wird.

(2) Die diesen Antrag rechtfertigenden Tatsachen sind in einem Untersuchungsverfahren festzustellen, in dem die eidliche Vernehmung von Zeugen und Sachverständigen zulässig und der Beamte zu hören ist.

Begründung:

Zu § 71. Der nationalsozialistische Staat muß die Möglichkeit haben, das Beamtenverhältnis solcher Beamten, die nicht mehr die Gewähr dafür bieten, daß sie jederzeit für den nationalsozialistischen Staat eintreten, zu endigen.

Es handelt sich hier nicht um solche Beamte, die ihre Treupflicht verletzt haben — gegen sie wäre dienststrafrechtlich einzuschreiten —, sondern um Beamte, die durch Worte, Taten oder Unterlassungen gezeigt haben, daß der nationalsozialistische Staat sich nicht mehr unbedingt auf sie verlassen kann. Um den Beamten vor haltlosen und böswilligen Beschuldigungen zu sichern, kann die Maßnahme nur auf Grund eines Untersuchungsverfahrens mit der Möglichkeit eidlicher Vernehmungen erfolgen, in dem tatsächliche Feststellungen getroffen sind. Die Entscheidung ist in die Hand des Führers und Reichskanzlers gelegt: den erforderlichen Antrag kann nur die oberste Dienstbehörde im Einvernehmen mit dem Reichsminister des Innern an den Führer und Reichskanzler richten.

Erl. zu § 71:

1. Richterliche Beamte, Beamte des Rechnungshofs, der Oberrechnungskammer und der Reichsschuldenverwaltung § 171; für Mitglieder der Dienststrafgerichte vgl. § 31 RDStO.

2. Das Untersuchungsverfahren ist ein besonderes Verfahren, nicht etwa das Dienststrafverfahren.

e) Abstammung

§ 72

(1) Ist in den Fällen des § 59 Abs. 1 ohne Verschulden des Beamten angenommen worden, daß er oder sein Ehegatte deutschen oder artverwandten Blutes seien, so ist er in den Ruhestand zu versetzen; ist er Beamter auf Widerruf, so ist er zu entlassen; es gilt § 62 Abs. 1 und 2.

(2) § 25 Abs. 2 Satz 2 und Abs. 3 gelten sinngemäß.

Erl. zu § 72:

Richterliche Beamte § 171.

f) Dienstunfähigkeit

§ 73

(1) Der Beamte auf Lebensdauer oder auf Zeit ist in den Ruhestand zu versetzen, wenn er infolge eines körperlichen Gebrechens oder wegen Schwäche seiner körperlichen oder geistigen Kräfte zur Erfüllung seiner Amtspflichten dauernd unfähig ist (dienstunfähig); als dienstunfähig kann der Beamte auch dann angesehen werden, wenn er infolge Erkrankung innerhalb von sechs Monaten mehr als drei Monate keinen Dienst getan hat und keine Aussicht besteht, daß er innerhalb weiterer sechs Monate wieder voll dienstfähig wird. Bestehen Zweifel über die Dienstunfähigkeit des Beamten, so ist er verpflichtet, sich nach Weisung der Behörde ärztlich untersuchen und beobachten zu lassen.

(2) Für einzelne Beamtengruppen können für die Beurteilung der Dienstunfähigkeit besondere gesetzliche Vorschriften erlassen werden.

Begründung:

Zu § 73. Dienstunfähigkeit soll künftig nicht nur bei dauernder Unfähigkeit zur Erfüllung der Amtspflichten angenommen, sondern schon dann unterstellt werden können, wenn der Beamte innerhalb von sechs Monaten mehr als drei Monate keinen Dienst getan hat und keine Aussicht besteht, daß er innerhalb weiterer sechs Monate wieder voll dienstfähig wird. Diese Vorschrift, die in einigen Ländern bereits bestanden hat, will vermeiden, daß die Verwaltung jahrelang mit dauernd kranken Beamten beschwert wird; sie dient auch den wohlverstandenen Belangen des Beamten selbst.

Neu ist die dem Beamten auferlegte Verpflichtung, sich nach Weisung der Behörde ärztlich untersuchen und beobachten zu lassen. Das bedeutet, daß die Behörde den Arzt bestimmen kann, der den Beamten zu untersuchen hat, daß sie aber auch anordnen kann, daß der Beamte in einer von ihr zu bestimmenden Krankenanstalt oder Heilanstalt auf seine Krankheit untersucht und beobachtet wird. Dieses Recht der Behörde besteht nicht nur dann, wenn der Dienstvorgesetzte den Beamten für dienstunfähig hält, sondern auch dann, wenn der Beamte den Antrag auf Versetzung in den Ruhestand wegen Dienstunfähigkeit stellt, der Dienstvorgesetzte aber Zweifel an der Dienstunfähigkeit hat.

Erl. zu § 73:

Richterliche Beamte § 171; Beamte auf Widerruf § 76.

§ 74

(1) Beantragt der Beamte, ihn nach § 73 in den Ruhestand zu versetzen, so wird seine Dienstunfähigkeit durch die Erklärung seines unmittelbaren Dienstvorgesetzten festgestellt, daß er ihn nach pflichtmäßigem Ermessen für dauernd unfähig halte, seine Amtspflichten zu erfüllen. Bei Wartestandsbeamten ist für die Erklärung der Dienstunfähigkeit die oberste Dienstbehörde oder die von ihr bestimmte Behörde zuständig; fehlt eine oberste Dienstbehörde, so bestimmt der Reichsminister des Innern, welche Behörde die Erklärung abzugeben hat.

(2) Die über die Versetzung in den Ruhestand entscheidende Behörde ist an die Erklärung des unmittelbaren Dienstvorgesetzten nicht gebunden; sie kann auch andere Beweise erheben.

Erl. zu § 74:

Richterliche Beamte § 171.

§ 75

(1) Hält der Dienstvorgesetzte den Beamten für dienstunfähig (§ 73) und beantragt dieser die Versetzung in den Ruhestand nicht, so teilt der Dienstvorgesetzte dem Beamten oder seinem Pfleger mit, daß seine Versetzung

in den Ruhestand beabsichtigt sei. Dabei sind die Gründe für die Versetzung in den Ruhestand anzugeben. Hält der Dienstvorgesetzte zur Durchführung des Verfahrens die Bestellung eines Pflegers für erforderlich, so beantragt er die Bestellung des Pflegers beim Amtsgericht. Das Amtsgericht hat dem Antrage zu entsprechen.

(2) Erhebt der Beamte oder sein Pfleger innerhalb von vier Wochen keine Einwendungen, so entscheidet die nach § 78 Abs. 1 zuständige Stelle über die Versetzung in den Ruhestand.

(3) Werden Einwendungen erhoben, so entscheidet die oberste Dienstbehörde oder die für die Versetzung in den Ruhestand zuständige nachgeordnete Stelle, ob das Verfahren einzustellen oder fortzuführen ist. Die Entscheidung ist dem Beamten oder seinem Pfleger zuzustellen. Wird das Verfahren fortgeführt, so sind mit Ende der drei Monate, die auf den Monat der Mitteilung der Entscheidung folgen, bis zum Beginn des Ruhestandes die das Ruhegehalt übersteigenden Dienstbezüge einzubehalten. Zur Fortführung des Verfahrens wird ein Beamter mit der Ermittlung des Sachverhalts beauftragt. Dieser Beamte hat die Rechte und Pflichten des Untersuchungsführers im förmlichen Dienststrafverfahren. Der Beamte oder sein Pfleger ist zu den Vernehmungen zu laden. Nach Abschluß der Ermittlungen ist der Beamte oder sein Pfleger zu dem Ergebnis der Ermittlungen zu hören.

(4) Wird hiernach die Dienstfähigkeit des Beamten festgestellt, so ist das Verfahren einzustellen. Die Entscheidung ist dem Beamten oder seinem Pfleger zuzustellen; die nach Abs. 3 Satz 3 einbehaltenen Beträge

sind nachzuzahlen. Wird die Dienstunfähigkeit festgestellt, so wird der Beamte mit Ende des Monats, in dem ihm die Verfügung mitgeteilt ist, in den Ruhestand versetzt; die einbehaltenen Beträge werden nicht nachgezahlt. Sofern nicht der Führer und Reichskanzler oder die oberste Dienstbehörde den Beamten in den Ruhestand versetzt hat, entscheidet auf einen innerhalb einer Ausschlußfrist von zwei Wochen zu stellenden Antrag des Beamten oder seines Pflegers die oberste Dienstbehörde darüber, ob die Versetzung in den Ruhestand aufrecht erhalten wird.

Begründung:

Zu § 75. Der zwangsweisen Versetzung in den Ruhestand geht ein eingehendes Untersuchungsverfahren voraus, in dem auch die Beobachtung des Beamten in einer Heil- oder Pflegeanstalt nach § 73 Abs. 1 angeordnet werden kann. Der die Untersuchung führende Beamte wird von der Behörde bestellt, die die Anordnung über die Fortführung des Verfahrens trifft. Das Rekursrecht des § 66 des Reichsbeamtengesetzes hat sich als sehr schwerfällig erwiesen; sofern der Führer und Reichskanzler oder die oberste Dienstbehörde Beamte in den Ruhestand versetzt, ist das Rekursrecht beseitigt, in den übrigen Fällen ist an seine Stelle die Entscheidung der obersten Dienstbehörde getreten.

Erl. zu § 75:

Richterliche Beamte § 171; Untersuchungsführer § 44 RDStO.

g) Beamte auf Widerruf

§ 76

(1) Der Beamte auf Widerruf mit Dienstbezügen ist in den Ruhestand zu versetzen, wenn er infolge von Krankheit, Verwundung oder sonstiger Beschädigung, die er sich ohne grobes Verschulden bei Ausübung oder

aus Veranlassung des Dienstes zugezogen hat, dienstunfähig geworden ist.

(2) Er kann in den Ruhestand versetzt werden, wenn er aus anderen Gründen dienstunfähig geworden ist oder wenn er die Altersgrenze (§ 68 Abs. 1) erreicht hat.

(3) Wird der Beamte im Fall des Abs. 2 nicht in den Ruhestand versetzt, sondern durch Widerruf entlassen, so kann ihm an Stelle des Übergangsgeldes (§ 62) auf Zeit oder lebenslänglich ein Unterhaltsbeitrag bewilligt werden. Hat der Beamte das siebenundzwanzigste Lebensjahr nach nicht vollendet, so kann nur ein Unterhaltsbeitrag auf Zeit bewilligt werden. Die Bewilligung auf Zeit ist widerruflich. Sie kann bei ihrem Ablauf verlängert werden.

(4) Die Entscheidungen nach Abs. 2 und 3 trifft die oberste Dienstbehörde mit Zustimmung des Reichsministers der Finanzen. Sie kann ihre Befugnis mit Zustimmung des Reichsministers der Finanzen auf andere Behörden übertragen. Die Entscheidungen sind endgültig.

Begründung:

Zu § 76. Das vorliegende Gesetz geht davon aus, daß nur der in den Ruhestand versetzte Beamte — gleichgültig, ob er auf Lebenszeit, auf Zeit oder Widerruf angestellt war — Ruhegehalt erhält, und zwar stets lebenslänglich (§ 88 Abs. 1). Demgegenüber erhält der nicht in den Ruhestand versetzte entlassene Beamte auf Widerruf nur einen Unterhaltsbeitrag, wenn u. U. auch auf Lebenszeit.

Erl. zu § 76:

Reichsminister der Finanzen vgl. § 165.

h) Wartestandsbeamte

§ 77

(1) Der Wartestandsbeamte kann auf seinen Antrag jederzeit in den Ruhestand versetzt werden.

(2) Er ist in den Ruhestand zu versetzen mit dem Ende des Monats, in dem

1. eine fünfjährige Wartestandszeit abgelaufen ist — der Lauf der Frist ist gehemmt, solange der Beamte nach § 48 verwendet wird — oder
2. die oberste Dienstbehörde festgestellt hat, daß er der ihm nach § 47 Abs. 2, § 48 Abs. 2 obliegenden Verpflichtung nicht nachgekommen ist.

(3) Wird ihm ein neues Amt übertragen, das nicht derselben oder einer mindestens gleichwertigen Laufbahn angehört, so tritt er mit der Übertragung des neuen Amtes aus seinem bisherigen Amt in den Ruhestand.

Begründung:

Zu § 77. Um zu verhüten, daß die Verwaltungen auch in Zukunft viele Jahre lang zum Nachteil ihrer Personalwirtschaft mit Wartestandsbeamten und den durch sie bedingten Verwaltungsarbeiten belastet bleiben, ist vorgesehen, daß Wartestandsbeamte, soweit sie nicht gemäß § 48 verwendet werden, nach fünfjähriger Wartestandszeit in den Ruhestand zu versetzen sind. Vgl. hiezu auch § 179 Abs. 2.

Erl. zu § 77:

Übergangsvorschrift § 179.

i) Verfügung über Versetzung in den Ruhestand und Beginn des Ruhestandes.

§ 78

(1) Die Versetzung in den Ruhestand wird, wenn durch gesetzliche Vorschrift oder durch Erlaß des Füh-

rers und Reichskanzlers nichts anderes vorgeschrieben ist, von der Stelle verfügt, die nach § 24 für die Ernennung zuständig wäre. Die Verfügung ist dem Beamten schriftlich mitzuteilen. Sie kann bis zum Beginn des Ruhestandes zurückgenommen werden.

(2) Der Ruhestand beginnt, abgesehen von den Fällen der §§ 68, 69, 75 Abs. 4, § 77 Abs. 2 und 3, mit Ende der drei Monate, die auf den Monat folgen, in dem dem Beamten die Versetzung in den Ruhestand mitgeteilt worden ist. Bei der Mitteilung der Versetzung in den Ruhestand kann auf Antrag oder mit ausdrücklicher Zustimmung des Beamten ein früherer Zeitpunkt festgesetzt werden.

(3) Der Ruhestandsbeamte erhält Ruhegehalt nach den Vorschriften des Abschnitts VIII.

Abschnitt VIII

Versorgung

1. Versorgung der Warte- und Ruhestandsbeamten

§ 79

Das Wartegeld und das Ruhegehalt werden auf der Grundlage der ruhegehaltfähigen Dienstbezüge und der ruhegehaltfähigen Dienstzeit berechnet.

Erl. zu § 79:

1. Ehrenbeamte § 149; Wartegeld vgl. §§ 43 ff.; Ruhegehalt §§ 67 ff.

2. Abschnitt VIII gilt auch sinngemäß für Reichsminister, Reichsstatthalter, Vorsitzende und Mitglieder einer Landesregierung §§ 156, 177.

a) Ruhegehaltfähige Dienstbezüge

§ 80

(1) Ruhegehaltfähige Dienstbezüge sind

1. das von dem Beamten nach dem Besoldungsrecht zuletzt bezogene Grundgehalt oder die zuletzt bezogenen, dem Grundgehalt entsprechenden Dienstbezüge,
2. der Wohnungsgeldzuschuß nach dem Besoldungsrecht,
3. sonstige Dienstbezüge des Beamten, die im Besoldungsrecht oder im Haushaltsplan als ruhegehaltfähig bezeichnet sind.

(2) Hat ein Beamter auf Lebenszeit oder auf Zeit die Bezüge aus seinem nicht als Eingangsstelle seiner Laufbahn geltenden Amt nicht mindestens ein Jahr erhalten, so treten an Stelle der im Abs. 1 bezeichneten Dienstbezüge die entsprechenden Bezüge aus dem vor seiner Ernennung bekleideten Amt; hat der Beamte ein Amt nicht bekleidet, so setzt die oberste Dienstbehörde im Einvernehmen mit dem Reichsminister der Finanzen die ruhegehaltfähigen Dienstbezüge in Grenzen von fünfzig vom Hundert der Sätze nach Abs. 1 fest.

(3) Abs. 2 gilt nicht in den Fällen der §§ 43 und 107 und nicht, wenn der Beamte infolge von Krankheit, Verwundung oder sonstiger Beschädigung, die er sich ohne grobes Verschulden bei Ausübung oder aus Veranlassung des Dienstes zugezogen hat, dienstunfähig geworden ist.

Zu Abschnitt VIII:

Zu § 80 (ruhegehaltfähige Dienstbezüge). Abs. 1 entspricht der bisherigen Regelung. Abs. 2, der nach Abs. 3 in den Fällen der §§ 43, 108 und dann nicht gilt, wenn der Beamte infolge von Krankheit, Verwundung oder sonstiger Beschädigung, die er sich ohne grobes Verschulden bei Ausübung oder aus Veranlassung des Dienstes zugezogen hat, dienstunfähig geworden ist, geht in Anlehnung an § 6 Abs. 2 des Offizierpensionsgesetzes vom 31. Mai 1906 (Reichsgesetzbl. S. 565) und § 5 Abs. 2 des Gesetzes über das Ingenieurkorps der Luftwaffe vom 18. Oktober 1935 (Reichsgesetzbl. I S. 1248) davon aus, daß ruhegehaltfähige Dienstbezüge aus dem nicht als Eingangsstelle der Laufbahn geltenden letzten Amt nur dann der Berechnung des Ruhegehalts zugrunde gelegt werden sollen, wenn sie mindestens ein Jahr bezogen worden sind. Abs. 2 sieht demgemäß für Fälle, in denen die gedachte Voraussetzung nicht erfüllt ist, eine geringere Bemessung der ruhegehaltfähigen Dienstbezüge vor.

b) Ruhegehaltfähige Dienstzeit

Begründung:

Zu §§ 81 bis 85 (ruhegehaltfähige Dienstzeit). Die Berechnung der ruhegehaltfähigen Dienstzeit wird in diesen Vorschriften auf eine neue Grundlage gestellt. Die Vorschriften gehen von § 28 Abs. 2 Nr. 1 und § 29 Abs. 1 Satz 2, nach denen die Ernennung eines Beamten auf Lebenszeit oder auf Zeit von der Vollendung des 27. Lebensjahres abhängig ist, und von § 89 aus, demzufolge der Anspruch auf das Mindestruhegehalt von 35 v. H. der ruhegehaltfähigen Dienstbezüge vom Tage der Vollendung des siebenundzwanzigsten Lebensjahres an begründet ist. Es wird mithin unterstellt, daß die 10 Dienstjahre, die der Beamte bisher zur Begründung der Anwartschaft auf Ruhegehalt zurückgelegt haben mußte, bei allen Beamten mit der Vollendung des 27. Lebensjahres als zurückgelegt zu gelten haben. Die ruhegehaltfähige Dienstzeit, die für das Anwachsen des Ruhegehalts über 35 v. H. der ruhegehaltfähigen Dienstbezüge hinaus maßgebend ist, rechnet künftig also erst von der Vollendung des 27. Lebensjahres ab. Bei dieser Berechnungsweise wird einmal die Verwaltungsarbeit erspart, die bisher für die Feststellung der im wesentlichen vor der Vollendung des 27. Lebensjahres liegenden Anrechnungszeiten aufgewendet werden mußte; die Handhabung des § 85 erfährt dadurch eine beträchtliche Vereinfachung. Zum anderen wird bei dieser Berechnungsweise für die Beamten mit handwerksmäßiger, technischer oder wissenschaftlicher Vorbildung die bisher nur teilweise vorhandene, wegen der Veränderung der sozialen Verhältnisse in der Nachkriegszeit aber seit langem als geboten erkannte Gleichstellung mit den übrigen Beamten erzielt. Diese erhalten ihre fachliche Ausbildung von der Verwaltung und auf deren Kosten; daneben erhalten sie bereits gewisse Bezüge, sei es auch nur in Gestalt von Unterhaltszuschüssen. Jene müssen sich jedoch die von der Verwaltung über die regelmäßige Vorbildung hinaus geforderte fachliche Ausbildung (handwerksmäßige Lehrzeit, Besuch einer technischen Anstalt, Studium, praktische wissenschaftliche Tätigkeit usw.) außerhalb der Verwaltung und unter Aufbringung der dafür notwendigen beträchtlichen Kosten aus eigenen Mitteln aneignen; sie gelangen auch erst entsprechend später in das Beamtenverhältnis und in den Genuß von Bezügen. Es erscheint deshalb gerechtfertigt, diese besonderen Vorbildungszeiten, wie es in manchen Ländern schon bisher geschehen ist, grundsätzlich als ruhegehaltfähig anzuerkennen.

Die Zeit einer Beurlaubung ohne Dienstbezüge galt bisher als ruhegehaltfähig. Diese Regelung, die auf den in der Vorkriegszeit und früher maßgebenden Verhältnissen beruhte, entbehrte gegenüber der Entwicklung des letzten Jahrzehnts in vielen Fällen der inneren Berechtigung. Die Verwaltung war deshalb zu Beginn des Jahres 1933 dazu übergegangen, bei solchen Beurlaubungen als Beitrag des Beamten oder der ihn beschäftigenden Stelle einen sogenannten Versorgungszuschlag zu erheben. § 81 Nr. 3 (in Verbindung mit § 179 Abs. 3) will dasselbe Ergebnis erreichen. Er läßt künftig bei der Beurlaubung eines Beamten ohne Dienstbezüge die Anrechnung der Urlaubszeit als ruhegehaltfähige Dienstzeit nur zu, wenn es ausdrücklich zugestanden ist. Dieses Zugeständnis darf nur gemacht werden, wenn der Urlaub den öffentlichen Belangen dient. Die Verwaltungsanordnung über die Erhebung eines Versorgungszuschlags wird mit dem Inkrafttreten dieser Vorschrift im allgemeinen gegenstandslos.

Die Billigkeit einer besonderen Berücksichtigung der Verwendungszeit eines Beamten in gewissen außereuropäischen Ländern wird im § 84 mit Rücksicht auf die für Bewohner unserer Breitengrade häufig ungünstigen klimatischen Verhältnisse jener Länder dem Grunde nach anerkannt.

§ 85 entspricht im allgemeinen dem § 52 des Reichsbeamtengesetzes.

Neu ist die Anrechnungsmöglichkeit der hauptberuflichen Tätigkeit in der Nationalsozialistischen Deutschen Arbeiterpartei und ihren Gliederungen (Abs. 1 Nr. 1). Nach bisherigem Recht konnte bei der engen Fassung des § 52 Nr. 3 des Reichsbeamtengesetzes die Tätigkeit auf wissenschaftlichem, künstlerischem, technischem oder wirtschaftlichem Gebiet überhaupt nicht oder nur in beschränktem Umfange berücksichtigt werden; die Fassung des Abs. 1 Nr. 4 bietet insoweit nunmehr die Möglichkeit, berechtigten Belangen der Verwaltung und der Beamten Rechnung zu tragen. Die Vorschrift, daß Zeiten zu Abs. 1 Nr. 2a und 4 höchstens bis zur Hälfte berücksichtigt werden dürfen, entspricht der bisherigen Übung; die Begrenzung auf 10 Jahre ist vorgesehen, um Mißbrauch zu verhüten.

Grundsätzlich werden die Zeiten nach Abs. 1 nur in besonderen Fällen berücksichtigt werden können. Soweit das bisher durch Anrechnung von Vordienstzeiten gewollte Ergebnis durch das Gesetz vorweggenommen wird, weil die neue Berechnungsweise des Ruhegehalts die Zurücklegung der bisher für den Ruhegehaltsanspruch notwendigen zehn Dienstjahre unterstellt, kommt eine Berücksichtigung von Vordienstzeit künftig nicht in Frage.

§ 81

(1) Ruhegehaltfähig ist die Dienstzeit des Beamten vom Tage seiner ersten Ernennung an einschließlich der Zeit, in der er sich im Wartestande befindet. Unberücksichtigt bleibt jedoch die Zeit

1. eines Beamtenverhältnisses nach § 67 Abs. 2,

2. einer ehrenamtlichen Tätigkeit,

3. einer Beurlaubung ohne Dienstbezüge, wenn nicht die Berücksichtigung bei Erteilung, spätestens bei Beendigung eines den öffentlichen Belangen dienenden Urlaubs zugestanden ist,
4. vor Vollendung des siebenundzwanzigsten Lebensjahres,
5. für die eine Abfindung oder ein Übergangsgeld aus öffentlichen Mitteln gewährt worden ist,
6. einer Tätigkeit als Beamter, der ohne Ruhegehaltsberechtigung nur Gebühren bezieht, soweit sie nicht nach § 85 Abs. 1 Nr. 2a berücksichtigt wird.

(2) Ist ein Beamter, der infolge Urteils eines Gerichts oder eines Dienststrafgerichts aus dem Beamtenverhältnis ausgeschieden war, später wieder zum Beamten ernannt worden, so wird die Dienstzeit, die er vor dem Ausscheiden aus dem Beamtenverhältnis zurückgelegt hat, nicht in die ruhegehaltfähige Dienstzeit eingerechnet. Das gleiche gilt, wenn der Beamte, dem ein gerichtliches Strafverfahren oder ein Dienststrafverfahren drohte, auf seinen Antrag aus dem Beamtenverhältnis entlassen ist. Die oberste Dienstbehörde kann Ausnahmen zulassen.

Erl. zu § 81:

Übergangsvorschriften § 179 (Urlaub ohne Dienstbezüge). Amtszeit als Reichsminister §§ 162, 175; desgl. als Reichsstatthalter, Vorsitzender oder Mitglied einer Landesregierung § 177; Reichsbahn- und Reichsbankdienst § 153; früherer Hofdienst § 169; früherer Wartestand § 170.

§ 82

Ruhegehaltfähig ist auch die Zeit, in der ein Beamter vor seiner Ernennung nach Vollendung des siebenundzwanzigsten Lebensjahres

1. im Dienste der Wehrmacht oder im Vollzugsdienste der Polizei gestanden hat,
2. Angehöriger des Reichsarbeitsdienstes gewesen ist,
3. als Inhaber eines Versorgungsscheins im Dienste des Reichs oder anderer Körperschaften, Anstalten und Stiftungen des öffentlichen Rechts voll beschäftigt gewesen ist.

Erl. zu § 82:

Übergangsvorschriften § 179 (freiwilliger Arbeitsdienst).

§ 83

Die Zeit eines Kriegsdienstes in der Wehrmacht oder die Zeit einer Kriegsgefangenschaft wird, auch wenn sie vor Vollendung des siebenundzwanzigsten Lebensjahres liegt, mit der gleichen Erhöhung angerechnet wie bei Angehörigen der Wehrmacht.

Erl. zu § 83:

Übergangsvorschriften § 179 (Weltkrieg).

§ 84

(1) Die Zeit der Verwendung eines Beamten in außereuropäischen Ländern mit Ausnahme der an das Mittelmeer grenzenden außereuropäischen Länder kann als ruhegehaltfähige Dienstzeit, soweit sie vor Vollendung des siebenundzwanzigsten Lebensjahres liegt, einfach, im übrigen bis zur Grenze des Doppelten berücksichtigt werden, wenn sie ununterbrochen mindestens sechs Monate betragen hat. Gleiches gilt für Seereisen in außerheimischen Gewässern. Näheres wird durch Verordnung der Reichsregierung bestimmt.

(2) Als Zeit der Verwendung in außereuropäischen Ländern kann auch die Zeit anerkannt werden, während

der sich ein Beamter infolge Internierung oder aus sonstigen durch Krieg verursachten und von dem Beamten nicht verschuldeten Gründen in diesen Ländern aufgehalten hat. Ist der Aufenthalt durch Verschulden des Beamten verlängert worden, so bleibt die Zeit der Verlängerung unberücksichtigt.

(3) Ist die Dienstzeit nach Abs. 1 und 2 bereits nach § 83 zu berücksichtigen, so wird sie nicht weiter angerechnet.

(4) Die Entscheidung trifft die oberste Dienstbehörde im Einvernehmen mit dem Reichsminister der Finanzen endgültig.

Erl. zu § 84:

Übergangsvorschriften § 179 (Weltkrieg). Reichsminister der Finanzen vgl. § 165.

§ 85

(1) Die Zeit, während der ein Beamter nach Vollendung des siebenundzwanzigsten Lebensjahres

1. ein Amt in der Nationalsozialistischen Deutschen Arbeiterpartei oder ihren Gliederungen hauptberuflich bekleidet hat,
2. a) als Rechtsanwalt, als Verwaltungsrechtsrat oder als Beamter oder Notar, der ohne Ruhegehaltsberechtigung nur Gebühren bezieht,
   b) im Dienst einer öffentlich-rechtlichen Religionsgesellschaft und ihrer Verbände oder im nichtöffentlichen Schuldienst tätig gewesen ist,
3. im öffentlichen Dienst eines anderen Staates oder einer zwischenstaatlichen öffentlichen Einrichtung gestanden hat,
4. auf wissenschaftlichem, künstlerischem, technischem oder wirtschaftlichem Gebiet besondere Fachkennt-

nisse erworben hat, die die notwendige Voraussetzung für die Wahrnehmung seines Amtes bilden,

5. im privatrechtlichen Vertragsverhältnis im Dienste des Reichs oder anderer Körperschaften, Anstalten und Stiftungen des öffentlichen Rechts ununterbrochen hauptberuflich eine in der Regel einem Beamten obliegende oder später einem Beamten übertragene entgeltliche Beschäftigung wahrgenommen hat, die zu seiner Ernennung führte,

kann als ruhegehaltfähige Dienstzeit berücksichtigt werden. Die Zeiten zu 2 a und 4 dürfen höchstens bis zur Hälfte, jedoch nicht über zehn Jahre hinaus berücksichtigt werden.

(2) Die Entscheidung trifft die oberste Dienstbehörde im Einvernehmen mit dem Reichsminister der Finanzen endgültig.

Erl. zu § 85:

Übergangsvorschriften § 179 (Amt in der Partei, Rechtsanwaltszeit, früher anrechnungsfähige Zeit); Reichsminister der Finanzen vgl. § 165.

c) Wartegeld

§ 86

Das Wartegeld beträgt achtzig vom Hundert der ruhegehaltfähigen Dienstbezüge. Für jedes volle und angefangene Jahr, das dem Beamten an fünfzehn Jahren ruhegehaltfähiger Dienstzeit fehlt, wird jedoch das Wartegeld um zwei vom Hundert der ruhegehaltfähigen Dienstbezüge niedriger bemessen. Das Wartegeld beträgt in keinem Fall mehr als achtzig vom Hundert der ruhegehaltfähigen Dienstbezüge eines Beamten aus

der Endstufe der Besoldungsgruppe A 1a der Reichsbesoldungsordnung. Hat der Beamte indessen zur Zeit seiner Versetzung in den Wartestand bereits ein höheres Ruhegehalt erdient, so erhält er ein Wartegeld in Höhe des zu diesem Zeitpunkt erdienten Ruhegehalts.

Begründung:

Zu § 86 (Wartegeld). Eine Niedrigerbemessung des Wartegeldes griff bisher bei weniger als fünfundzwanzig Dienstjahren Platz; die künftige Bemessung bei weniger als fünfzehn Dienstjahren (§ 86) beruht auf der neuen Berechnungsweise der ruhegehaltfähigen Dienstzeit (§§ 81 bis 85).

§ 87

Scheidet der Beamte aus einer Dienstleistung im Sinne des § 48 wieder aus, so wird sein Wartegeld unter Berücksichtigung der während der Dienstleistung zuletzt bezogenen Dienstbezüge und der verlängerten ruhegehaltfähigen Dienstzeit neu festgesetzt.

d) Ruhegehalt

Zu §§ 88 bis 91 (Ruhegehalt). Die Ruhegehaltskala für die Beamten des unteren und des einfachen mittleren Dienstes hat sich nicht geändert.

Für die Beamten des gehobenen mittleren und des höheren Dienstes ist zur Vermeidung einer Bevorteilung durch die neue Berechnungsart der ruhegehaltfähigen Dienstzeit (§§ 81 bis 85) vorgesehen, daß ihr Ruhegehalt erst nach zwei und drei vollen ruhegehaltfähigen Dienstjahren zu steigen beginnt. Bei ihnen tritt deshalb u. U. zunächst eine gewisse Schlechterstellung gegen bisher ein, die aber später durch eine 16. und 17. Steigerungsstufe von 2 v. H. wieder ausgeglichen wird. Näheres ergibt die nachfolgende Gegenüberstellung.

Gegenüberstellung.

Grundstufe (G) … Steigerungsstufe (1 usw.)	Lebensalter	Bisher	Künftig für Beamte des unteren und einfachen mittleren	Künftig für Beamte des gehobenen mittleren	Künftig für Beamte des höheren
			Dienstes		
		vH	vH	vH	vH
1	2	3	4	5	6
G	27	35	35	35	35
1	28	37	37	35	35
2	29	39	39	37	35
3	30	41	41	39	37
4	31	43	43	41	39
5	32	45	45	43	41
6	33	47	47	45	43
7	34	49	49	47	45
8	35	51	51	49	47
9	36	53	53	51	49
10	37	55	55	53	51
11	38	57	57	55	53
12	39	59	59	57	55
13	40	61	61	59	57
14	41	63	63	61	59
15	42	65	65	63	61
16	43	66	66	65	63
17	44	67	67		65
18	45	68	68		67
19	46	69	69		
20	47	70	70		
21	48	71	71		
22	49	72	72		
23	50	73	73		
24	51	74	74		
25	52	75	75		
26	53	76	76		
27	54	77	77		
28	55	78	78		
29	56	79	79		
30	57	80	80		

§ 88

(1) Der Ruhestandsbeamte erhält lebenslänglich Ruhegehalt.

(2) Ein Ruhestandsbeamter, der wieder zum Beamten auf Lebenszeit oder auf Zeit ernannt ist, erhält Ruhegehalt aus dem neuen Amte nur, wenn er es wenigstens ein Jahr bekleidet hat.

§ 89

(1) Das Ruhegehalt beträgt mindestens fünfunddreißig vom Hundert der ruhegehaltfähigen Dienstbezüge. Es erhöht sich bei den Beamten

des unteren und des einfachen mittleren Dienstes nach jedem der ersten fünfzehn vollen Jahre,

des gehobenen mittleren Dienstes nach zwei ruhegehaltfähigen Dienstjahren und in den folgenden fünfzehn vollen Jahren,

des höheren Dienstes nach drei ruhegehaltfähigen Dienstjahren und in den folgenden sechzehn vollen Jahren

der ruhegehaltfähigen Dienstzeit um je zwei vom Hundert, in den folgenden vollen Jahren dieser Dienstzeit um je eins vom Hundert, höchstens bis achtzig vom Hundert der ruhegehaltfähigen Dienstbezüge. Nach dem Ende des Monats, in dem der Beamte das fünfundsechzigste Lebensjahr vollendet hat, beträgt das Ruhegehalt höchstens fünfundsiebzig vom Hundert der ruhegehaltfähigen Dienstbezüge. Die Entscheidung darüber, welcher der vorgenannten Gruppen der Beamte angehört, trifft im Zweifel die oberste Dienstbehörde im Einvernehmen mit dem Reichsminister der Finanzen endgültig.

(2) Abs. 1 gilt entsprechend für den Unterhaltsbeitrag nach § 76 Abs. 3; im Fall des § 76 Abs. 3 Satz 2 darf er fünfunddreißig vom Hundert der ruhegehaltfähigen Dienstbezüge nicht übersteigen.

Erl. zu § 89:

Richterliche Beamte § 171; Übergangsvorschrift § 179 Abs. 5; Ruhegehaltfähige Dienstbezüge §§ 80 ff.

§ 90

(1) Das Ruhegehalt eines Beamten, der früher ein mit höheren Dienstbezügen verbundenes Amt bekleidet und diese Bezüge wenigstens ein Jahr bezogen hat, wird, sofern der Beamte in ein mit geringeren Dienstbezügen verbundenes Amt nicht lediglich auf seinen im eigenen Interesse gestellten Antrag übergetreten ist, nach den ruhegehaltfähigen Dienstbezügen des früheren Amts und der gesamten ruhegehaltfähigen Dienstzeit berechnet. Das Ruhegehalt darf jedoch die letzten ruhegehaltfähigen Dienstbezüge nicht übersteigen.

(2) Das Ruhegehalt eines Wartestandsbeamten, der nach § 48 Dienst geleistet hat, wird nach den ruhegehaltfähigen Dienstbezügen berechnet, die nach § 87 der Berechnung seines Wartegeldes zugrunde gelegt sind oder zugrunde zu legen wären.

§ 91

Das Ruhegehalt wird von dem Beginn des Ruhestandes ab gewährt.

2. Hinterbliebenenversorgung

Begründung:

Zu §§ 92 bis 106 (Hinterbliebenenversorgung). Wegen der Begriffe „Bezüge" und „Dienstbezüge" in den §§ 92, 93 gilt das zu § 62 im Abs. 2 Gesagte.

Daß auch an die Aufhebung der ehelichen Gemeinschaft gewisse Rechtsfolgen geknüpft werden (§§ 97 Abs. 1, 102 Abs. 2), entspricht dem bürgerlichen Recht, nach dem die Aufhebung der ehelichen Gemeinschaft die gleiche Wirkung wie die Scheidung hat.

Unter Kindern von weiblichen Beamten (§ 93 Abs. 2, § 97 Abs. 4) sind auch uneheliche zu verstehen.

a) Sterbemonat

§ 92

(1) Den Erben eines verstorbenen Beamten verbleiben für den Sterbemonat die Bezüge des Verstorbenen einschließlich der zur Bestreitung von Dienstaufwandskosten bestimmten Einkünfte.

(2) Bei Warte- und Ruhestandsbeamten sowie bei entlassenen Beamten auf Widerruf tritt an die Stelle der Bezüge das Wartegeld, das Ruhegehalt oder der Unterhaltsbeitrag. Den Erben eines im öffentlichen Dienste (§ 127 Abs. 4) verwendeten Warte- oder Ruhestandsbeamten verbleiben die für den Sterbemonat fälligen Bezüge.

(3) Die an den Verstorbenen noch nicht gezahlten Teile der Sterbemonatsbezüge können statt an die Erben auch an die Witwe oder die ehelichen oder für ehelich erklärten Abkömmlinge des Verstorbenen gezahlt werden.

b) Sterbegeld

§ 93

(1) Die Witwe sowie die ehelichen und für ehelich erklärten Abkömmlinge eines männlichen Beamten mit Dienstbezügen erhalten für die auf den Sterbemonat folgenden drei Monate als Sterbegeld die Dienstbezüge des Verstorbenen ausschließlich der zur Bestreitung

von Dienstaufwandskosten bestimmten Einkünfte. Bei Warte- und Ruhestandsbeamten sowie bei entlassenen Beamten auf Widerruf tritt an die Stelle der Dienstbezüge das Wartegeld, das Ruhegehalt oder der Unterhaltsbeitrag.

(2) Den Kindern eines verstorbenen weiblichen Beamten kann die oberste Dienstbehörde im Einvernehmen mit dem Reichsminister der Finanzen Sterbegeld gewähren.

Erl. zu § 93:

Reichsminister der Finanzen vgl. § 165.

§ 94

Sind Hinterbliebene im Sinne des § 93 nicht vorhanden, so kann die oberste Dienstbehörde oder die von ihr bestimmte Behörde ein Sterbegeld nach § 93 auf Antrag ganz oder teilweise bewilligen,

1. wenn der Verstorbene Verwandte der aufsteigenden Linie, Geschwister, Geschwisterkinder, Stiefkinder oder an Kindes Statt angenommene Kinder, deren Ernährer er ganz oder überwiegend gewesen ist, in bedürftiger Lage hinterlassen hat, oder
2. wenn der Nachlaß nicht ausreicht, um die Kosten der letzten Krankheit und der Bestattung zu decken.

§ 95

(1) Das Sterbegeld wird beim Nachweis des Todes im voraus in einer Summe gezahlt. Liegen wichtige Gründe vor, so kann von der Auszahlung des Sterbegeldes in einer Summe abgesehen und eine andere Zahlungsart bestimmt werden.

(2) Die oberste Dienstbehörde bestimmt, an wen das

Sterbegeld zu zahlen oder wie es unter mehrere Berechtigte zu verteilen ist. Sie kann diese Befugnis auf andere Behörden übertragen. Die Entscheidung ist endgültig.

§ 96

(1) Das Sterbegeld kann weder abgetreten noch verpfändet noch gepfändet werden.

(2) Forderungen des Dienstherrn gegen den Verstorbenen aus Vorschuß- oder Darlehnsgewährungen sowie aus Überhebungen von Dienstbezügen, Wartegeld, Ruhegehalt oder Unterhaltsbeitrag können angerechnet werden. Der Witwe und den Waisen muß jedoch ein Teilbetrag des Sterbegeldes belassen werden, der dem der Pfändung nicht unterliegenden Teil des Witwen- und Waisengeldes für diese drei Monate entsprechen würde.

Erl. zu § 96:

Vgl. demgegenüber § 39.

c) Witwen- und Waisengeld

§ 97

(1) Die Witwe und die ehelichen Kinder eines Beamten, der zur Zeit seines Todes Ruhegehalt erhalten hätte, sowie die Witwe und die ehelichen Kinder eines Ruhestandsbeamten erhalten Witwen- und Waisengeld. Dies gilt nicht für die Hinterbliebenen weiblicher Beamter und nicht für die Ehefrau des verstorbenen Beamten, wenn bei dessen Tode die eheliche Gemeinschaft aufgehoben war (§§ 1575, 1587 des Bürgerlichen Gesetzbuchs).

(2) Den ehelichen Kindern stehen die vor der Beendigung des Beamtenverhältnisses für ehelich erklärten Kinder gleich.

(3) Den unehelichen und den nach Beendigung des Beamtenverhältnisses für ehelich erklärten Kindern eines verstorbenen männlichen Beamten kann die oberste Dienstbehörde bis zur Vollendung des achtzehnten Lebensjahres als Unterhaltsbeitrag den dem Beamten bei Lebzeiten gezahlten Kinderzuschlag gewähren.

(4) Den Kindern eines verstorbenen weiblichen Beamten oder Ruhestandsbeamten kann die oberste Dienstbehörde im Einvernehmen mit dem Reichsminister der Finanzen Waisengeld gewähren.

Erl. zu § 97:

Reichsminister der Finanzen vgl. § 165.

§ 98

(1) Das Witwengeld beträgt sechzig vom Hundert des Ruhegehalts, das der Verstorbene erhalten hat oder das er erhalten hätte, wenn er am Todestage in den Ruhestand getreten wäre, höchstens jedoch fünfundvierzig vom Hundert der ruhegehaltfähigen Dienstbezüge.

(2) Das Witwengeld darf jedoch nicht hinter einem Drittel der niedrigsten ruhegehaltfähigen Dienstbezüge aus der untersten Besoldungsgruppe der Reichsbesoldungsordnung zurückbleiben und nicht fünfundvierzig vom Hundert der ruhegehaltfähigen Dienstbezüge aus der Besoldungsgruppe B 6 der Reichsbesoldungsordnung übersteigen.

(3) Auf die Berechnung des Witwengeldes ist ein Ruhen des Ruhegehalts (§§ 127, 128) ohne Einfluß.

Erl. zu § 98:

Ruhegehalt §§ 88 ff.

§ 99

(1) Das Waisengeld beträgt für jedes Kind, dessen Mutter noch lebt und zur Zeit des Todes des Verstorbenen zum Bezuge von Witwengeld berechtigt war, ein Fünftel und, wenn auch die Mutter nicht mehr lebt oder zur Zeit des Todes des Verstorbenen nicht zum Bezuge von Witwengeld berechtigt war, ein Drittel des Witwengeldes.

(2) Das Waisengeld beträgt für jedes Kind eines weiblichen Beamten als Halbwaise höchstens zwölf vom Hundert, als Vollwaise höchstens zwanzig vom Hundert des Ruhegehalts, das die Verstorbene erhalten hat oder das sie erhalten hätte, wenn sie am Todestage in den Ruhestand getreten wäre. Der Berechnung darf jedoch höchstens ein Ruhegehalt von fünfundsiebzig vom Hundert der ruhegehaltfähigen Dienstbezüge zugrunde gelegt werden.

Erl. zu § 99:

Witwengeld § 98; Ruhegehalt §§ 88 ff.

§ 100

(1) Witwen- und Waisengeld dürfen weder einzeln noch zusammen den Betrag des Ruhegehalts übersteigen, das der Verstorbene erhalten hat oder das er zu erhalten hätte, wenn er am Todestage in den Ruhestand getreten wäre. § 99 Abs. 2 Satz 2 gilt auch hier. Ergibt sich an Witwen- und Waisengeld zusammen ein höherer Betrag, so werden die einzelnen Sätze im gleichen Verhältnis gekürzt.

(2) Nach dem Ausscheiden eines Witwen- oder Waisengeldberechtigten erhöht sich das Witwen- oder Waisengeld der verbleibenden Berechtigten vom Beginn des

folgenden Kalendermonats an insoweit, als sie nach Abs. 1 noch nicht die vollen Beträge nach den §§ 98, 99 erhalten.

Erl. zu § 100:

Ruhegehalt §§ 88 ff.

§ 101

(1) Kein Witwengeld erhält die Witwe, wenn die Ehe mit dem verstorbenen Beamten innerhalb dreier Monate vor seinem Ableben unter Umständen geschlossen worden ist, welche die Annahme rechtfertigen, daß mit der Heirat allein oder überwiegend der Zweck verfolgt worden ist, der Witwe den Bezug des Witwengeldes zu verschaffen.

(2) Kein Witwen- und Waisengeld erhalten die Witwe und die Kinder eines Beamten aus einer Ehe, die erst nach dem Eintritt des Beamten in den Ruhestand geschlossen worden ist. Das gleiche gilt für die Kinder eines weiblichen Beamten, die erst nach dem Eintritt des Beamten in den Ruhestand geboren sind. Die oberste Dienstbehörde kann jedoch im Einvernehmen mit dem Reichsminister der Finanzen Witwen- und Waisengeld in Grenzen der gesetzlichen Hinterbliebenenbezüge bewilligen. Die Bewilligung eines Witwengeldes ist ausgeschlossen, wenn die Witwe von zwei oder mehr volljüdischen Großelternteilen abstammt und die Ehe nach dem 1. Juli 1933 geschlossen ist.

Erl. zu § 101:

Reichsminister der Finanzen vgl. § 165.

§ 102

(1) War die Ehe eines verstorbenen Beamten oder Ruhestandsbeamten geschieden und der Verstorbene

allein für schuldig erklärt, so kann die oberste Dienstbehörde im Einvernehmen mit dem Reichsminister der Finanzen der früheren Ehefrau einen Unterhaltsbeitrag bis zur Höhe des gesetzlichen Witwengeldes widerruflich bewilligen. Kommt ein Unterhaltsbeitrag neben gesetzlichen Hinterbliebenenbezügen in Frage, so darf durch seine Gewährung das Ruhegehalt des Verstorbenen nicht überschritten werden.

(2) Entsprechendes gilt, wenn beim Tode des Beamten die eheliche Gemeinschaft aufgehoben war (§§ 1575, 1587 des Bürgerlichen Gesetzbuchs).

Erl. zu § 102:

Reichsminister der Finanzen vgl. § 165.

§ 103

Der Witwe und den Kindern eines Beamten auf Widerruf, dem gemäß § 76 Abs. 3 ein Unterhaltsbeitrag bewilligt worden ist oder hätte bewilligt werden können, kann die oberste Dienstbehörde im Einvernehmen mit dem Reichsminister der Finanzen die in den §§ 97 bis 102 vorgesehene Versorgung bis zur gesetzlichen Höhe als Unterhaltsbeitrag lebenslänglich oder auf Zeit bewilligen. Die oberste Dienstbehörde kann die Befugnis, eine auf Zeit bewilligte Versorgung auf begrenzte Zeit weiterzubewilligen, auf andere Behörden übertragen.

Erl. zu § 103:

Reichsminister der Finanzen vgl. § 165.

§ 104

Dienstzeiten eines verstorbenen Beamten, die im Fall seiner Versetzung in den Ruhestand nach §§ 84, 85 als ruhegehaltfähig hätten berücksichtigt werden können,

dürfen auch bei Bemessung des Witwen- und Waisengeldes oder eines Unterhaltsbeitrags nach § 103 durch die oberste Dienstbehörde im Einvernehmen mit dem Reichsminister der Finanzen berücksichtigt werden.

Erl. zu § 104:

Reichsminister der Finanzen vgl. § 165.

§ 105

Die Zahlung des Witwen- und Waisengeldes und des Unterhaltsbeitrags nach § 103 beginnt mit Ablauf der Zeit, für die Sterbegeld gewährt ist; Waisen, die nach dem Tode ihres Vaters geboren sind, erhalten Waisengeld schon für den Geburtsmonat.

§ 106

(1) Ist ein Beamter oder ein Ruhestandsbeamter, dessen Hinterbliebene nach §§ 97 bis 103 im Fall seines Todes Witwen- oder Waisengeld oder einen Unterhaltsbeitrag erhalten könnten, verschollen, so kann die oberste Dienstbehörde den Hinterbliebenen im Einvernehmen mit dem Reichsminister der Finanzen diese Bezüge auch schon vor der Todeserklärung gewähren, wenn das Ableben des Verschollenen mit Wahrscheinlichkeit anzunehmen ist. Den Tag, mit dem die Zahlung der Bezüge beginnt, bestimmt in diesem Fall die oberste Dienstbehörde; mit dem Beginn der Zahlung erlischt der Anspruch des Verschollenen auf Dienstbezüge, Wartegeld oder Ruhegehalt. Ist eine Witwe oder sind Waisen nicht vorhanden, so bestimmt die oberste Dienstbehörde den Tag, mit dem die Zahlung der Bezüge aufhört. Die Entscheidungen der obersten Dienstbehörde sind endgültig. §§ 92, 93 gelten hier nicht.

(2) Kehrt der Verschollene zurück, so lebt sein Anspruch auf Dienstbezüge, soweit nicht besondere Vorschriften entgegenstehen, sowie auf Wartegeld oder Ruhegehalt mit der Maßgabe wieder auf, daß die den Hinterbliebenen nach Abs. 1 zugesprochenen Bezüge anzurechnen sind.

Erl. zu § 106:

Reichsminister der Finanzen vgl. § 165; Verschollenheit vgl. §§ 13 ff. BGB.

3. Unfallfürsorge

Begründung:

Zu §§ 107 bis 125 (Unfallfürsorge).

1.

Auf dem Gebiete der Unfallfürsorge für Beamte wurde bisher im Reich nicht einheitlich verfahren. Es erschien daher geboten, eine Neuregelung eintreten zu lassen, wobei die Fortentwicklung der Unfallgesetzgebung nach der Reichsversicherungsordnung, wenn sie auch für die Beamten grundsätzlich nicht maßgebend ist, einen gewissen Anhalt bot, wie dies bereits in der Reichsratsdrucksache Nr. 100 vom Jahre 1927 zum Ausdruck gekommen ist. Die wichtigsten Neuerungen sind folgende:

der Dienstunfall (§ 102),
die Erstattung der Kosten für Heilbehandlung an die im Dienste befindlichen Beamten (§§ 108, 109),
die Erhöhung des Ruhegehalts (§ 111) und
die Erhöhung des Witwengeldes (§ 115).

Darüber hinaus ist noch berücksichtigt

der Vergeltungsunfall (§ 107) sowie
der Ersatz des Schadens für beschädigte oder zerstörte Kleidungsstücke (§ 119).

Zu den wichtigsten Fürsorgemaßnahmen der Verwaltung gehört es, einen verletzten Beamten baldmöglichst wieder dienstfähig werden zu lassen und ihn gegebenenfalls durch Unterbringung in einer für ihn geeigneten Stelle vor einer vorzeitigen Versetzung in den Ruhestand zu bewahren.

Andererseits ist es auch Pflicht jedes Beamten, sich zu bemühen, die Folgen eines Unfalls nach Kräften selbst zu überwinden. Das Gesetz geht daher bewußt über die bisherige Regelung im Reich, nach der die Fürsorge nur bei Unfällen in versicherungspflichtigen Betrieben einsetzte, hinaus und legt den weitergehenden Begriff des allgemeinen Dienstunfalls zugrunde. Für die Beanspruchung der Unfallfürsorge genügt es also künftig, daß der Beamte in Ausübung oder infolge des Dienstes einen Unfall erleidet. Sogenannte Berufskrankheiten, d. h. solche fortwirkenden schädlichen Einflüsse des Dienstes, die allgemein zu einer Erkrankung des Beamten führen, gelten nach der Begriffsbestimmung in Abs. 2 des § 107 nicht als Dienstunfall. Dagegen entsprach es einem allgemeinen Bedürfnis und dem Gebot der Billigkeit, diejenigen Beamten zu schützen, die zur Vergeltung für ein dienstliches Vorgehen angegriffen werden und hierbei einen Körperschaden erleiden (Vergeltungsunfall).

Ein erheblicher Fortschritt auf dem Wege der Unfallfürsorge liegt in der Erstattung der Kosten des Heilverfahrens an die noch im Dienst befindlichen Beamten. Diese Maßnahme hat für die Verwaltung neben der Erfüllung der Fürsorgepflicht auch finanzielle Bedeutung insofern, als durch ein rechtzeitig durchgeführtes Heilverfahren oft größere Ausgaben und die durch die vorzeitige Zurruhesetzung des Beamten entstehenden Mehrkosten erspart bleiben.

2.

Zu den einzelnen Vorschriften ist zu bemerken:

Zu den Dienstunfällen im Sinne des § 107 rechnen auch die Unfälle auf Dienstreisen.

Die Kosten des Heilverfahrens (§§ 108, 109) werden in Abweichung von dem bisherigen Recht schon vom Eintritt des Unfalls ab erstattet, also nicht erst vom Wegfall der Dienstbezüge ab.

§ 107

(1) Wird ein Beamte durch einen Dienstunfall verletzt, so wird ihm und seinen Hinterbliebenen Unfallfürsorge gewährt.

(2) Dienstunfall ist ein auf äußerer Einwirkung beruhendes plötzliches, örtlich und zeitlich bestimmbares, einen Körperschaden verursachendes Ereignis, das in Ausübung oder infolge des Dienstes eingetreten ist.

(3) Als Dienstunfall gilt es auch, wenn der Beamte außerhalb des Dienstes zur Vergeltung für ein dienstliches Vorgehen angegriffen wird und hierbei einen Körperschaden erleidet.

Erl. zu § 107:

Für Ehrenbeamte § 149.

§ 108

Die Unfallfürsorge besteht in

1. einem Heilverfahren für den Verletzten (§§ 109, 110),
2. einem Ruhegehalt, wenn infolge des Unfalls der Beamte dienstunfähig geworden ist und sein Beamtenverhältnis endet (§ 111),
3. einer Hinterbliebenenversorgung, wenn der Beamte infolge des Unfalls gestorben ist (§ 113).

Neben einer Versorgung nach Nr. 2 und 3 wird eine Versorgung nach den allgemeinen Vorschriften nicht gewährt.

§ 109

Das Heilverfahren umfaßt die notwendige

1. ärztliche Behandlung,
2. Pflege,
3. Versorgung mit Arznei und anderen Heilmitteln, Ausstattung mit Körperersatzstücken, orthopädischen und anderen Hilfsmitteln, die den Erfolg der Heilbehandlung sichern oder die Folgen der Verletzung erleichtern sollen.

§ 110

Ist der Verletzte infolge des Unfalls so hilflos, daß er nicht ohne fremde Wartung und Pflege bestehen kann, so sind ihm bis zur Zahlung des Ruhegehalts die Kosten einer angenommenen notwendigen Pflegekraft zu erstatten, sofern nicht der Dienstherr selbst für die Pflege Sorge trägt.

Begründung:

§ 110 gilt nur für Verletzte, die infolge des Unfalls zwar hilflos geworden, aber noch nicht aus dem Beamtenverhältnis ausgeschieden sind.

§ 111

(1) Das Ruhegehalt beträgt sechsundsechzigzweidrittel vom Hundert der ruhegehaltfähigen Dienstbezüge des Verletzten.

(2) Würde der Verletzte nach den allgemeinen Vorschriften bereits ein höheres Ruhegehalt als fünfundvierzig vom Hundert seiner ruhegehaltfähigen Dienstbezüge erhalten, so beträgt das Ruhegehalt nach Abs. 1 zwanzig vom Hundert mehr als das Ruhegehalt nach jenen Vorschriften, jedoch nicht über achtzig vom Hundert der ruhegehaltfähigen Dienstbezüge.

(3) Liegt der Bemessung des Ruhegehalts nicht mindestens ein Betrag zugrunde, der dem Eineinviertelfachen der niedrigsten ruhegehaltfähigen Dienstbezüge eines Beamten der untersten Besoldungsgruppe der Reichsbesoldungsordnung entspricht, so ist das Ruhegehalt aus diesem Betrage zu errechnen.

(4) Ist der Verletzte infolge des Unfalls so hilflos geworden, daß er nicht ohne fremde Wartung und Pflege bestehen kann, so kann zu dem Ruhegehalt für die Dauer dieser Hilflosigkeit ein Zuschlag bis zur Er-

reichung der ruhegehaltfähigen Dienstbezüge gewährt werden. Statt des besonderen Zuschlags sind dem Verletzten auf Antrag die Kosten zu erstatten, die ihm durch Annahme einer notwendigen Pflegekraft erwachsen; in diesem Fall kann der Dienstherr an Stelle des Zuschlags selbst für die Pflege Sorge tragen.

(5) Im übrigen gelten die allgemeinen Vorschriften über Ruhegehalt.

Begründung:

§ 111 setzt das Ruhegehalt fest, das zu gewähren ist, wenn der Verletzte nach § 108 Nr. 2 infolge des Unfalls dienstunfähig geworden ist und sein Beamtenverhältnis endet. Dabei geht § 111 Abs. 2 im Interesse der älteren Unfallverletzten insofern über das bisherige Reichsrecht hinaus, als er die Gewährung eines Zuschlags von 20 v. H. zum Normalruhegehalt — jedoch in Grenzen von 75 v. H. der ruhegehaltfähigen Dienstbezüge — vorsieht.

§ 112

Bleiben die ruhegehaltfähigen Dienstbezüge eines Beamten auf Widerruf unter den ruhegehaltfähigen Dienstbezügen der Planstelle, in der ein solcher Beamter nach den bestehenden Grundsätzen zuerst angestellt werden kann, so ist dieser Betrag der Ruhegehaltsberechnung zugrunde zu legen. § 111 Abs. 2 bis 5 gelten sinngemäß.

§ 113

(1) Die Hinterbliebenenversorgung besteht in

1. Sterbegeld (§ 114),
2. Witwengeld (§ 115),
3. Waisengeld (§ 116),
4. Unterhaltsbeitrag für Verwandte der aufsteigenden Linie (§ 117).

(2) Im übrigen gelten die allgemeinen Vorschriften für die Hinterbliebenenversorgung. Der Unterhaltsbeitrag (§ 117) ist hierbei wie ein Witwengeld zu behandeln.

§ 114

Als Sterbegeld ist für den auf den Sterbemonat folgenden Monat der Betrag der einmonatigen Dienstbezüge, des einmonatigen Wartegeldes, des einmonatigen Ruhegehalts oder des einmonatigen Unterhaltsbeitrags des Verstorbenen zu gewähren.

§ 115

(1) Das Witwengeld beträgt zwanzig vom Hundert der ruhegehaltfähigen Dienstbezüge des Verstorbenen.

(2) Das Witwengeld kann bis auf vierzig vom Hundert erhöht werden, solange die Witwe durch Krankheit oder andere Gebrechen wenigstens die Hälfte ihrer Erwerbsfähigkeit verloren hat. Das Witwengeld kann erst erhöht werden, nachdem diese Beschränkung der Erwerbsfähigkeit drei Monate bestanden hat.

Begründung:

In § 115 wird grundsätzlich daran festgehalten, als Witwengeld — wie bisher — 20 v. H. der ruhegehaltfähigen Dienstbezüge des Verstorbenen zu gewähren. Abs. 2 ermöglicht aber unter gewissen Voraussetzungen eine Erhöhung bis auf 40 v. H. Die von der zuständigen Dienstbehörde zu treffende Entscheidung über das Maß der Erhöhung wird billigerweise die wirtschaftlichen Verhältnisse der Witwe berücksichtigen müssen.

Erl. zu § 115:

Ruhegehaltfähige Dienstbezüge §§ 80 ff.

§ 116

(1) Das Waisengeld beträgt für jedes eheliche Kind zwanzig vom Hundert der ruhegehaltfähigen Dienstbezüge des Verstorbenen. Den ehelichen Kindern stehen gleich

1. die für ehelich erklärten Kinder,
2. die elternlosen Enkel, die der Verstorbene zur Zeit seines Todes unentgeltlich unterhalten hat.

(2) Die Kinder eines weiblichen Beamten erhalten Waisengeld.

Erl. zu § 116:

Ruhegehaltfähige Dienstbezüge §§ 80 ff.

§ 117

(1) Verwandten der aufsteigenden Linie, deren Lebensunterhalt ganz oder überwiegend durch den Verstorbenen bestritten wurde, ist für die Dauer der Bedürftigkeit ein Unterhaltsbeitrag zu gewähren. Dieser beträgt insgesamt zwanzig vom Hundert der ruhegehaltfähigen Dienstbezüge des Verstorbenen.

(2) Sind mehrere Berechtigte dieser Art vorhanden, so wird der Unterhaltsbeitrag den Eltern vor den Großeltern gewährt; an die Stelle eines verstorbenen Elternteils treten dessen Eltern.

Erl. zu § 117:

Ruhegehaltfähige Dienstbezüge §§ 80 ff.

§ 118

(1) Wenn sich für einen Hinterbliebenen nach den allgemeinen Vorschriften für die Hinterbliebenenversorgung ein höherer Betrag an Sterbe-, Witwen- oder Waisengeld ergibt als nach §§ 114 bis 116, so erhält er den höheren Betrag.

(2) Der Gesamtbetrag der Hinterbliebenenversorgung darf den Betrag nicht überschreiten, den der Verstorbene auf Grund seines Unfalls als Ruhegehalt erhalten hat oder erhalten haben würde. § 99 Abs. 2 Satz 2 gilt auch hier.

(3) Der Zuschlag nach § 111 Abs. 4 bleibt hierbei außer Betracht.

§ 119

Sind bei einem Dienstunfall Kleidungsstücke oder sonstige Gegenstände, die der Beamte mitgeführt hat, beschädigt oder zerstört worden, so kann dafür Ersatz geleistet werden; sind durch die erste Hilfeleistung nach dem Unfall besondere Kosten entstanden, so ist dem Beamten der nachweisbar notwendige Aufwand zu ersetzen.

Begründung:

Der Ersatz des Schadens, den der verletzte Beamte durch Beschädigung oder Zerstörung von Kleidungsstücken usw. erleidet (§ 119), entspricht der Billigkeit. Nach bisheriger Übung ist in solchen Fällen in der Regel aus anderen bereiten Geldmitteln geholfen worden.

§ 120

Erhält ein Beamter, der infolge des Unfalls dienstunfähig geworden ist, nach den allgemeinen Vorschriften keine Versorgung, so kann ihm die oberste Dienstbehörde im Einvernehmen mit dem Reichsminister der Finanzen als Unfallfürsorge das Heilverfahren (§§ 109, 110) und ihm und seinen Hinterbliebenen widerruflich einen Unterhaltsbeitrag bis zur Hälfte der Beträge nach §§ 111 bis 118 gewähren. Der Unterhaltsbeitrag für einen Beamten ohne Dienstbezüge wird nach billigem Ermessen festgesetzt.

Begründung:

Während § 120 die Fälle regelt, in denen ein infolge eines Unfalls dienstunfähig gewordener Beamter nach den allgemeinen Vorschriften keine Versorgung erhalten kann (z. B. nach Dienststrafrecht aus dem Dienst entfernte Beamte), sieht § 121 neben dem Heilverfahren die Bewilligung eines nach dem Grade der Erwerbsminderung abgestuften Unterhaltsbeitrags für solche Beamte vor, deren Beamtenverhältnis auf ihren Antrag oder durch Widerruf beendet wird.

Erl. zu § 120:

Reichsminister der Finanzen vgl. § 165.

§ 121

(1) Ist ein Beamter, der einen Dienstunfall erlitten hat, nach §§ 60, 61 aus dem Beamtenverhältnis entlassen, so erhält er neben dem Heilverfahren als Unterhaltsbeitrag für die Dauer der Erwerbsunfähigkeit, wenn er

1. völlig erwerbsunfähig ist, sechsundsechzigzweidrittel vom Hundert seiner ruhegehaltfähigen Dienstbezüge,
2. teilweise erwerbsunfähig ist, den Teil des unter Nr. 1 bezeichneten Unterhaltsbeitrags, der dem Maße der durch den Unfall herbeigeführten Einbuße an Erwerbsfähigkeit entspricht. Dabei bleibt eine Minderung der Erwerbsfähigkeit um weniger als fünfundzwanzig vom Hundert unberücksichtigt.

(2) Solange der Verletzte aus Anlaß des Unfalls tatsächlich und unverschuldet arbeitslos ist, kann ein nach Abs. 1 Nr. 2 gewährter Unterhaltsbeitrag bis zu sechsundsechzigzweidrittel vom Hundert der ruhegehaltfähigen Dienstbezüge gewährt werden.

(3) Die Hinterbliebenen der hiernach zu Versorgen-

den erhalten einen dem Witwen- und Waisengeld entsprechenden Unterhaltsbeitrag.

(4) § 111 Abs. 3 bis 5, § 112 Satz 1, § 118 gelten sinngemäß mit der Maßgabe, daß auch eine Erhöhung nach vorstehendem Abs. 2 bei Anwendung des § 118 außer Betracht bleibt.

Erl. zu § 121:

Ruhegehaltfähige Dienstbezüge §§ 80 ff.

§ 122

(1) Die Unfallfürsorge wird nicht gewährt, wenn der Verletzte den Unfall entweder vorsätzlich oder grob fahrlässig herbeigeführt hat.

(2) Hat der Unfallverletzte eine die Heilbehandlung betreffende Anordnung ohne gesetzlichen oder sonst triftigen Grund nicht befolgt und wird dadurch seine Dienst- oder Erwerbsfähigkeit ungünstig beeinflußt, so kann die Unfallfürsorge insoweit versagt werden. Der Unfallverletzte ist auf diese Folgen schriftlich hinzuweisen. Satz 1 gilt nicht für Operationen, die einen erheblichen Eingriff in die körperliche Unversehrtheit bedeuten.

(3) Hinterbliebenenversorgung wird nicht gewährt, wenn die Ehe erst nach dem Unfall geschlossen ist.

(4) In den Fällen der Abs. 1 und 3 kann die oberste Dienstbehörde im Einvernehmen mit dem Reichsminister der Finanzen beim Vorliegen besonderer Umstände eine Versorgung bis zur gesetzlichen Höhe bewilligen.

Begründung:

In der Rechtsprechung ist der Standpunkt vertreten worden, daß der Verletzte zur Beseitigung von Unfallfolgen sich gegebenenfalls einer Operation zu unterziehen habe, wenn diese nach dem Gutachten sachverständiger Ärzte als gefahrlos gilt, nicht nennenswerte Schmerzen verursacht und eine wesentliche Besserung der Erwerbsfähigkeit des Verletzten erwarten läßt. Ein entsprechender Grundsatz ist daher im § 122 Abs. 2 festgelegt.

Erl. zu § 122:

Reichsminister der Finanzen vgl. § 165.

§ 123

(1) Unfallfürsorgeansprüche auf Grund dieses Gesetzes sind innerhalb einer Ausschlußfrist von zwei Jahren nach dem Eintritt des Unfalls bei dem Dienstvorgesetzten des Verletzten anzumelden. Die Frist gilt auch dann als gewahrt, wenn die Ansprüche bei der für den Wohnort des Berechtigten zuständigen unteren Verwaltungsbehörde angemeldet sind. In diesem Fall ist die Anmeldung unverzüglich an die zuständige Stelle abzugeben und der Beteiligte davon zu benachrichtigen.

(2) Nach Ablauf der Ausschlußfrist ist der Anmeldung nur Folge zu geben, wenn seit dem Unfall noch nicht zehn Jahre vergangen sind und wenn gleichzeitig glaubhaft nachgewiesen wird, daß eine den Anspruch begründende Folge des Unfalls erst später bemerkbar geworden oder daß der Berechtigte von der Verfolgung seines Anspruchs durch außerhalb seines Willens liegende Umstände abgehalten worden ist. Die Anmeldung muß, nachdem eine Unfallfolge bemerkbar geworden oder das Hindernis für die Anmeldung weggefallen ist, innerhalb dreier Monate erfolgen. Die Unfallfürsorge wird in diesen Fällen frühestens vom Tage der Anmeldung ab gewährt.

(3) Der Dienstvorgesetzte hat jeden Unfall, der ihm von Amts wegen oder durch Anmeldung der Beteiligten bekannt wird, sofort zu untersuchen. Den Beteiligten ist Gelegenheit zu geben, ihre Belange bei der Untersuchung zu wahren.

§ 124

(1) Aus Anlaß eines Dienstunfalls haben Ansprüche der Beamte nur in den Grenzen der §§ 107 bis 112 und 121 Abs. 1, 2 und 4, die Hinterbliebenen nur in den Grenzen der §§ 113 bis 118 und 121 Abs. 3. Sie haben sich wegen dieser Ansprüche an den für die Gewährung des Ruhegehalts zuständigen Dienstherrn auch dann zu halten, wenn sich der Unfall im Dienstbereich einer anderen öffentlichen Verwaltung ereignet hat.

(2) Weitergehende Ansprüche auf Grund allgemeiner gesetzlicher Vorschriften können gegen eine öffentliche Verwaltung oder ihre Bediensteten nur dann geltend gemacht werden, wenn der Unfall durch eine vorsätzliche unerlaubte Handlung eines Bediensteten verursacht ist.

(3) Ersatzansprüche gegen andere Personen bleiben unberührt.

Begründung:

§ 124 stellt fest, daß Ansprüche aus einem Dienstunfall nur gegen den eigenen Dienstherrn zu richten sind und sich in den Grenzen des § 124 auch dann halten müssen, wenn der Unfall sich im Bereich einer anderen öffentlichen Verwaltung ereignet hat. Weitergehende Ansprüche können gegen eine öffentliche Verwaltung oder ihre Bediensteten nur dann geltend gemacht werden, wenn der Unfall durch eine vorsätzliche unerlaubte Handlung eines Bediensteten verursacht ist. Abs. 3 sieht vor, daß Ersatzansprüche gegen andere als die in Abs. 1 und 2 genannten Personen unberührt bleiben. Bestehen also gegen sonstige Privatpersonen oder juristische Personen nach allgemeinem bürgerlichem Recht weitergehende Ansprüche, so kann sie der Beamte wie jeder andere Volksgenosse geltend machen.

§ 125

Die Ansprüche auf Erstattung der Kosten des Heilverfahrens (§ 109) und der Pflege (§§ 110, 111 Abs. 4)

können weder abgetreten noch verpfändet noch gepfändet werden.

Erl. zu § 125:

Vgl. dagegen §§ 39 und 126, andererseits § 96.

4. Gemeinsame Vorschriften für Wartegeld, Ruhegehalt, Witwen- und Waisengeld

a) Festsetzung und Zahlung der Versorgungsbezüge

Begründung:

Zu §§ 126 bis 135 (Gemeinsame Vorschriften für Wartegeld, Ruhegehalt, Witwen- und Waisengeld).

Die gleichmäßig für alle Versorgungsbezüge geltenden Vorschriften sind hier zusammengefaßt, um Wiederholungen oder Bezugnahmen auf andere Gesetzesstellen zu vermeiden und dadurch die Anwendung der Vorschriften zu erleichtern.

Nach der bisherigen Fassung der Ruhensvorschriften gilt als „Verwendung im öffentlichen Dienst" auch jede Beschäftigung bei privatrechtlichen Vereinigungen, Einrichtungen und Unternehmungen,

1. deren Einkünfte auf Grund gesetzlichen Zwanges aufgebracht werden,
2. deren Einkünfte überwiegend unmittelbar aus öffentlicher Hand fließen und deren Kapital sich überwiegend in öffentlicher Hand befindet.

Zu 1. haben sich Unzuträglichkeiten ergeben, weil sich die einschlägigen Verhältnisse im Laufe der Zeit völlig geändert haben.

Zu 2. ist gegen die Einbeziehung in den Begriff der „Verwendung im öffentlichen Dienst" von jeher eingewendet worden, daß sich durch die Beteiligung der öffentlichen Hand an den Betriebsmitteln oder am Kapital weder in den persönlichen noch in den wirtschaftlichen Verhältnissen der bei solchen privatrechtlichen Einrichtungen usw. beschäftigten Versorgungsberechtigten etwas ändere und es deshalb ungerechtfertigt sei, sie durch die Anwendung der Ruhensvorschriften in ihren Versorgungsbezügen schlechter zu stellen, als die in gleicher Dienststellung tätigen Volksgenossen bei privaten Arbeitgebern. Insbesondere wurde nicht verstanden, weshalb der oft lediglich vom Zufall abhängende Übergang der Aktien m e h r h e i t eines Unternehmens in die öffentliche Hand den Verlust der Versorgungsbezüge (zum Teil oder ganz) zur Folge habe. Um den Wünschen nach einer sozialeren Gestaltung der Ruhensvorschriften nach Möglichkeit zu entsprechen und auch aus Gründen der Verwaltungsvereinfachung ist in § 127 Abs. 4 des Gesetzentwurfs der Begriff der „Verwendung im öffentlichen Dienst" auf die Beschäftigung im Dienste des Reichs oder anderer Körperschaften usw. des öffentlichen Rechts oder der Verbände von solchen beschränkt und unter Schonung der Versorgungsberechtigten mit geringem Einkommen — insbesondere der Kriegsbeschädigten — diesem Dienst nur die Beschäftigung bei solchen privatrechtlichen Einrichtungen usw. gleichgestellt worden, deren g e s a m t e s Kapital sich in öffentlicher Hand befindet (Viag mit Reichs-Kredit-Gesellschaft, Deutsche Werke A.-G. usw.) und die zum Teil (z. B. Preußag) früher selbst Einrichtungen von Körperschaften des öffentlichen Rechts waren.

Die im Falle der Verwendung einer Witwe oder Waise im öffentlichen Dienst für die Regelung des Witwen- und Waisengeldes bisher geltenden Kürzungsgrenzen (beim Witwengeld das volle Diensteinkommen, aus dem das dem Witwengeld zugrunde liegende Ruhegehalt berechnet ist, beim Waisengeld die Hälfte dieses Diensteinkommens) haben sich in der Praxis als zu weitgehend erwiesen. Sie sind deshalb im § 127 Abs. 2 niedriger festgesetzt, und zwar für das Witwengeld auf 75 v. H., für das Waisengeld auf 40 v. H. des vorbezeichneten Diensteinkommens. Dementsprechend ist auch im § 131 die für die Regelung des Witwengeldes im Falle des Zusammentreffens mit einem von der Witwe selbst im öffentlichen Dienst erworbenen Versorgungsanspruch bisher geltende Kürzungsgrenze von 90 v. H. auf 60 v. H. des dem Witwengeld zugrunde liegenden Diensteinkommens oder, wenn für die Witwe günstiger, auf den Betrag des dem Witwengeld zugrunde liegenden Ruhegehalts herabgesetzt worden.

Die bisherige Vorschrift, wonach Ruhegehalt, Witwen- und Waisengeld ruhen, solange der Versorgungsberechtigte ohne Zustimmung der obersten Dienstbehörde seinen Wohnsitz oder dauernden Aufenthalt außerhalb des Deutschen Reichs hat, hat sich in Sonderfällen als unzureichend erwiesen. Sie ist deshalb im § 128 dahin ergänzt worden, daß Versorgungsbezüge, die hiernach länger als drei Jahre geruht haben, dem Versorgungsberechtigten durch den zuständigen Reichsminister entzogen werden können, also erlöschen.

§ 126

(1) Die oberste Dienstbehörde setzt das Wartegeld, Ruhegehalt, Witwen- und Waisengeld fest und bestimmt, an wen das Witwen- und Waisengeld zu zahlen ist. Sie kann diese Befugnisse im Einvernehmen mit dem Reichsminister der Finanzen auf andere Behörden übertragen.

(2) Die im Abs. 1 genannten Versorgungsbezüge sind für die gleichen Zeiträume zu zahlen wie die Dienstbezüge der Beamten.

(3) § 39 gilt sinngemäß.

Erl. zu § 126:

1. Die Vorschriften der §§ 126—147 gelten auch für die Altversorgungsempfänger § 184.

2. Reichsminister der Finanzen vgl. § 165.

3. Zu Abs. 3 vgl. auch §§ 96, 125.

b) Ruhen der Versorgungsbezüge

§ 127

(1) Ein Warte- oder Ruhestandsbeamter, der im öffentlichen Dienst verwendet wird, erhält seine Versorgungsbezüge nur insoweit, als das Einkommen aus der Verwendung hinter den für denselben Zeitraum bemessenen ruhegehaltfähigen Dienstbezügen zurückbleibt, aus denen die Versorgungsbezüge berechnet sind.

(2) Ein Witwen- oder Waisengeldberechtigter, der im öffentlichen Dienste verwendet wird, erhält sein Witwen- oder Waisengeld nur insoweit, als

1. das Einkommen der Witwe aus der Verwendung hinter fünfundsiebzig vom Hundert der für denselben Zeitraum bemessenen ruhegehaltfähigen Dienstbezüge zurückbleibt, aus denen das dem Witwengeld zugrunde liegende Ruhegehalt berechnet ist,

2. das Einkommen der Waise aus der Verwendung hinter vierzig vom Hundert der unter Nr. 1 bezeichneten Dienstbezüge zurückbleibt.

(3) Bei Anwendung der Vorschriften der Abs. 1 und 2 sind örtlich abgestufte Einkommensteile mit den für den Ort der Verwendung maßgebenden Sätzen und etwaige Zuschläge nach dem Familienstand und den Sätzen zur Zeit der Verwendung zu berücksichtigen. Dienstaufwandsgelder und Auslandszulagen sind außer Betracht zu lassen. Welche Einkommensteile als Dienstaufwandsgelder anzusehen sind, entscheidet auf Antrag der Reichsminister der Finanzen endgültig.

(4) Verwendung im öffentlichen Dienst im Sinne der Abs. 1 und 2 ist jede Beschäftigung im Dienste des Reichs oder anderer Körperschaften, Anstalten und Stiftungen des öffentlichen Rechts oder der Verbände von solchen. Ihr steht gleich die Beschäftigung mit einem Einkommen von mehr als 300 Reichsmark monatlich bei Vereinigungen, Einrichtungen und Unternehmungen, deren gesamtes Kapital (Grundkapital, Stammkapital) sich in öffentlicher Hand befindet; ob die Voraussetzungen zutreffen, entscheidet auf Antrag

der Behörde oder des Versorgungsberechtigten der Reichsminister der Finanzen endgültig.

(5) Die Beschäftigung im Dienst der Nationalsozialistischen Deutschen Arbeiterpartei oder ihrer Gliederungen gilt nicht als Verwendung im öffentlichen Dienst.

Erl. zu § 127:

1. Es sind folgende Fälle zu unterscheiden:
a) Verwendung eines Versorgungsempfängers im öffentlichen Dienst § 127;
b) Zusammentreffen mehrerer Versorgungsbezüge §§ 129 ff.;
c) Zusammentreffen von Versorgungsbezügen mit Leistungen der Sozialversicherung § 141.

Wegen der Aufhebung von Abschnitt II der PensionskürzungsVO. vom 6. Okt. 1931, RGBl. I S. 537 vgl. § 184 Abs. 2 Ziffer 6.

2. Reichsminister der Finanzen vgl. § 165.

§ 128

(1) Ruhegehalt, Witwen- und Waisengeld ruhen, solange der Versorgungsberechtigte

1. nicht deutscher Staatsangehöriger ist — die oberste Dienstbehörde kann Ausnahmen zulassen — oder
2. ohne Zustimmung der obersten Dienstbehörde seinen Wohnsitz oder dauernden Aufenthalt außerhalb des Deutschen Reichs hat.

§ 52 Abs. 2 gilt sinngemäß.

(2) Haben die Versorgungsbezüge nach Abs. 1 Nr. 2 länger als drei Jahre geruht, so können sie dem Versorgungsberechtigten durch den zuständigen Reichsminister entzogen werden. Die Entscheidung ist endgültig.

Erl. zu § 128:

Wohnsitz vgl. § 6 BGB.

c) Zusammentreffen mehrerer Versorgungsbezüge

§ 129

(1) Erhält ein Wartestandsbeamter aus einer Verwendung im öffentlichen Dienst (§ 127 Abs. 4) ein Wartegeld, ein Ruhegehalt oder eine ruhegehaltähnliche Versorgung, so ist daneben sein früheres Wartegeld nur bis zur Erreichung des Betrags zu zahlen, der sich unter Zugrundelegung der gesamten ruhegehaltfähigen Dienstzeit aus den der Festsetzung des früheren Wartegeldes zugrunde gelegten ruhegehaltfähigen Dienstbezügen als Wartegeld ergibt.

(2) Erhält ein Ruhestandsbeamter aus einer Verwendung im öffentlichen Dienst (§ 127 Abs. 4) ein Wartegeld, ein Ruhegehalt oder eine ruhegehaltähnliche Versorgung, so ist daneben sein früheres Ruhegehalt nur bis zur Erreichung des Betrags zu zahlen, der sich unter Zugrundelegung der gesamten ruhegehaltfähigen Dienstzeit aus den der Festsetzung des früheren Ruhegehalts zugrunde gelegten ruhegehaltfähigen Dienstbezügen als Ruhegehalt ergibt.

(3) § 127 Abs. 3 gilt sinngemäß.

§ 130

Erhält ein Witwen- oder Waisengeldberechtigter aus einer Verwendung des verstorbenen Beamten im öffentlichen Dienst (§ 127 Abs. 4) eine Versorgung, so ist daneben das frühere Witwen- und Waisengeld nur bis zur Erreichung des Betrags zu zahlen, der sich nach den Vorschriften dieses Gesetzes aus dem Ruhegehalt, das dem Verstorbenen nach § 129 zu zahlen gewesen ist oder zu zahlen gewesen wäre, als Witwen- und Waisengeld ergibt.

§ 131

Erhält eine Witwe, die vor ihrem Witwenstand oder während desselben im öffentlichen Dienste (§ 127 Abs. 4) verwendet war, ein Wartegeld, ein Ruhegehalt oder eine ruhegehaltähnliche Versorgung, so ist daneben das Witwengeld nur bis zur Erreichung von sechzig vom Hundert der ruhegehaltfähigen Dienstbezüge, aus denen das ihm zugrunde liegende Ruhegehalt berechnet ist, oder, wenn es für die Witwe günstiger ist, bis zur Erreichung des Ruhegehalts zu zahlen, das dem Witwengeld zugrunde liegt.

d) Erlöschen der Versorgungsbezüge

§ 132

(1) Ein Ruhestandsbeamter, gegen den wegen einer vor Eintritt in den Ruhestand begangenen Tat auf eine Strafe erkannt wird, die nach § 53 das Ausscheiden aus dem Beamtenverhältnis zur Folge hat, oder der wegen eines nach Eintritt in den Ruhestand begangenen Hoch- oder Landesverrats oder einer sonst mit dem Tode bedrohten Handlung zum Tode oder zu Zuchthaus oder wegen einer anderen vorsätzlichen hoch- oder landesverräterischen Handlung zu Gefängnis verurteilt wird, verliert mit der Rechtskraft des Urteils den Anspruch auf Ruhegehalt und Hinterbliebenenversorgung; er darf die Amtsbezeichnung und die im Zusammenhang mit dem Amte verliehenen Titel nicht führen und die Uniform nicht tragen. §§ 54, 55 gelten sinngemäß.

(2) Dieselben Folgen treten ein, wenn der Ruhestandsbeamte das Reichsbürgerrecht verliert oder ihm die deutsche Staatsangehörigkeit aberkannt ist.

Erl. zu § 132:

1. Ruhegehalt §§ 88 ff.; Hinterbliebenenversorgung §§ 92 ff.; Amtsbezeichnung § 37; Titel Erl. 1 zu § 37; Uniform § 20.
2. Übergangsvorschrift (zeitlich) § 181.

§ 133

(1) Das Witwen- und Waisengeld erlischt

1. für jeden Berechtigten mit Ende des Monats, in dem er sich verheiratet oder stirbt,
2. für jede Waise außerdem mit Ende des Monats, in dem sie das achtzehnte Lebensjahr vollendet,
3. für jeden Berechtigten, der wegen Hoch- oder Landesverrats oder einer sonst mit dem Tode bedrohten Handlung zum Tode oder zu Zuchthaus oder wegen einer anderen vorsätzlichen hoch- oder landesverräterischen Handlung zu Gefängnis verurteilt wird, mit der Rechtskraft des Urteils. §§ 54, 55 gelten sinngemäß,
4. für jeden Berechtigten, der das Reichsbürgerrecht verliert oder dem die deutsche Staatsangehörigkeit aberkannt ist.

(2) Das Waisengeld kann nach Vollendung des achtzehnten Lebensjahres weiter gewährt werden für eine ledige Waise,

1. die sich in der Schul- oder Berufsausbildung befindet, bis zum vollendeten vierundzwanzigsten Lebensjahr,
2. die infolge körperlicher oder geistiger Gebrechen dauernd außerstande ist, sich selbst zu unterhalten.

Im Fall der Unterbrechung der Schul- oder Berufsausbildung durch Erfüllung der gesetzlichen Arbeits- oder Wehrdienstpflicht kann das Waisengeld auch für einen der Zeit dieses Dienstes entsprechenden Zeitraum über das vierundzwanzigste Lebensjahr hinaus gewährt werden.

(3) Hat eine witwengeldberechtigte Witwe sich wieder verheiratet und stirbt der Ehemann, so kann nach dessen Tode der Witwe, falls sie keinen neuen Versorgungsanspruch erworben hat, ein Unterhaltsbeitrag bis zur Höhe des bei ihrer Wiederverheiratung erloschenen Witwengeldes auf Zeit oder Dauer widerruflich gewährt werden.

(4) Die nach Abs. 2 und 3 zulässigen Bewilligungen erfolgen durch die oberste Dienstbehörde im Einvernehmen mit dem Reichsminister der Finanzen.

Erl. zu § 133:

1. Reichsminister der Finanzen vgl. § 165.
2. Übergangsvorschrift (zeitlich) § 181.

e) Anzeigepflicht

§ 134

Die Beschäftigungsstelle (§§ 127, 129 bis 131) hat der Regelungsbehörde oder der die Versorgung zahlenden Kasse jede Verwendung eines Versorgungsberechtigten unter Angabe der gewährten Bezüge, ebenso jede spätere Änderung oder das Aufhören der Bezüge sowie die Gewährung einer Versorgung unverzüglich anzuzeigen.

§ 135

(1) Der Wartestandsbeamte ist verpflichtet, seinem Dienstvorgesetzten und der das Wartegeld zahlenden Kasse den Bezug eines Einkommens (§ 127) und einer Versorgung (§ 129) aus einer Verwendung im öffentlichen Dienst unverzüglich anzuzeigen.

(2) Der Ruhestandsbeamte, Witwen- und Waisengeldberechtigte ist verpflichtet, der Regelungsbehörde oder der die Versorgung zahlenden Kasse

1. den Verlust der deutschen Staatsangehörigkeit (§ 128 Abs. 1 Nr. 1),
2. die Verlegung des Wohnsitzes oder dauernden Aufenthalts nach einem Orte außerhalb des Deutschen Reichs (§ 128 Abs. 1 Nr. 2),
3. den Bezug eines Einkommens (§ 127) oder einer Versorgung (§§ 129 bis 131) aus einer Verwendung im öffentlichen Dienst, der Witwen- und Waisengeldberechtigte auch die Verheiratung (§ 133 Abs. 1 Nr. 1)

unverzüglich anzuzeigen.

(3) Kommt ein Versorgungsberechtigter der ihm im Abs. 1 und Abs. 2 Nr. 3 auferlegten Verpflichtung nicht nach oder gibt er sein Einkommen vorsätzlich oder grob fahrlässig zu niedrig an, so kann ihm die Versorgung ganz oder teilweise auf Zeit oder Dauer entzogen werden. Auf Einspruch des Versorgungsberechtigten entscheidet die Dienststrafkammer des Bezirks, in dem er seinen Wohnsitz hat, durch Beschluß endgültig. Beim Vorliegen besonderer Verhältnisse kann die Versorgung ganz oder teilweise wieder zuerkannt werden. Zuständig ist für die Entscheidung nach Satz 1 die zur Einleitung des förmlichen Dienststrafverfahrens befugte Behörde, für die Entscheidung nach Satz 3 die oberste Dienstbehörde im Einvernehmen mit dem Reichsminister der Finanzen.

Erl. zu § 135:

Reichsminister der Finanzen vgl. § 165.

5. Versorgungsrechtliche Sondervorschriften

Begründung:

Zu §§ 136 bis 141 (Versorgungsrechtliche Sondervorschriften). Der Verlust des Ruhegehalts und der Hinterbliebenenversorgung bei gerichtlicher Verurteilung (§ 132, § 133 Abs. 1 Nr. 3) ist in Anlehnung an die §§ 54, 55 geregelt worden.

Im § 133 Abs. 3 ist die bisherige Einschränkung, daß die Vergünstigung nur eintrat, wenn der Ehemann innerhalb von 10 Jahren starb, weggefallen, weil sie sich als zu eng erwiesen hat.

In § 137 Abs. 2 Nr. 1 und Nr. 4 ist § 54 und § 132 angeführt, weil der Führer und Reichskanzler auf Grund seines Gnadenrechts auch einen Unterhaltsbeitrag bewilligen kann.

Der bisher nur im § 12 des Unfallfürsorgegesetzes vom 18. Juni 1901 enthaltene Gedanke ist im § 139 zur Wahrung der finanziellen Belange der öffentlich-rechtlichen Körperschaften auf alle Versorgungsfälle ausgedehnt worden. Dabei geht der Entwurf von der Auffassung aus, daß es unbillig wäre, wenn der zum Schadensersatz verpflichtete Dritte den von ihm angerichteten Schaden zu einem Teil deshalb nicht zu ersetzen brauchte, weil der Dienstherr dem Geschädigten eine Versorgung gewähren muß. Soweit die Rechtsprechung in der Frage des Beamtenruhegehalts eine andere Auffassung vertreten hat, wird dieser durch den § 139 die Grundlage entzogen.

Die Beantwortung der für die Nachentrichtung von Beiträgen auf Grund der Sozialversicherung grundlegenden Frage, ob eine beamtenrechtliche Versorgung als gleichwertige Leistung im Sinne der Vorschriften der Sozialversicherung zu gelten habe, erforderte bisher umständliche Berechnungen, obwohl die Frage tatsächlich stets im bejahenden Sinn zu beantworten war. Um diese Berechnungen künftig entbehrlich zu machen, spricht § 141 Abs. 1 die Gleichwertigkeit bindend aus.

Nach der Sozialversicherung hat eine Nachentrichtung von Beiträgen stets zu erfolgen, wenn an die Stelle der Sozialleistung keine gleichwertige andere Leistung tritt.

Da eine Nachentrichtung in den Fällen der Nichtigkeit einer Ernennung (§ 32) der Entfernung aus dem Dienst durch Dienststrafurteil (§ 50 Abs. 1 Nr. 4), des Verlustes der Reichsangehörigkeit (§ 51), der nicht genehmigten Verlegung des Wohnsitzes in das Ausland (§ 52) oder des Ausscheidens aus dem Beamtenverhältnis infolge strafgerichtlicher Verurteilung (§ 53) unbillig ist, weil die gedachten Maßnahmen auf Gründe zurückzuführen sind, die in der Person des Beamten beruhen, in den Fällen der §§ 50 Abs. 1 Nr. 4 und 53 u. U. sogar eine ungerechtfertigte Doppelversorgung eintreten kann, wird durch § 141 Abs. 2 die Nachentrichtung in derartigen Fällen untersagt. Daß die Nachentrichtung von Beiträgen anläßlich des Ausscheidens eines verheirateten weiblichen Beamten (§ 63) zu unterbleiben hat, entspricht bisherigem Recht.

§ 136

(1) Die oberste Dienstbehörde kann Witwen und Waisen die Versorgungsbezüge jeweils bis zur Dauer von zwei Jahren entziehen, wenn sie sich staatsfeindlich betätigt haben.

(2) Die diese Maßnahmen rechtfertigenden Tatsachen sind in einem Untersuchungsverfahren festzustellen, in dem die eidliche Vernehmung von Zeugen und Sachverständigen zulässig und der Versorgungsberechtigte zu hören ist.

(3) Ist gegen eine Witwe oder Waise ein Strafverfahren wegen staatsfeindlicher Betätigung eingeleitet worden, so ist die Maßnahme bis zur rechtskräftigen Beendigung des Strafverfahrens auszusetzen. Die oberste Dienstbehörde kann anordnen, daß bis zu diesem Zeitpunkt ein Teil, höchstens ein Drittel der Versorgungsbezüge einbehalten wird. Nach rechtskräftiger Beendigung des Strafverfahrens ist dann die Entziehung

nur insoweit zulässig, als die zu entziehenden Versorgungsbezüge die einbehaltenen Beträge übersteigen.

(4) Die Entscheidung der obersten Dienstbehörde ist endgültig.

§ 137

(1) Die gemeinsamen Vorschriften der §§ 126 bis 136 gelten sinngemäß auch für die sonstigen Versorgungsbezüge und Bezugsberechtigten.

(2) Dabei gelten

1. Unterhaltsbeitrag nach §§ 54, 76 Abs. 3, § 120 (für den Beamten), § 121 Abs. 1, 2 und 4, §§ 132, 149 Abs. 3 Satz 1 als Ruhegehalt,
2. Unterhaltsbeitrag nach §§ 103, 120 (für die Hinterbliebenen), § 121 Abs. 3, § 149 Abs. 3 Satz 2 als Witwen- oder Waisengeld,
3. Unterhaltsbeitrag nach §§ 54, 102, 117, 133 Abs. 1 Nr. 3, Abs. 3 als Witwengeld,
4. Unterhaltsbeitrag nach §§ 54, 97 Abs. 3, § 133 Abs. 1 Nr. 3 als Waisengeld.

(3) Ferner gelten

1. die Bezüge der entpflichteten Beamten als Ruhegehalt,
2. die Bezüge der unter Belassung des vollen Gehalts vom Amt enthobenen Beamten als Wartegeld.

Erl. zu § 137:

Übergangsgeld der Reichsminister, Reichsstatthalter, Vorsitzenden und Mitglieder einer Landesregierung §§ 162, 177; Unterhaltsbeitrag der zur Dienstentlassung Verurteilten § 64 RDStO.

§ 138

Werden für die Handhabung der Vorschriften des Abschnitts VIII allgemeine Richtlinien aufgestellt, so kann ihre Durchführung auf andere Dienstbehörden übertragen werden.

§ 139

Steht Personen, die nach Vorschriften dieses Gesetzes versorgungsberechtigt sind, infolge eines Ereignisses, das den Dienstherrn zur Gewährung oder Erhöhung von Versorgungsbezügen verpflichtet, gegen Dritte ein gesetzlicher Schadensersatzanspruch zu, so geht dieser Anspruch im Umfange dieser Versorgungsbezüge auf den Dienstherrn über. Dies gilt nicht für Ansprüche, die wegen eines Schadens bestehen, der nicht Vermögensschaden ist. Der Übergang des Anspruchs kann nicht zum Nachteil des Versorgungsberechtigten geltend gemacht werden.

§ 140

Werden Versorgungsberechtigte im öffentlichen Dienst (§ 127 Abs. 4) verwendet, so sind ihre Bezüge aus dieser Beschäftigung ohne Rücksicht auf die Versorgungsbezüge zu bemessen. Das gleiche gilt für eine auf Grund der Beschäftigung zu gewährende Versorgung.

§ 141

(1) Eine Versorgung nach diesem Gesetz entspricht den Erfordernissen in § 1234 der Reichsversicherungsordnung, § 11 des Angestelltenversicherungsgesetzes und § 29 des Reichsknappschaftsgesetzes.

(2) Die Nachentrichtung von Beiträgen nach § 1242 a der Reichsversicherungsordnung, § 18 des Angestelltenversicherungsgesetzes und § 29 des Reichsknappschaftsgesetzes unterbleibt, wenn eine lebenslängliche Versorgung nach diesem Gesetz gewährt wird, oder wenn das Beamtenverhältnis endet infolge

1. Nichtigkeit der Ernennung (§ 32),
2. Entfernung aus dem Dienst (§ 50 Abs. 1 Nr. 4),
3. Ausscheidens nach §§ 51 bis 53 oder
4. Entlassung nach § 63.

Für einen nach § 63 entlassenen weiblichen Beamten lebt die Pflicht zur Nachentrichtung der Beiträge auf, wenn die Ehe gelöst wird, ohne daß die Ehefrau eine der Reichsversicherung entsprechende Leistung erhält oder erhalten hat und die Ehefrau wiederum eine versicherungspflichtige Beschäftigung aufnimmt. Werden Beiträge nachentrichtet, so gilt die Zeit vom Ausscheiden aus der versicherungsfreien Beschäftigung bis zum Eintritt in die versicherungspflichtige Beschäftigung als Ersatzzeit für die Aufrechterhaltung der Anwartschaft.

(3) Wird ein Unterhaltsbeitrag nach § 76 Abs. 3 auf Zeit bewilligt, so wird die Nachentrichtung der Beiträge zur Reichsversicherung bis zum Ablauf dieser Zeit aufgeschoben. Werden diese Beiträge nach Wegfall des Unterhaltsbeitrags nachentrichtet, so gilt die Zeit seiner Bewilligung als Ersatzzeit für die Aufrechterhaltung der Anwartschaft.

(4) Die Nachentrichtung der Beiträge zur Reichsversicherung für Verletzte, die einen Unterhaltsbeitrag nach § 121 erhalten, regelt der Reichsarbeitsminister im Einvernehmen mit dem Reichsminister der Finanzen.

Abschnitt IX

Rechtsweg wegen vermögensrechtlicher Ansprüche

Zu Abschnitt IX:

Zu §§ 142 bis 147. Neu sind die Vorschriften der §§ 142 bis 147 insofern, als vermögensrechtliche Ansprüche einschließlich der aus verletzter Fürsorgepflicht entstehenden Schadenersatzansprüche der Beamten, der Ruhestandsbeamten und der Hinterbliebenen gegen den Dienstherrn durch Klage vor den Verwaltungsgerichten geltend zu machen sind, und als der vor dem Jahre 1919 in den meisten Ländern bestehende Rechtszustand wiederhergestellt ist, daß bei Klagen eines Dritten wegen Verletzung der Amtspflicht eines Beamten die oberste Dienstbehörde oder die von ihr bestimmte Behörde Einspruch einlegen kann, wenn sie der Auffassung ist, daß keine Verletzung der Amtspflicht vorliegt. Über den Einspruch entscheidet das Reichsverwaltungsgericht. Von der Vorabentscheidung vor Erhebung der Klage ist abgesehen worden, um nicht das Reichsverwaltungsgericht mit solchen Sachen zu überlasten, in denen ein Einspruch nicht zu erheben ist, oder bei denen es sich im Laufe der Beweiserhebung vor dem Gericht herausstellt, daß eine Amtspflichtverletzung vorliegt. In solchen Fällen wird die Behörde im allgemeinen keinen Einspruch erheben. Der Einspruch kann in jeder Lage des Verfahrens erhoben werden. Der Grund für die neue Regelung liegt darin, daß in diesen Klagen wesentlich über Fragen der Verwaltung und des Verwaltungsrechts zu entscheiden ist. Aus den gleichen Erwägungen erklärt sich auch die für die Beamten der Justizverwaltung in § 142 Abs. 2 Satz 2 und § 147 Abs. 3 festgesetzte Ausnahme.

Da das Reichsverwaltungsgericht noch nicht errichtet ist, verbleibt es für das Verfahren bis dahin nach § 189 bei den bisherigen Vorschriften.

§ 142

(1) Vermögensrechtliche Ansprüche des Beamten, des Ruhestandsbeamten und der Hinterbliebenen aus dem

Beamtenverhältnis werden durch Klage vor den Verwaltungsgerichten geltend gemacht.

(2) Für Ansprüche des Dienstherrn aus dem Beamtenverhältnis gilt das gleiche. Ansprüche gegen Beamte der Justizverwaltung aus Amtspflichtverletzungen, die sie in oder bei Ausübung der Rechtspflege begangen haben, werden vor den ordentlichen Gerichten geltend gemacht.

Erl. zu § 142:

1. Die Vorschrift des Abschnitts IX gilt auch für Reichsminister, Reichsstatthalter, Vorsitzende und Mitglieder einer Landesregierung §§ 156, 177; für Reichsbahn und Reichsbank § 153.

2. Überleitung §§ 171 (richterliche Beamte); 182 und 184 (zeitlich); wegen der Beamten und Seelsorger der öffentlich-rechtlichen Religionsgesellschaften und deren Verbände § 174.

§ 143

(1) Die Klage nach § 142 Abs. 1 ist erst zulässig, wenn die oberste Dienstbehörde den Anspruch abgelehnt hat oder wenn sie innerhalb von sechs Monaten, nachdem ihr der Antrag zugegangen ist, nicht entschieden hat. Die Klage muß bei Verlust des Klagerechts innerhalb von sechs Monaten nach Bekanntgabe der Entscheidung oder nach Ablauf der für diese bestimmten Frist erhoben werden.

(2) Ein Bescheid nach §§ 126 bis 133 gilt als Entscheidung im Sinne des Abs. 1. Die Klage muß bei Verlust des Klagerechts innerhalb von sechs Monaten nach Zustellung des Bescheides erhoben werden. Hat eine nachgeordnete Behörde den Bescheid erteilt, so kann der Anspruch auch innerhalb von sechs Monaten

nach Zustellung des Bescheides im Beschwerdewege bei der obersten Dienstbehörde geltend gemacht werden; in diesem Fall gilt Abs. 1.

§ 144

Der Dienstherr wird durch die oberste Dienstbehörde vertreten, der der Beamte untersteht oder bei der Beendigung des Beamtenverhältnisses unterstanden hat; bei Ansprüchen nach §§ 127 bis 133 wird der Dienstherr durch die oberste Dienstbehörde vertreten, der die Regelungsbehörde untersteht. Besteht die Dienstbehörde nicht mehr, und ist eine Rechtsnachfolgerin nicht bestimmt, so tritt an ihre Stelle der Reichsminister der Finanzen. Die oberste Dienstbehörde kann die Vertretung durch eine allgemeine Anordnung anderen Behörden übertragen. Die Anordnung ist im Ministerialblatt des Reichsministerium des Innern bekanntzumachen.

Erl. zu § 144:

Reichsminister der Finanzen vgl. § 165.

§ 145

(1) Für die Klage ist das Verwaltungsgericht zuständig, in dessen Bezirk die zur Vertretung des Dienstherrn befugte Behörde ihren Sitz hat.

(2) Für die Entscheidung im letzten Rechtszuge ist das Reichsverwaltungsgericht zuständig.

Erl. zu § 145:

Überleitung (zeitlich) §§ 182, 184.

§ 146

Die Entscheidungen der Verwaltungsbehörden darüber, ob und von welchem Zeitpunkt ab das Beamtenverhältnis endet oder der Beamte in den Wartestand zu versetzen ist, sind für die Beurteilung der vor dem Gericht geltend gemachten vermögensrechtlichen Ansprüche bindend. Gleiches gilt für die Entscheidungen der Dienststrafgerichte sowie für die Entscheidungen, die in diesem Gesetz für endgültig erklärt worden sind.

§ 147

(1) Wird ein Anspruch wegen Verletzung einer Amtspflicht vor den ordentlichen Gerichten geltend gemacht, so kann die oberste Dienstbehörde oder die von ihr bestimmte Behörde Einspruch einlegen, wenn sie der Auffassung ist, daß keine Verletzung einer Amtspflicht vorliegt. Legt die Behörde Einspruch ein, so hat sie unverzüglich eine Entscheidung des Reichsverwaltungsgerichts über den Einspruch herbeizuführen. Hält das Reichsverwaltungsgericht die Verletzung einer Amtspflicht nicht für vorliegend, so spricht es dies mit bindender Wirkung für das ordentliche Gericht aus. Anderenfalls überläßt es die Entscheidung über das Vorliegen einer Verletzung der Amtspflicht dem ordentlichen Gericht.

(2) Die Vorschrift des Abs. 1 gilt auch, wenn ein Anspruch wegen Verletzung einer Amtspflicht auf das Verhalten einer Person gestützt wird, die nicht Beamter im Sinne dieses Gesetzes ist.

(3) Die Vorschrift findet keine Anwendung bei Amtspflichtverletzungen von Beamten der Justizverwaltung, die sie in oder bei Ausübung der Rechtspflege begangen haben.

Erl. zu § 147:

Überleitung (zeitlich) §§ 182, 184.

Abschnitt X

Voraussetzungen für die Einrichtung von Amtsstellen

§ 148

(1) Stellen für Beamte dürfen nur eingerichtet werden, soweit sie die Wahrnehmung obrigkeitlicher Aufgaben in sich schließen oder aus Gründen der Staatssicherheit nicht von Angestellten oder Arbeitern versehen werden dürfen; ohne diese Voraussetzungen sind Stellen für Beamte einzurichten, soweit es der Reichsminister des Innern mit Zustimmung des Reichsministers der Finanzen zur Unterbringung von Versorgungsanwärtern bestimmt. Als obrigkeitliche Aufgabe gilt insbesondere nicht eine Tätigkeit, die sich ihrer Art nach von solchen des allgemeinen Wirtschaftslebens nicht unterscheidet, sowie eine Tätigkeit im Verwaltungsdienste, die sich in mechanischen Hilfeleistungen, im Schreibdienst und in einfachen Büroarbeiten erschöpft.

(2) Andere Körperschaften des öffentlichen Rechts als Gebietskörperschaften, ferner Anstalten und Stiftungen des öffentlichen Rechts dürfen neue Stellen für Beamte nur einrichten, wenn der zuständige Reichsminister im Einvernehmen mit dem Reichsminister der Finanzen ihnen hierzu seine Zustimmung erteilt hat.

(3) Beamte im Vorbereitungsdienst dürfen auch eingestellt werden, wenn Amtsstellen für sie nicht bestehen.

(4) Als Planstellen dürfen Amtsstellen nach Abs. 1 Satz 1 nur eingerichtet werden, wenn sie dauernd erforderlich sind.

1. Gebietskörperschaften sind Länder, Gemeinden, Ämter, Kreise, Provinzialverbände, nicht Zweckverbände.
2. Dauernd erforderlich vgl. §§ 27, 28.

Abschnitt XI

Ehrenbeamte

§ 149

(1) Wer mit ehrenamtlicher Tätigkeit betraut wird, ist Beamter, wenn ihm eine Urkunde ausgehändigt worden ist, in der die Worte „unter Berufung in das Beamtenverhältnis als Ehrenbeamter" enthalten sind.

(2) Für Ehrenbeamte gelten die Vorschriften dieses Gesetzes mit Ausnahme von § 10 Abs. 2 und 3, §§ 11, 14 (Nebenbeschäftigung), § 16 (Arbeitszeit), § 19 (Wohnung), § 28 Abs. 2 Nr. 1 (Lebensalter), § 29 Abs. 3 (Wiederübernahme eines Amts), § 35 (Versetzung), §§ 38, 39 (Dienstbezüge), §§ 43 bis 49 (Wartestand), § 60 (Entlassung auf Antrag), §§ 63 bis 65 (Verheiratung weiblicher Beamten) und des Abschnitts VIII (Versorgung). Wenn die Voraussetzungen für die Versetzung in den Wartestand oder Ruhestand gegeben sind, ist der Ehrenbeamte zu verabschieden. Im Fall des § 33 Abs. 2 kann der zuständige Reichsminister seine Befugnisse für Gruppen von Ehrenbeamten auf andere Behörden übertragen.

(3) Erleidet der Ehrenbeamte einen Dienstunfall im Sinne des § 107, so kann ihm außer dem Heilverfahren (§ 109) von der obersten Dienstbehörde im Einvernehmen mit dem Reichsminister der Finanzen ein nach billigem Ermessen festzusetzender Unterhaltsbeitrag widerruflich gewährt werden. Ein Unterhaltsbeitrag kann auch seinen Hinterbliebenen widerruflich gewährt werden.

(4) Im übrigen richten sich die Rechtsverhältnisse der Ehrenbeamten nach den besonderen für die einzelnen Gruppen von Ehrenbeamten maßgebenden Vorschriften.

Begründung:

Zu Abschnitt XI:

In § 149 wird in Abs. 1 der Begriff des Ehrenbeamten erläutert. Es wird festgestellt, daß nicht jeder, der mit ehrenamtlicher Tätigkeit betraut ist, Ehrenbeamter ist, sondern daß dies nur derjenige ist, der eine Ernennungsurkunde als Ehrenbeamter erhalten hat. Wann mit ehrenamtlicher Tätigkeit beauftragte Personen eine Ernennungsurkunde zu erhalten haben, richtet sich nach dem Recht, in dem diejenige ehrenamtliche Tätigkeit organisatorisch festgelegt ist, die im einzelnen Falle in Betracht kommt. So sind die Gemeinderäte nach der Deutschen Gemeindeordnung Ehrenbeamte, während die Schöffen bei Gericht es nicht sind. In den weiteren Absätzen von § 155 wird klargestellt, welche Vorschriften dieses Gesetzes für die Ehrenbeamten gelten und welche nicht.

Ehrenbeamte erhalten für ihre Dienste keine Vergütungen oder Dienstbezüge. Sie haben für die Sicherstellung ihres Unterhalts im freien Erwerbsleben selbst zu sorgen. Es entspricht der Billigkeit, daß ihnen bei einem Dienstunfall ein Heilverfahren und nötigenfalls ein ihren wirtschaftlichen Verhältnissen angepaßter Unterhaltsbeitrag für sie und ihre Hinterbliebenen widerruflich gewährt werden kann. Es ist ferner, da § 10 Abs. 1 für sie gilt, die Möglichkeit gegeben, sie z. B. im Gemeindedienst zur Wahrnehmung einer Nebentätigkeit heranzuziehen.

Erl. zu § 149:

1. Reichsminister der Finanzen vgl. § 165.
2. Abs. 4 hält auch die Möglichkeit offen, daß einzelne Vorschriften, deren Anwendbarkeit nach Abs. 2 ausgeschlossen ist, auf Grund besonderer Vorschrift für einzelne Gruppen von Ehrenbeamten gelten.

§ 150

Die Wahlkonsuln sind Ehrenbeamte auf Widerruf. Ihre Rechtsverhältnisse regelt der Reichsminister des Auswärtigen im Einvernehmen mit dem Reichsminister des Innern durch Verordnung.

Begründung:

Zu § 150. Die Rechtsverhältnisse der Wahlkonsuln, die auch bisher schon Beamte auf Widerruf waren, weichen in mehrfacher Beziehung von denen der übrigen Beamten ab. Ihre Regelung in einer besonderen Verordnung erschien deshalb angezeigt.

Abschnitt XII

Besonderheiten für mittelbare Reichsbeamte

§ 151

(1) Ist Dienstherr eines Beamten eine der staatlichen Aufsicht unterstellte Körperschaft, Anstalt oder Stiftung des öffentlichen Rechts, so kann die oberste Aufsichtsbehörde erforderlichenfalls im Einvernehmen mit dem Reichsminister der Finanzen in denjenigen Fällen, in denen nach diesem Gesetz die oberste Dienstbehörde die Entscheidung hat, sich diese Entscheidung vorbehalten oder die Entscheidung von ihrer vorherigen Genehmigung abhängig machen; auch kann sie verbindliche Grundsätze für die Entscheidung aufstellen. Sie kann diese Rechte auf nachgeordnete Aufsichtsbehörden übertragen.

(2) Hat ein Beamter keinen Dienstvorgesetzten, so bestimmt die oberste Aufsichtsbehörde, wer die nach diesem Gesetz dem Dienstvorgesetzten übertragenen Zuständigkeiten wahrnimmt.

(3) Unberührt bleiben die Vorschriften über eine vorzeitige Beendigung der Amtszeit der Beamten auf Zeit und über die damit verbundenen Rechtsfolgen.

(4) Unberührt bleiben ferner Vorschriften, die an-

deren Stellen bei der Ernennung und Entlassung von Beamten Rechte einräumen.

(5) Genehmigte statutarische Vorschriften stehen gesetzlichen Vorschriften im Sinne des § 29 Abs. 1 gleich.

(6) Für öffentlich-rechtliche Körperschaften, die nicht Gebietskörperschaften sind und Behörden nicht besitzen, tritt für die in diesem Gesetz einer Behörde übertragenen oder zu übertragenden Zuständigkeiten die zuständige Verwaltungsstelle.

Zu Abschnitt XII:

Zu § 151. Nach § 2 Abs. 4 des Entwurfs ist oberste Dienstbehörde des Beamten die oberste Behörde seines unmittelbaren Dienstherrn. Dementsprechend ist die oberste Dienstbehörde etwa des Gemeindebeamten im Sinne des Entwurfs der Bürgermeister. Der Entwurf weist nun eine Reihe wichtiger Entscheidungen der obersten Dienstbehörde des Beamten zu und knüpft an die Entscheidung dieser Stelle besondere Rechtsfolgen, z. B. den Ausschluß des Rechtsweges. § 151 sieht vor, daß die oberste Aufsichtsbehörde der Körperschaft, Anstalt oder Stiftung des öffentlichen Rechts die Entscheidung in diesen Fällen sich selbst vorbehalten oder die Entscheidung von ihrer vorhergehenden Genehmigung abhängig machen kann. Im Wege der Durchführungsbestimmungen wird daher für den mittelbaren Reichsdienst im einzelnen noch Bestimmung zu treffen sein, welche von den nach diesem Gesetz für die oberste Dienstbehörde vorgesehenen Entscheidungen dem Leiter der Körperschaft des öffentlichen Rechts überlassen bleiben kann, und in welchen Fällen eine Entscheidung oder Mitwirkung des zuständigen Reichsministers oder ihm nachgeordneter Aufsichtsbehörden erfolgt.

§ 151 Abs. 3 läßt die Vorschriften für eine vorzeitige Beendigung der Amtszeit der Beamten auf Zeit und über die damit verbundenen Rechtsfolgen unberührt. Hierzu wird beispielsweise auf § 45 der Deutschen Gemeindeordnung verwiesen.

§ 151 Abs. 4 stellt fest, daß die Vorschriften über die

Mitwirkung anderer Stellen bei der Ernennung und Entlassung von mittelbaren Reichsbeamten unberührt bleiben. Hierbei ist an Vorschriften der verschiedensten Art gedacht, z. B. an solche über die gesetzlich geregelte Mitwirkung des Staates oder der Partei bei der Besetzung von Stellen im Gemeindedienst, ebenso auch an gesetzliche Vorschriften über die Mitwirkung von Gemeinden bei der Besetzung von Lehrerstellen oder an satzungsmäßige Vorschriften über die Mitwirkung von Gemeinden oder Gemeindeverbänden bei der Besetzung von Stellen in anderen Körperschaften des öffentlichen Rechts.

Zu § 151 Abs. 5 vgl. die Begründung zu § 29.

Erl. zu § 151:

1. Mittelbare Reichsbeamte vgl. § 2.

2. Die Regelung nach Abs. 1 wird durch die DurchfVO. erfolgen.

3. Beamte, die keinen Dienstvorgesetzten haben, sind fast alle Leiter der Körperschaften des öffentlichen Rechts, z. B. der Bürgermeister, der Zweckverbandvorsteher.

4. Zu Abs. 3 vgl. z. B. Erste DurchfVO. zur DGO. §§ 17—19 zu § 45 DGO. RGBl. I, 1935 S. 393 ff.

5. Ernennung §§ 24 ff.; Entlassung §§ 57 ff.

Rechte anderer Stellen bei der Ernennung und Entlassung von Beamten, z. B. Bestätigungs- oder Genehmigungsrechte des Staates, Mitwirkung des Beauftragten der NSDAP. bei der Besetzung von Bürgermeisterstellen, Recht der preußischen Provinzialverwaltungen zur Besetzung der leitenden Stellen der Landesversicherungsanstalten, Mitwirkung der Gemeinden bei der Besetzung von Volksschullehrerstellen (in Preußen) usw.

6. Statutarische Vorschriften, z. B. der Provinzen für die Landesratsstellen.

7. Beispiel zu Abs. 6: der Verwaltungsrat einer Landesbank.

§ 152

Für die mittelbaren Reichsbeamten, die Beamte der Gebietskörperschaften sind, kann der Reichsminister des Innern, in Besoldungs- und Versorgungsangelegenheiten mit Zustimmung des Reichsministers der Finan-

zen, übergangsweise im Verordnungswege die Weitergeltung von Vorschriften des Landesrechts anordnen oder zulassen; auch kann er diese im Verordnungswege an den neuen Rechtszustand angleichen.

Begründung:

Zu § 152. Das Recht der Beamten der Gebietskörperschaften weicht zum Teil nicht unwesentlich von dem für die unmittelbaren Reichsbeamten vorgesehenen Recht ab. So ergeben sich z. B. durch das Vorhandensein der gemeindlichen Ruhegehaltskassen gewisse Abweichungen im Versorgungsrecht. Es erscheint schon zur Vermeidung finanzieller Schwierigkeiten erforderlich, die Überleitung in das neue Recht auf verschiedenen Gebieten erst allmählich vorzunehmen. § 152 schafft die Möglichkeit hierzu.

Erl. zu § 152:

Gebietskörperschaften vgl. Erl. 1 zu § 148.

§ 153

(1) Die Reichsbank und die Deutsche Reichsbahn sind ermächtigt, diesem Gesetz entsprechende Vorschriften zu erlassen.

(2) Die Beamten der Reichsbank und der Deutschen Reichsbahn haben die Stellung von mittelbaren Reichsbeamten. Bei der Anwendung des § 81 gilt ihr Dienst als mittelbarer Reichsdienst. Die Vorschriften des Abschnitt IX über den Rechtsweg wegen vermögensrechtlicher Ansprüche gelten für sie.

Erl. zu § 153.

Vgl. das inzwischen ergangene Gesetz zur Neuregelung der Verhältnisse der Reichsbank und der Deutschen Reichsbahn vom 10. Febr. 1937, RGBl. II S. 47; nach Art. II sind die Beamten der Reichsbahn unmittelbare Reichsbeamte.

§ 154

Die Vorschriften für die Nationalsozialistische Deutsche Arbeiterpartei als Körperschaft des öffentlichen Rechts erläßt der Führer.

Begründung:

Zu § 154. Die Nationalsozialistische Deutsche Arbeiterpartei ist eine Körperschaft des öffentlichen Rechts. Ihre Satzung bestimmt der Führer (§ 1 des Gesetzes zur Sicherung der Einheit von Partei und Staat vom 1. Dezember 1933 (Reichsgesetzbl. I S. 1016). Den vom Führer zu erlassenden Vorschriften kann durch dieses Gesetz nicht vorgegriffen werden. Die Anwendung des Gesetzes auf die Partei mußte deshalb hier ausdrücklich ausgeschlossen werden.

Erl. zu § 154:

Vgl. auch das Gesetz zur Sicherung der Einheit von Partei und Staat vom 1. Dez. 1933, RGBl. I S. 1016.

§ 155

Für Beamte von Körperschaften, Anstalten und Stiftungen des öffentlichen Rechts, die nicht unter §§ 152 bis 154 fallen, kann der zuständige Reichsminister im Einvernehmen mit dem Reichsminister des Innern und erforderlichenfalls mit dem Reichsminister der Finanzen Ausnahmen von den Vorschriften dieses Gesetzes zulassen oder anordnen.

Begründung:

Zu § 155. Das Recht der Beamten in diesen Körperschaften des öffentlichen Rechts ist, entsprechend der geschichtlichen Entwicklung, z. Zt. noch recht weitgehend unterschiedlich, ohne daß diese Unterschiede durch sachliche Umstände gerechtfertigt wären. Die vorgesehene Lösung wird dazu führen, das Recht der Beamten dieser Körperschaften des öffentlichen Rechts insoweit auf die Vorschriften des Deutschen Beamtengesetzes einzustellen, als nicht eine aus der Eigenart ihres Dienstes sich ergebende unabweisbare Notwendigkeit zu Unterschieden besteht.

Erl. zu § 155:

Beispiele: Reichsnährstand, Reichskulturkammer, Reichsfremdenverkehrsverband, Sozialversicherungsträger, öffentlich-rechtliche Kreditanstalten, wasserrechtliche Körperschaften.

Abschnitt XIII

Reichsminister

§ 156

(1) Die Reichsminister werden vom Führer und Reichskanzler ernannt; sie stehen zum Führer und zum Reich in einem öffentlich-rechtlichen Amtsverhältnis.

(2) Die Vorschriften dieses Gesetzes, mit Ausnahme der sinngemäß anzuwendenden Abschnitte VIII und IX, und die Vorschriften des Besoldungsgesetzes finden auf sie keine Anwendung; die in anderen Gesetzen und Verordnungen allgemein für Reichsbeamte enthaltenen Vorschriften gelten auch für sie.

Erl. zu § 156:

Wegen der Reichsstatthalter, Vorsitzenden und Mitglieglieder der Landesregierungen vgl. § 177.

§ 157

(1) Die Reichsminister leisten bei der Übernahme ihres Amts vor dem Führer und Reichskanzler folgenden Eid:

„Ich schwöre: Ich werde dem Führer des Deutschen Reichs und Volkes, Adolf Hitler, treu und gehorsam sein, meine Kraft für das Wohl des deutschen Volkes einsetzen, die Gesetze wahren, die mir obliegenden Pflichten gewissenhaft erfüllen und meine Geschäfte unparteiisch und gerecht gegen jedermann führen, so wahr mir Gott helfe."

(2) § 4 Abs. 2, 3 gelten sinngemäß.

§ 158

(1) Die Reichsminister dürfen dem Vorstand, Verwaltungsrat oder Aufsichtsrat eines auf Erwerb ge-

richteten Unternehmens nicht angehören, auch neben dem Ministeramt keine Beschäftigung berufsmäßig ausüben. Der Führer und Reichskanzler kann Ausnahmen zulassen, wenn amtliche Rücksichten nicht entgegenstehen und ein Widerstreit zwischen der amtlichen und außeramtlichen Tätigkeit des Reichsministers nicht zu befürchten ist.

(2) Die Reichsminister dürfen während ihrer Amtszeit gegen Entgelt weder als Schiedsrichter tätig sein noch außergerichtliche Gutachten abgeben.

(3) Zum Amt eines Schöffen oder Geschworenen oder zu sonstigen öffentlichen Ehrenämtern sollen die Reichsminister nicht berufen werden.

§ 159

(1) § 8 Abs. 1 und 2 und § 9 gelten sinngemäß. Die Genehmigung erteilt der Führer und Reichskanzler.

(2) Die im Amte befindlichen Reichsminister sind an ihrem Amtssitze oder, wenn sie sich außerhalb ihres Amtssitzes aufhalten, an ihrem Aufenthaltsorte zu vernehmen. Zu einer Abweichung von dieser Vorschrift bedarf es der Genehmigung des Führers und Reichskanzlers.

§ 160

Wird ein Beamter zum Reichsminister ernannt, so scheidet er mit dem Tage seiner Ernennung aus seinem Amte aus. Wird ein Soldat zum Reichsminister ernannt, so ruht der Anspruch auf sein Diensteinkommen als Soldat.

§ 161

Die Reichsminister können jederzeit vom Führer und Reichskanzler verabschiedet werden. Ein Dienststrafverfahren findet gegen sie nicht statt.

§ 162

(1) Ein Reichsminister erhält mit Ende des Monats, in dem er verabschiedet ist, lebenslänglich Ruhegehalt, wenn er entweder sein Amt ohne Unterbrechung mindestens fünf Jahre bekleidet oder insgesamt einschließlich der Amtszeit als Reichsminister mindestens zehn Jahre als Beamter im Dienst gestanden hat.

(2) Hat ein Reichsminister bei Ausübung seines Amts oder im Zusammenhang mit seiner Amtsführung ohne sein Verschulden eine Gesundheitsschädigung erlitten, die seine Arbeitsfähigkeit wesentlich und dauernd beeinträchtigt, so erhält er lebenslänglich Ruhegehalt, auch wenn die Voraussetzungen des Abs. 1 nicht vorliegen.

(3) Ein verabschiedeter Reichsminister, der die Voraussetzungen der Abs. 1 und 2 nicht erfüllt und nicht als Beamter angestellt wird, erhält von dem Zeitpunkt ab, in dem seine Amtsbezüge aufhören, Übergangsgeld. Es wird für die gleiche Anzahl von Monaten gezahlt, für die er die Amtsbezüge als Reichsminister erhalten hat, jedoch mindestens für sechs Monate und höchstens für zwei Jahre, und zwar für die ersten drei Monate in Höhe der vollen Amtsbezüge eines Reichsministers, sodann in Höhe der Hälfte dieser Bezüge. Das Übergangsgeld gilt im Sinne des § 137 als Ruhegehalt.

(4) Ein verabschiedeter Reichsminister, der die Voraussetzungen der Abs. 1 und 2 nicht erfüllt, aber bei seiner Ernennung zum Reichsminister Beamter auf Lebenszeit oder auf Zeit war, erhält von dem Zeitpunkt des Ablaufs des Übergangsgeldes ab das Ruhegehalt, das er in seinem früheren Amt unter Hinzurechnung der als Reichsminister verbrachten Amtszeit erdient

hätte. Ist das Ruhegehalt hiernach höher als das Übergangsgeld nach Abs. 3, so wird insoweit das Ruhegehalt gewährt.

(5) Für den Zeitraum, für den nach Abs. 3 Übergangsgeld zusteht, sind gegebenenfalls Witwen- und Waisengeld aus diesem Übergangsgeld zu gewähren.

(6) Die Amtszeit als Reichsminister gilt als ruhegehaltfähig im Sinne des § 81.

Erl. zu § 162:

Vgl. § 175.

Abschnitt XIV

Übergangs- und Schlußvorschriften

§ 163

Entscheidungen, die dem Beamten nach den Vorschriften dieses Gesetzes bekanntzugeben sind, sind zuzustellen, wenn durch sie eine Frist in Lauf gesetzt wird oder Vermögensrechte des Beamten durch sie berührt werden. Sie sind nach den Vorschriften der Reichsdienststrafordnung zuzustellen. Die Zustellung kann dadurch ersetzt werden, daß die Entscheidung dem Beamten unter Anfertigung einer Niederschrift eröffnet wird; auf Antrag ist dem Beamten eine Abschrift der Niederschrift zu geben.

Erl. zu § 163:

Vgl. § 19 RDStO.

§ 164

Die Reichsregierung kann, soweit dies nicht durch Reichsgesetz geschehen ist, durch Verordnung Vorschriften über die Vorbildung und die Laufbahnen der Beamten erlassen. Bis zum Erlaß der Verordnung können die Reichsminister im Einvernehmen mit dem Reichsminister des Innern für ihren Bereich solche Vorschriften erlassen.

§ 165

An die Stelle des Reichsministers der Finanzen tritt bei Anwendung von § 76 Abs. 2 bis 4, §§ 84, 85, 93 Abs. 2, § 97 Abs. 4, § 101 Abs. 2, §§ 102 bis 104, 106 Abs. 1, §§ 120, 122 Abs. 4, § 126 Abs. 1, § 127 Abs. 3, § 133 Abs. 2 bis 4, § 135 Abs. 3, §§ 144, 149 Abs. 3 auf einen mittelbaren Reichsbeamten die für das Besoldungswesen allgemein zuständige oberste Dienstbehörde seines unmittelbaren Dienstherrn.

Erl. zu § 165:

Die für das Besoldungswesen allgemein zuständige oberste Dienstbehörde in einer Gemeinde ist — vorbehaltlich der DurchfVO. nach § 151 — der Bürgermeister.

§ 166

Reich und Länder gelten für die Anwendung des § 35 Abs. 1 Satz 1 als derselbe Dienstherr.

§ 167

Zusicherungen, Vereinbarungen und Vergleiche, die dem Beamten eine weitergehende Versorgung, als im Abschnitt VIII vorgesehen ist, verschaffen sollen, sind unwirksam. Versicherungsverträge, welche zu diesem Zweck geschlossen sind, können abgeändert oder aufgehoben werden; das Nähere wird durch Verordnung der Reichsregierung geregelt.

§ 168

Die Dienstzeit beim ehemaligen Reichswasserschutz ist ruhegehaltfähig im Sinne des § 81.

§ 169

Die Dienstzeit bei einer ehemaligen landesherrlichen Hofverwaltung gilt nach den landesgesetzlichen Vorschriften als ruhegehaltfähig im Sinne des § 81.

§ 170

Die Zeit, in der ein Beamter sich vom 1. Januar 1924 bis zum Inkrafttreten dieses Gesetzes nach Vollendung des siebenundzwanzigsten Lebensjahres ohne Verwendung im öffentlichen Dienst im Wartestand befunden hat, ist nur zur Hälfte ruhegehaltfähig.

Begründung:

Zu § 170. Die Vorschrift bezweckt mit Rücksicht darauf, daß Wartestandszeit nach § 81 Satz 1 voll ruhegehaltfähig ist, für die rückliegende Zeit die Aufrechterhaltung der durch § 65 des Gesetzes vom 30. Juni 1933 geschaffenen Rechtslage. Da die Personal-Abbau-Verordnung des Reichs und die entsprechenden Verordnungen der Länder zu verschiedenen Zeitpunkten in Kraft getreten sind, wird die Sonderregelung im § 170 auf die mittlere Zeit vom 1. Januar 1924 bis zum Inkrafttreten dieses Gesetzes beschränkt.

§ 171

(1) Für die richterlichen Beamten gelten mit Ausnahme des § 68 Abs. 2 die Vorschriften dieses Gesetzes, wenn durch die gesetzliche Vorschrift nichts anderes bestimmt ist. Aufgehoben werden jedoch die Vorschriften, die § 6 Abs. 2 (Verbot der Führung der Dienstgeschäfte), § 13 (Beendigung der Nebentätigkeit), §§ 32 bis 34 (Nichtigkeit der Ernennung), §§ 51 bis 56 (Ausscheiden aus dem Beamtenverhältnis), §§ 57, 59, 60, 63 bis 66 (Entlassung aus dem Beamtenverhältnis), § 68 Abs. 1, §§ 70 bis 75, 89 (Ruhestand und Ruhegehalt), § 142 Abs. 1 (Rechtsweg) widersprechen. Die Versetzung eines richterlichen Beamten in den Ruhestand nach § 71 kann nicht auf den sachlichen Inhalt einer in Ausübung der richterlichen Tätigkeit getroffenen Entscheidung gestützt werden.

(2) Abs. 1 gilt entsprechend für die nach § 121 Abs. 1

Satz 1 der Reichshaushaltsordnung unabhängigen Beamten des Rechnungshofs des Deutschen Reichs und der Preußischen Oberrechnungskammer.

(3) Abs. 1 Satz 3 gilt entsprechend für die im § 30 Abs. 1 der Reichsschuldenordnung vom 13. Februar 1924 (Reichsgesetzbl. I S. 95, 98) genannten Beamten.

(4) Für die Polizeibeamten gilt dieses Gesetz, soweit nicht gesetzlich etwas anderes vorgeschrieben ist.

(5) Für Notare gelten die Vorschriften dieses Gesetzes nur insoweit, als es gesetzlich vorgeschrieben ist.

(6) § 7 Abs. 4, § 11 Abs. 2 und § 35 Abs. 3 gelten nicht für Beamte der Wehrmacht.

Erl. zu § 171:

1. Für die richterlichen Beamten vgl. das Gerichtsverfassungsgesetz vom 27. Jan. 1877 in der Fassung der Bekanntm. vom 22. März 1924, RGBl. I S. 299.

2. Vgl. Gesetz über die Landespolizei vom 29. März 1935, RGBl. I S. 460; dazu eine VO. über die Rechtsverhältnisse der Angehörigen der Landespolizei vom 7. Jan. 1936, RGBl. I S. 8.

Mit dem Erlaß eines Reichspolizeibeamtengesetzes kann in absehbarer Zeit gerechnet werden; z. Zt. Pr. Polizeibeamtengesetz vom 31. Juli 1927, GS. S. 151; mehrfach geändert.

§ 172

(1) Hat ein Beamter im Zeitpunkt des Inkrafttretens dieses Gesetzes eine nach § 68 Abs. 1 festgesetzte Altersgrenze bereits erreicht, so tritt er, wenn die Altersgrenze nicht verlängert wird (§ 68 Abs. 2), nach den bisherigen Vorschriften, spätestens jedoch mit Ende der drei Monate in den Ruhestand, die auf den Monat des Inkrafttretens dieses Gesetzes folgen.

(2) Die für Richter durch § 2 Abs. 2 der Verordnung über die Altersgrenze der Beamten der Reichsjustizverwaltung vom 27. Juli 1936 (Reichsgesetzbl. I S. 575) getroffene Übergangsregelung bleibt unberührt.

(3) Gesetzliche Vorschriften, die für einzelne Beamtengruppen eine frühere Altersgrenze als das fünfundsechzigste Lebensjahr (§ 68 Abs. 1 Satz 1) vorsehen, bleiben in Kraft.

§ 173

(1) Das Gesetz über die Entpflichtung und Versetzung von Hochschullehrern aus Anlaß des Neuaufbaus des deutschen Hochschulwesens vom 21. Januar 1935 (Reichsgesetzbl. I S. 23) bleibt unberührt. Wegen der Versetzung, der Entpflichtung, der Rechtsfolgen der Entpflichtung und der Hinterbliebenenversorgung können besondere gesetzliche Vorschriften erlassen werden.

(2) Unberührt bleiben ferner die Vorschriften über die Versetzung der Leiter und Lehrer an den öffentlichen Schulen.

Erl. zu § 173:

Die Versetzungsvorschriften gehen zum Teil über § 35 Abs. 2 hinaus, z. B. Versetzung der Leiter und Lehrer an den nichtstaatlichen öffentlichen höheren Schulen in Preußen (Studienratsgleichstellungsgesetz vom 20. Mai 1929, GS. S. 51); der Lehrer an öffentlichen nichtstaatlichen mittleren Schulen (Mittelschullehrerbesoldungsgesetz vom 30. April 1936, GS. S. 149).

§ 174

Die Vorschriften des Abschnitts IX über den Rechtsweg wegen vermögensrechtlicher Ansprüche gelten für die öffentlich-rechtlichen Religionsgesellschaften und deren Verbände. Diese sind im übrigen ermächtigt, zur Regelung des Rechts ihrer Beamten und Seelsorger diesem Gesetz entsprechende Vorschriften zu erlassen.

§ 175

(1) Bei der Berechnung des fünfjährigen oder zehnjährigen Zeitraums nach § 162 werden Amtszeiten eines mit Wahrnehmung der Geschäfte eines Ministers beauftragten Reichskommissars, eines Reichsstatthalters und eines Vorsitzenden oder Mitglieds einer Landesregierung mitgerechnet, wenn sich an diese Zeiten die Amtszeit als Reichsminister anschließt.

(2) Die Amtszeit eines mit Wahrnehmung der Geschäfte eines Ministers beauftragten Reichskommissars, eines Reichsstatthalters oder eines Vorsitzenden oder Mitglieds einer Landesregierung steht der Amtszeit eines Reichsministers gleich.

§ 176

(1) Ist ein Reichsminister gleichzeitig Mitglied einer Landesregierung, so erhält er Amtsbezüge nur vom Reich; ist ein Reichsminister gleichzeitig Vorsitzender einer Landesregierung und erhält er als solcher höhere Bezüge als ein Reichsminister, so erhält er vom Reich nur die Bezüge als Reichsminister. Das gleiche gilt für die Versorgungsbezüge.

(2) Die Länder erstatten dem Reich die auf die Amtszeit als Vorsitzender oder Mitglied der Landesregierung entfallenden Amts- und Versorgungsbezüge in Höhe der Hälfte der nach Landesrecht zustehenden Bezüge.

Erl. zu § 176:

Vgl. § 38.

§ 177

Die Vorschriften des Abschnitts XIII gelten sinngemäß für die Reichsstatthalter und die Vorsitzenden und Mitglieder der Landesregierungen. An Stelle des Führers und Reichskanzlers tritt für die Vorsitzenden und Mitglieder der Landesregierungen in den Fällen der §§ 157 bis 159 der Reichsstatthalter.

§ 178

(1) Wer vor dem 2. Juli 1933 als Beamter berufen worden ist, ist Beamter, auch wenn er die im § 27 Abs. 1 bezeichnete Urkunde nicht erhalten hat.

(2) Wer vor dem 2. Juli 1933 beschäftigt worden ist, ohne als Beamter berufen worden zu sein, insbesondere wer vor dem 2. Juli 1933 auf Grund eines Dienstvertrags des bürgerlichen Rechts beschäftigt worden ist, ist nicht Beamter. Er hat auch für die Zeit vor dem 2. Juli 1933 nicht die Rechte der Beamten, selbst wenn gegenteilige Zusicherungen, Vereinbarungen, Vergleiche, rechtskräftige Urteile und Schiedssprüche vorliegen. Die ausdrückliche oder stillschweigende Übertragung einer mit obrigkeitlichen oder anderen öffentlichen Aufgaben verbundenen Tätigkeit allein ist keine Berufung als Beamter.

(3) Wer nach den bisherigen Vorschriften zum Beamten auf Lebenszeit oder auf Zeit ernannt war, ist Beamter auf Lebenszeit oder auf Zeit; wer Beamter auf Kündigung war, ist Beamter auf Widerruf.

(4) Wenn in landesrechtlichen Vorschriften schon vor dem 2. Juli 1933 bestimmte Formen für die Begründung des Beamtenverhältnisses vorgesehen waren, so gelten für diese Zeit nur diese Formen als Begründung im Sinne des § 27 Abs. 1.

Erl. zu § 178:

1. Der 2. Juli 1933 ist der Tag des Inkrafttretens des Beamtenrechsänderungsgesetzes vom 30. Juni 1933, RG.-Bl. I S. 433; vgl. dessen Kap. II.

2. Beispiele für Abs. 4: § 1 des Pr. Kommunalbeamtengesetzes vom 30. Juli 1899, GS. S. 141, ferner Pr. SparVO. vom 12. Sept. 1931, zweiter Teil Kap. VIII § 1.

§ 179

(1) Für die Dauer von drei Jahren nach Inkrafttreten dieses Gesetzes gilt § 70 mit der Maßgabe, daß an die Stelle des zweiundsechzigsten Lebensjahres das sechzigste Lebensjahr tritt.

(2) Wartestandsbeamte dürfen auf Grund des § 77 Abs. 2 Nr. 1 frühestens mit Ablauf eines Jahres nach dem Inkrafttreten dieses Gesetzes in den Ruhestand versetzt werden.

(3) Die Berücksichtigung der Zeit eines Urlaubs ohne Dienstbezüge (§ 81 Abs. 1 Nr. 3) richtet sich für die Zeit vor dem Inkrafttreten dieses Gesetzes nach den bisherigen Vorschriften.

(4) Bei Richtern und Beamten der Staatsanwaltschaft, die vor dem Inkrafttreten dieses Gesetzes als Rechtsanwälte tätig waren, kann mit Zustimmung des Reichsministers der Finanzen die Zeit ihrer Tätigkeit als Rechtsanwalt insoweit voll als ruhegehaltfähige Dienstzeit berücksichtigt werden, als die Tätigkeit als Rechtsanwalt in der Laufbahn als Richter oder Staatsanwälte üblich war.

(5) Wer noch nicht Ruhestandsbeamter ist, aber beim Inkrafttreten dieses Gesetzes einen Anspruch auf Ruhegehalt nach bisherigem Recht hätte, behält den An-

spruch. Die Höhe des Ruhegehalts richtet sich nach diesem Gesetz.

(6) Mitglieder des Reichsgerichts und die ihnen versorgungsrechtlich gleichgestellten Beamten, deren Ruhegehalt fünfundsiebzig vom Hundert ihrer ruhegehaltfähigen Dienstbezüge nach bisherigem Recht überstiegen hätte, erhalten das bei Inkrafttreten dieses Gesetzes erdiente Ruhegehalt.

(7) Für die Berechnung der ruhegehaltfähigen Dienstzeit erhöht sich die in der Zeit vom 1. August 1914 bis 31. Dezember 1918 im Beamtenverhältnis (§ 1) oder im Militärdienst verbrachte Zeit, sofern sie mindestens sechs Monate betragen hat, um die Hälfte dieser Zeit. Mit der Hälfte ist sie auch dann anzurechnen, wenn sie vor dem vollendeten siebenundzwanzigsten Lebensjahre liegt. Dies gilt nicht für eine Zeit, die aus anderen Gründen bereits angerechnet wird (§§ 83, 84).

(8) Als ruhegehaltfähig nach § 85 Abs. 1 Nr. 1 kann auch die Zeit angerechnet werden, während der ein Beamter vor seiner Ernennung und nach Vollendung des siebenundzwanzigsten Lebensjahres vor dem 30. Januar 1933 in der Nationalsozialistischen Deutschen Arbeiterpartei oder ihren Gliederungen ein Amt bekleidet hat.

(9) Mit Zustimmung des Reichsministers der Finanzen kann eine nach dem siebenundzwanzigsten Lebensjahre liegende Zeit als ruhegehaltfähig angerechnet werden, die nach den bisherigen Vorschriften anrechenbar ist.

(10) Für die Anwendung des § 82 Nr. 2 steht der freiwillige nationalsozialistische Arbeitsdienst dem Reichsarbeitsdienst gleich.

§ 180

(1) Das Erfordernis der fünfjährigen Amtsführung (§ 28 Abs. 2 Nr. 2 zweiter Halbsatz) gilt nicht für die vor dem Inkrafttreten dieses Gesetzes ernannten Beamten.

(2) Für die im § 67 Abs. 2 bezeichneten Beamten, die sich bei Inkrafttreten dieses Gesetzes im Amt befinden, bestimmt die Behörde, die sie ernannt hat, innerhalb eines Jahres, ob diese Vorschrift auf sie Anwendung findet.

(3) § 59 Abs. 1 Satz 1 gilt nicht für die Beamten, die auf Grund von § 3 Abs. 2 des Gesetzes zur Wiederherstellung des Berufsbeamtentums im Dienste belassen worden sind, und für die Beamten, die vor dem 2. Juli 1933 mit einer Person nicht deutschen oder artverwandten Blutes die Ehe geschlossen haben.

§ 181

Die Vorschriften der §§ 53, 132, 133 Abs. 1 Nr. 3 gelten ohne Rücksicht auf den Zeitpunkt der Tat. Strafurteile, welche nach §§ 53, 132 den Amtsverlust oder Ruhegehaltsverlust nach sich ziehen, haben diese Rechtsfolge von dem Zeitpunkt der Rechtskraft des Strafurteils an auch dann, wenn das Strafurteil in der Zeit zwischen dem 2. Juli 1933 bis zum Inkrafttreten dieses Gesetzes rechtskräftig geworden ist; bei der Verurteilung zu einer Gefängnisstrafe gilt dies jedoch nur dann, wenn auf eine Strafe von mehr als einem Jahre erkannt worden ist.

§ 182

Die Vorschriften der §§ 142, 145, 147 über die Zuständigkeit der Verwaltungsgerichte treten erst mit der

Errichtung des Reichsverwaltungsgerichts in Kraft; bis dahin verbleibt es bei den bisherigen Vorschriften.

§ 183

Die zur Durchführung dieses Gesetzes erforderlichen Rechts- und Verwaltungsvorschriften erlassen, soweit dieses Gesetz nichts anderes vorschreibt, die Reichsminister des Innern und der Finanzen. Sie können als Übergangsregelung auch ergänzende Vorschriften erlassen.

§ 184

(1) Dieses Gesetz tritt am 1. Juli 1937 in Kraft mit der Maßgabe, daß es auch für die Reichsminister, die ihnen nach § 177 gleichgestellten Personen und die Beamten, die sich an diesem Tage im Dienst befinden, sowie für die Wartestandsbeamten gilt. Das Wartegeld wird aus diesem Anlaß nicht neu festgesetzt. Für Ruhestandsbeamte, Witwen und Waisen und sonstige Versorgungsberechtigte, die vor diesem Zeitpunkt bereits Ansprüche auf Versorgungsbezüge erworben haben, gelten nur die §§ 126 bis 147, für Ruhestandsbeamte auch §§ 22, 23, 37 Abs. 2 Satz 4 bis 6, Abs. 4; die sonstigen Rechtsverhältnisse regeln sich nach bisherigem Recht.

(2) Vorschriften, die diesem Gesetz entsprechen oder widersprechen, werden aufgehoben. Insbesondere werden aufgehoben

1. das Reichsbeamtengesetz,
2. das Beamtenhinterbliebenengesetz,
3. das Unfallfürsorgegesetz für Beamte,
4. das Reichsgesetz über die Pflichten der Beamten zum Schutz der Republik vom 21. Juli 1922 (Reichsgesetzbl. I S. 590),

5. das Reichsministergesetz mit Ausnahme der sich auf die Amtsbezüge, Dienstwohnungen, Umzugskosten und Reisekosten beziehenden Vorschriften, sowie die entsprechenden Vorschriften über die Mitglieder der Landesregierungen,
6. die Dritte Verordnung des Reichspräsidenten zur Sicherung von Wirtschaft und Finanzen und zur Bekämpfung politischer Ausschreitungen vom 6. Oktober 1931 (Reichsgesetzbl. I S. 537) Dritter Teil Kapitel V Abschnitt II.

Die Vorschriften der §§ 554a bis c der Reichsversicherungsordnung bleiben unberührt.

(3) Der Reichsminister des Innern und der Reichsminister der Finanzen werden ermächtigt, gegebenenfalls im Einvernehmen mit dem beteiligten zuständigen Reichsminister im Verordnungswege die danach außer Kraft tretenden Vorschriften verbindlich zu bezeichnen, weitergeltende Vorschriften unter Ausräumung von Unstimmigkeiten an den neuen Rechtszustand anzugleichen und in neuer Fassung und Ordnung bekanntzumachen.

(4) Wo in Gesetzen und Verordnungen auf die aufgehobenen Vorschriften verwiesen wird, tritt an deren Stelle dieses Gesetz nebst den dazu erlassenen Durchführungsvorschriften.

Begründung:

Zu § 184. Es soll vermieden werden, daß den Behörden durch dieses Gesetz ein in der gegenwärtigen Zeit nicht tragbarer größerer Arbeitsanfall erwächst, wie er sich u. a. aus der neuen Berechnungsweise der ruhegehaltfähigen Dienstzeit (§§ 81 bis 85) ergeben würde. § 184 schreibt deshalb vor, daß Wartegelder infolge des Inkrafttretens der neuen Vorschriften nicht neu festgesetzt werden sollen und daß für Ruhestandsbeamte, Witwen, Waisen und sonstige Versorgungsberechtigte, die bereits vor dem 1. Juli

1937 Ansprüche auf Versorgungsbezüge erworben haben, nur die §§ 126 bis 147, für Ruhestandsbeamte auch die §§ 22 und 23, im übrigen aber die bisherigen Vorschriften gelten sollen.

Welche Vorschriften durch das vorliegende Gesetz außer den im § 184 Abs. 2 erwähnten aufgehoben oder geändert werden, bedarf nach seiner Verkündung einer eingehenden Prüfung. Um Streit auszuschließen und die Gerichte mit dieser Frage nicht zu befassen, soll sie im Verordnungswege entschieden werden.

Es ist selbstverständlich, daß Verpflichtungen aus internationalen Verträgen unberührt bleiben. Von der Aufnahme einer entsprechenden Vorschrift ist deshalb hier wie auch in anderen Reichsgesetzen abgesehen worden.

Berlin, den 26. Januar 1937.

Der Führer und Reichskanzler

Adolf Hitler

Der Reichsminister des Innern

Frick

Der Reichsminister der Finanzen

Graf Schwerin von Krosigk

Reichsdienststrafordnung (RDStO.)

vom 26. Januar 1937.

RGBl. I S. 71

Begründung zur Reichsdienststrafordnung

Allgemeiner Teil.

Eine wesentliche Ergänzung des allgemeinen Beamtenrechts bildet das Dienstrafrecht. Während jenes den Pflichtenkreis des Beamten umschreibt, gibt das Dienststrafrecht dem Dienstherrn des Beamten die Mittel an die Hand, um Verstöße gegen die Dienstzucht abzuwehren und die Beamtenschaft nötigenfalls von Elementen zu reinigen, die das ihnen durch die Ernennung zum Beamten bewiesene Vertrauen nicht rechtfertigen. Es bezeichnet die Strafen, die — unbeschadet eines etwaigen Eingreifens des allgemeinen Strafrechts — als Dienststrafen eigener Art gegen Pflichtverletzungen des Beamten angewandt werden können, und regelt das Verfahren ihrer Anwendung.

Im Reichsbeamtengesetz vom 31. März 1873 war das Dienststrafrecht mitenthalten, ebenso in einigen Beamtengesetzen der Länder, z. B. im Bayerischen Beamtengesetz vom 15. August 1908; andere Länder hatten von jeher besondere Disziplinargesetze, so insbesondere Preußen (Gesetze von 1851 und 52, neugefaßt in den Dienststrafordnungen vom 27. Januar 1932). Wenn auch vieles, namentlich der enge sachliche Zusammenhang des Dienststrafrechts mit dem allgemeinen Beamtenrecht, für eine Vereinigung beider Gegenstände in einem Gesetz spricht, wird für das neue Reichsrecht der andere Weg gewählt, weil der Umfang der Dienststrafvorschriften schon aus Gründen der praktischen Handhabung eine Trennung in zwei Gesetze gebietet. Da das Dienststrafrecht fast ausschließlich Verfahrensrecht ist, macht auch die Abgrenzung der Gegenstände, die in das Beamtengesetz einerseits, das Dienststrafgesetz andererseits zu verweisen sind, keine Schwierigkeit.

Wie auf anderen Rechtsgebieten (Strafrecht, Zivilrecht) wird auch hier durch die Bezeichnung „Reichsdienststrafordnung" (im folgenden RDStO. genannt) zum Ausdruck gebracht, daß es sich im wesentlichen um Verfahrensrecht handelt.

Bei der engen inneren Zusammengehörigkeit beider Gesetze versteht es sich von selbst, daß die RDStO. von denselben Grundgedanken beherrscht wird wie das Deutsche Beamtengesetz. Ebenso wie dieses den Pflichtgedanken bewußt und betont in den Vordergrund stellt, trägt die RDStO. den schärferen Anforderungen, die der nationalsozialistische Staat an das Pflichtbewußtsein seiner Beamten stellt, und dem strengeren Maßstab, den er bei einer Verletzung der Beamtenpflichten anlegt, Rechnung. Die RDStO. leistet ferner, ebenso wie das Deutsche Beamtengesetz, ein wichtiges Stück praktischer Arbeit an der Reichsreform, in dem sie ein für alle deutschen Beamten einheitliches Dienststrafrecht schafft und die Dienststrafgerichtsbarkeit organisatorisch vereinheitlicht.

Die RDStO. stellt keine völlige Reform des Dienststrafrechts an Haupt und Gliedern dar. Sie baut vielmehr auf den Grundlagen des alten, bis zum Weltkrieg entwickelten deutschen Disziplinarrechts des Reiches und der Länder insoweit auf, als dieses Recht sich durch Jahrzehnte hindurch in seiner Aufgabe bewährt hatte, jenen nach den Worten des Führers „unvergleichlichen Beamtenkörper des alten Reichs" zu schaffen und in seiner Unbestechlichkeit und hohen Leistungsfähigkeit zu erhalten. In der Gestaltung des förmlichen Verfahrens, den Arten der Dienststrafen u. a. m. lehnt sie sich an geltendes (Reichs- und Landes-) Recht an. Andererseits enthält sie alle Handhaben, die nötig sind, um die Beamtenauffassung des nationalsozialistischen Staates, wie sie im Deutschen Beamtengesetz ihren Ausdruck findet, durchzusetzen. Hierin hatte nach der Machtübernahme durch den Nationalsozialismus die preußische Gesetzgebung wertvolle Vorarbeit geleistet, indem sie das preußische Dienststrafrecht, das in seiner

Neufassung von Anfang 1932 besonders stark von liberalistisch-marxistischen Ideen beeinflußt war, durch die Novelle vom 18. August 1934 in einigen Punkten grundsätzlich umgestaltete. Die RDStO. knüpft daran an und entwickelt einzelne damals in das preußische Dienststrafrecht neu eingeführte Gedanken dem neuen Reichsbeamtenrecht entsprechend weiter, so namentlich in der dienststrafrechtlichen Stellung der Ruhestandsbeamten. Inwieweit im einzelnen Gedanken des alten Rechts aufgenommen oder neue Grundsätze an ihre Stelle getreten sind, ergibt sich aus den Bemerkungen des Besonderen Teils.

Um die enge Verflechtung von Partei und Staat nicht nur in Rechtssätzen zu erschöpfen, die den nationalsozialistischen Gedanken im Dienststrafrecht Ausdruck verliehen, sichert die RDStO. der Partei in bestimmten Beziehungen eine unmittelbare Beteiligung in Dienststrafsachen zu.

Damit die Partei über alle dienststrafrechtlichen Maßnahmen auf dem Laufenden bleibt, die gegen ein Parteimitglied ergriffen werden und möglicherweise eine parteigerichtliche Behandlung zur Folge haben müssen, wird sowohl die Verfügung über die Einleitung des förmlichen Verfahrens gegen einen Pg. dem Stellvertreter des Führers mitgeteilt als auch das Urteil ihm zugestellt (§§ 28 und 65 Abs. 3). Der Stellvertreter des Führers ist befugt, in die gegen einen Pg. stattfindende Hauptverhandlung, deren Termin ihm mitzuteilen ist (§ 58 Abs. 2), einen Beauftragten zu entsenden (§ 60 Abs. 2). Durch eine Anordnung im Parteiwege wird Vorsorge getroffen werden, daß anderseits über etwaige parteigerichtliche Maßnahmen gegen einen Beamten die vorgesetzte Behörde jeweils unterrichtet wird. Die Beteiligung der Partei bei der Auswahl der Mitglieder der Dienststrafkammern und des Reichsdienststrafhofs regelt der Reichsminister des Innern, für die besonderen Dienststrafgerichte der Justizverwaltung der Reichsminister der Justiz, im Einvernehmen mit dem Stellvertreter des Führers (§§ 36 Abs. 3, 41 Abs. 5 und 109 Abs. 1 Nr. 3 Satz 2). Ausschluß oder Ausstoßung aus der Partei haben das Erlöschen des Amtes als Mitglied eines Dienststrafgerichts kraft Gesetzes zur Folge (§ 40 Abs. 1 Nr. 2).

Reichsdienststrafordnung

vom 26. Januar 1937

Inhaltsübersicht

Seite

Abschnitt IV.

Abschnitt V.

Abschnitt VI.

Abschnitt VII.

Abschnitt VIII.

Abschnitt IX.

Abschnitt X.

Die Reichsregierung hat das folgende Gesetz beschlossen, das hiermit verkündet wird:

Abschnitt I

Anwendbarkeit des Gesetzes

§ 1

Die Reichsdienststrafordnung gilt für die Beamten und Ruhestandsbeamten, die dem Deutschen Beamtengesetz unterliegen.

Besonderer Teil.

Begründung: **Zu Abschnitt I:**

Der 1. Abschnitt grenzt die Anwendbarkeit der RDStO. nach drei Richtungen ab.

§ 1: Der Personenkreis, der von dem Gesetz erfaßt wird, ist der gleiche wie der, für den das Deutsche Beamtengesetz gilt.

Für die Beamten und Ruhestandsbeamten der Reichsbank und der Deutschen Reichsbahn-Gesellschaft bleiben die Vorschriften des § 9 Abs. 4 des Bankgesetzes, § 23 des Reichsbahngesetzes und § 5 des Reichsbahn-Personalgesetzes unberührt (§ 121 Abs. 2). Das bedeutet, daß auch für die Beamten der beiden genannten Verwaltungen die RDStO. sinngemäß gilt und die Dienststrafgerichte des Reiches zuständig sind.

Wegen gewisser Abweichungen für bestimmte Arten von Beamten vgl. die Bemerkungen zu Abschn. IX.

Erl. zu § 1:

1. Vgl. Erl. 1 zu § 1 DBG.; Reichsbank, Reichsbahn § 153; RSDAP. § 154 DBG.

2. Das Gesetz gilt auch für Ehrenbeamte; die besonderen Vorschriften über das Ausscheiden von Ehrenbeamten außerhalb des Dienstverfahrens bleiben daneben unberührt, z. B. § 45 DGO. (§ 149 Abs. 4 DBG.).

3. Das Gesetz gilt nicht für ausgeschiedene und entlassene Beamte, es sei denn, daß sie wieder aktive Beamte geworden sind, § 2; ferner nicht für Empfänger eines Unterhaltsbeitrags vgl. § 96.

4. Übergangsvorschriften für den zeitlichen Geltungsbereich §§ 115—117.

§ 2

Ein Beamter, der aus einem früheren Beamtenverhältnis ausgeschieden, entlassen oder in den Ruhestand getreten war, kann nach diesem Gesetz auch wegen solcher Dienstvergehen oder als Dienstvergehen geltender Handlungen (§ 22 Abs. 1 des Deutschen Beamtengesetzes) verfolgt werden, die er in dem früheren Beamtenverhältnis oder als Ruhestandsbeamter begangen hat; auch bei einem aus einem früheren Beamtenverhältnis ausgeschiedenen oder entlassenen Beamten gelten hierbei die im § 22 Abs. 1 Satz 2 des Deutschen Beamtengesetzes bezeichneten Handlungen als Dienstvergehen. Ein Wechsel des Dienstherrn steht der dienststrafrechtlichen Verfolgung nicht entgegen.

Begründung:

§ 2: Der Begriff des Dienstvergehens ist nicht in der RDStO., sondern, als materiell-rechtliche Vorschrift, im Deutschen Beamtengesetz (§ 22 Abs. 1) bestimmt. Er deckt sich inhaltlich in der Hauptsache mit dem im bisherigen Reichsrecht (vgl. § 72 RBG.) und Landesrecht (vgl. z. B. § 2 Preuß. Beamtendienststrafordnung, Art. 105 Bayr. Beamtengesetz, § 3 Sächs. Landesdienststrafordnung) geltenden Begriff. Wesentlich ist ihm zunächst der Tatbestand der Pflichtverletzung. Zu den Pflichten des Beamten gehört es auch, daß er sich durch sein Verhalten in und außer dem Amte der Achtung und des Vertrauens, die seinem Beruf entgegengebracht werden, würdig zeigt (§ 3 Abs. 3 Satz 2 DBG.). Ein weiteres Tatbestandsmerkmal ist das Verschulden, das ebenfalls bisher schon Voraussetzung der Dienstbestrafung war, auch wenn, wie im

Reichsbeamtengesetz und in den preußischen Dienststrafordnungen, dies nicht ausdrücklich hervorgehoben wurde. Drittes Erfordernis war bisher, daß im Zeitpunkt des Begehens der dienststrafrechtlich zu verfolgenden Handlung die Beamteneigenschaft des Handelnden vorhanden war. Auch die preußische Novelle war darüber nicht hinausgegangen; sie hat zwar die Einleitung eines Dienststrafverfahrens gegen einen Ruhestandsbeamten zugelassen, aber nur wegen solcher Vergehen, die vor Eintritt in den Ruhestand, also noch während des Bestehens des Beamtenverhältnisses, begangen worden waren. Das Deutsche Beamtengesetz geht weiter. Künftig sind bestimmte Handlungen, nämlich staatsfeindliche Betätigung, Bruch der Amtsverschwiegenheit und Annahme von Geschenken und Belohnungen auch dann als Dienstvergehen verfolgbar, wenn sie nach Eintritt in den Ruhestand begangen werden. Solche Handlungen sind aber keine Dienstvergehen, sie gelten nur als solche. An dem Grundsatz, daß ein Dienstvergehen nur von einem (aktiven) Beamten begangen werden kann, wird also festgehalten.

Zusätzlich entscheidet § 2 die Frage, inwieweit Verfehlungen eines Beamten dienststrafrechtlich verfolgt werden können, die vor der Begründung seines jetzigen Beamtenverhältnisses liegen. Die Verfolgung ist hiernach grundsätzlich zulässig gegenüber einem Beamten, der in einem früheren Beamtenverhältnis oder nach Beendigung eines solchen ein Dienstvergehen im Sinne des § 22 Abs. 1 Satz 1 und 2 DBG. begangen hat. Diese gesetzliche Klarstellung ist bedeutsam vor allem für die Fälle des Übergangs eines Beamten aus dem Dienst eines Dienstherrn in den eines anderen, insbesondere aus dem mittelbaren Staatsdienst (z. B. bei einer Gemeinde oder sonstigen Körperschaft des öffentlichen Rechts) in den unmittelbaren Staats- oder Reichsdienst, eines Überganges also, der sich — wenn nicht eine Versetzung auf Grund des § 5 der Ersten Verordnung über den Neuaufbau des Reiches vom 2. Februar 1934 (Reichsgesetzbl. I S. 81) vom Landes- in den Reichsdienst oder umgekehrt stattfindet — regelmäßig in der Weise vollzieht, daß der Beamte aus dem Beamtenverhältnis bei seinem bisherigen Dienstherrn auf eigenen

Antrag entlassen (§ 60 DBG.) und gleichzeitig oder danach in ein neues Beamtenverhältnis bei einem anderen Dienstherrn berufen wird. Die Verfolgbarkeit eines während eines früheren Dienstverhältnisses begangenen Dienstvergehens findet ihre Rechtfertigung darin, daß die Dienststrafgewalt über mittelbare und unmittelbare Reichsbeamte (vgl. § 2 Abs. 3 DBG.) Ausfluß der einheitlichen Reichsgewalt ist, die Verfolgbarkeit einer nach Beendigung des früheren Dienstverhältnisses begangenen als Dienstvergehen geltenden Handlung darin, daß der frühere Pflichtenkreis über seine Beendigung hinaus gewisse Wirkungen ausstrahlt für den, der sich von neuem einem Pflichtenkreis gleicher Art unterwirft.

Erl. zu § 2:

§ 2 bezieht sich nur auf einen z. Zt. wieder aktiven Beamten. Für den Ruhestandsbeamten gilt § 12 Satz 2.

§ 3

Die zuständige Behörde bestimmt nach pflichtmäßigem Ermessen, ob wegen eines Dienstvergehens nach diesem Gesetz einzuschreiten ist; sie hat dabei auch das gesamte dienstliche und außerdienstliche Verhalten zu berücksichtigen.

Begründung:

§ 3: Im Dienststrafrecht gilt im Gegensatz zum allgemeinen Strafrecht nicht das Legalitäts-, sondern das Opportunitätsprinzip, d. h. es gibt hier keine Strafverfolgungsbehörde, die von Amts wegen verpflichtet ist, einzuschreiten, wenn sie den Tatbestand eines Dienstvergehens für vorliegend hält. Vielmehr steht es im freien Ermessen der zuständigen Dienstbehörde, zu entscheiden, ob eine dienststrafrechtliche Verfolgung erforderlich, zweckmäßig und erwünscht ist. Die Entscheidung hängt in erster Linie davon ab, wie die pflichtwidrige Handlung (oder Unterlassung) vom Gesichtspunkt der Erhaltung der Dienstzucht in der Beamtenschaft zu bewerten ist, ob ihre Nichtverfolgung innerhalb der Beamtenschaft selbst ungünstig wirken, ob sie deren Ansehen nach außen schädigen kann, oder ob andere staatliche Rücksichten ein Einschreiten gebieten oder aber verbieten. Diesen schon das bisherige Dienststrafrecht beherrschenden Grundsatz spricht § 3 ausdrücklich aus. Eine erschöpfende Aufzählung der für die Entscheidung maßgebenden Gesichtspunkte ist nicht möglich. Nur einen der wesentlichsten Anhaltspunkte für die zu entscheidende Ermessensfrage, insbesondere auch dafür, welche der im Gesetz zugelassenen Dienststrafen angebracht ist, hebt das Gesetz hervor, daß nämlich die gesamte Persönlichkeit des beschuldigten Beamten, seine bisherigen dienstlichen Leistungen und sein außerdienstliches Verhalten, sowohl nach der positiven wie nach der negativen Seite hin, zu berücksichtigen sind.

Nicht recht vereinbar mit dem Opportunitätsprinzip war die in einigen Ländern, auch in Preußen bis zum 1. Oktober 1934, geltende Verjährung von Dienstvergehen. Denn wenn einerseits keine Strafpflicht im Dienststrafrecht besteht, so kann andererseits auch das Recht zu strafen, nicht durch Zeitablauf unwirksam werden. Insbesondere widerspräche es auch dem Ziel des nationalsozialistischen Beamtenrechts, ein in seiner Pflichtauffassung vorbildliches Beamtentum wieder zu schaffen und zu erhalten, wenn die Möglichkeit, den Beamtenkörper von unwürdigen Elementen zu befreien, durch eine Verjährungsfrist beschnitten würde. In diesem Sinne forderte schon ein Gesetzentwurf der preußischen Landtagsfraktion der NSDAP. vom November 1932 den Wegfall der Verjährung. Der Ermessensgrundsatz bietet die Gewähr dafür, daß längst Vergangenes nicht ohne zwingendes Bedürfnis wieder aufgerührt wird. Von einer rückwirkenden Aufhebung der bisher geltenden Verjährungsvorschriften wird aus allgemeinen rechtspolitischen Erwägungen abgesehen (§ 115 Abs. 1, 2. Halbsatz).

Erl. zu § 3:

1. Zuständige Behörde §§ 24, 29, 108—113.

2. Das Gesetz kennt keine Verjährung eines Dienstvergehens, vgl. auch § 115.

Abschnitt II

Dienststrafen

§ 4

(1) Dienststrafen sind:

Warnung,
Verweis,
Geldbuße,
Gehaltskürzung,
Entfernung aus dem Dienst,
Kürzung des Ruhegehalts,
Aberkennung des Ruhegehalts.

(2) In ein und demselben Dienststrafverfahren darf nur eine dieser Dienststrafen verhängt werden.

Zu Abschnitt II:

§ 4: Die Dienststrafen der Warnung, des Verweises und der Geldbuße sind beibehalten worden. Die Warnung, als leichtere Form, neben dem Verweis hat sich in der Mehrzahl der Verwaltungen als praktisch erwiesen. Der Sammelbegriff „Ordnungsstrafen" (vgl. § 74 des Reichsbeamtengesetzes) ist als irreführend fallen gelassen worden.

Schwerste Strafe ist die Entfernung aus dem Dienst. Sie beendet das Beamtenverhältnis (vgl. § 50 DBG.) mit den in § 8 bezeichneten Folgen. Das bisherige Reichsrecht kannte daneben als „Strafversetzung" die Versetzung in ein anderes Amt von gleichem Range unter Verminderung des Diensteinkommens (§ 75 RBG.). Diese Strafart ist praktisch schwer durchführbar. Ihre Anwendung kann dazu führen, daß gewisse weniger beliebte Dienstorte, insbesondere in Grenzbezirken, sich zu einer Art von „Strafkolonien" herausbilden. In einzelnen Verwaltungen, die Beamte nur in wenigen Dienstorten haben (wie z. B. die Kriegsmarine), ist die Strafversetzung fast undurchführbar; sie würde namentlich in der gesamten Kommunalverwaltung, trotz der an sich bestehenden Versetzungsmöglichkeit nach § 35 Abs. 2 DBG., zu großen Unzuträglichkeiten führen. Gegen diese Strafart spricht auch, daß das Dienststrafgericht, das die Strafe verhängt, auf ihre Durchführung keinerlei Einfluß hat und infolgedessen gar nicht beurteilen kann, wie schwer sie sich für den bestraften Beamten auswirkt. Als zweitschwerste Strafe ist deshalb, nach dem Vorbild des preußischen Rechts, die Gehaltskürzung vorzuziehen.

An die Stellen der beiden schwersten Strafen, die nur im förmlichen Verfahren verhängt werden können (§ 11), treten bei Ruhestandsbeamten sinngemäß die Aberkennung und die Kürzung des Ruhegehalts (§ 9 Abs. 1).

Eine Verbindung zweier Strafen ist nicht zugelassen.

Erl. zu § 4:

1. Aberkennung des Ruhegehalts nur gegen Ruhestandsbeamte.

2. Keine Dienststrafe ist die Versagung des Aufsteigens im Gehalt § 21 DBG.

§ 5

(1) Warnung ist die Mißbilligung eines bestimmten Verhaltens (Handelns oder Unterlassens) des Beamten mit der Aufforderung, dies künftig zu vermeiden.

(2) Verweis ist der Tadel eines bestimmten Verhaltens des Beamten.

(3) Mißbilligende Äußerungen eines Dienstvorgesetzten, die nicht ausdrücklich als Warnung oder Verweis bezeichnet werden (Zurechtweisungen, Ermahnungen, Rügen u. dgl.), sind keine Dienststrafen.

Begründung:

Die §§ 5—9 bestimmen Inhalt, Umfang und Anwendungsbereich der einzelnen Dienststrafen. Weiteres werden die Durchführungsvorschriften ergänzen.

§ 6

Die Geldbuße darf die einmonatigen Dienstbezüge des Beamten nicht übersteigen. Hat der Beamte keine

Dienstbezüge, oder hat er sie nur während der Dauer eines Beschäftigungsauftrages, so darf die Geldbuße den Betrag von dreihundert Reichsmark nicht übersteigen. Bei Beamten, die Gebühren beziehen, darf die Geldbuße höchstens tausend Reichsmark betragen.

Erl. zu § 6:

1. Dienstbezüge § 38 DBG..; Gebührenbeamte sind z. B. Notare, Gerichtsvollzieher, Tierärzte.
2. Keine Dienstbezüge hat z. B. der Ehrenbeamte.
3. Abstufung der Sätze der Geldbußen §§ 24, 111 u. 112.

§ 7

(1) Die Gehaltskürzung besteht in der bruchteilmäßigen Verminderung der jeweiligen Dienstbezüge um höchstens ein Fünftel und auf längstens fünf Jahre. Hat der Bestrafte aus einem früheren Beamtenverhältnis einen Versorgungsanspruch erworben, so bleibt bei dessen Regelung (§§ 127 ff. des Deutschen Beamtengesetzes) die Gehaltskürzung unberücksichtigt.

(2) Tritt der Bestrafte in den Wartestand oder in den Ruhestand, so wird das aus den ungekürzten Dienstbezügen errechnete Wartegeld oder Ruhegehalt während der Dauer der Gehaltskürzung in demselben Verhältnis gekürzt wie die Dienstbezüge.

(3) Stirbt der Bestrafte, so werden die Bezüge für den Sterbemonat und das Sterbegeld während der Dauer der Gehaltskürzung in demselben Verhältnis gekürzt wie die Dienstbezüge; das Witwen- und Waisengeld wird nicht gekürzt.

Erl. zu § 7:

Wartestand §§ 43 ff., Ruhestand §§ 67 ff., Sterbemonat § 92, Sterbegeld §§ 93 ff. DBG.

§ 8

(1) Die Entfernung aus dem Dienst bewirkt auch den Verlust des Anspruchs auf Dienstbezüge und Versorgung sowie der Befugnis, die Amtsbezeichnung und die im Zusammenhang mit dem Amt verliehenen Titel zu führen und die Uniform zu tragen.

(2) Die Entfernung aus dem Dienst und ihre Rechtsfolgen erstrecken sich auf alle Ämter, die der Bestrafte im unmittelbaren oder mittelbaren Reichsdienst bei Rechtskraft des Urteils bekleidet, soweit sich aus § 112 Abs. 6 nichts anderes ergibt.

Begründung:

In § 8 Abs. 2 ist durch die Worte „bei Rechtskraft des Urteils" klargestellt, daß sich die Rechtsfolgen der Entfernung aus dem Dienst, insbesondere also auch der Verlust des Anspruchs auf Versorgung, nicht ohne weiteres auf solche Ämter erstrecken, die der Bestrafte früher bekleidet hat, und aus denen er z. B. in den Ruhestand getreten ist, wenn nicht ein Fall des § 10 vorliegt.

Erl. zu § 8:

1. Dienstbezüge § 38, Versorgung Abschnitt VIII, Amtsbezeichnung § 37, Titel Erl. 1 zu § 37, Uniform § 20 DBG.

2. Mittelbarer Reichsdienst vgl. § 2 DBG.

§ 9

(1) Bei einem Ruhestandsbeamten sind nur die Aberkennung und die Kürzung des Ruhegehalts als Dienststrafen zulässig; § 7 Abs. 1 Satz 2 gilt entsprechend. Die Aberkennung des Ruhegehalts setzt voraus, daß die Entfernung aus dem Dienst gerechtfertigt wäre, falls der Beschuldigte sich noch im Dienst befände; die Kürzung des Ruhegehalts wird an Stelle der Gehaltskürzung verhängt.

(2) Die Aberkennung des Ruhegehalts bewirkt auch den Verlust des Anspruchs auf Hinterbliebenenversorgung und der Befugnis, die Amtsbezeichnung und die im Zusammenhang mit dem früheren Amt verliehenen Titel zu führen und die Uniform zu tragen. Diese Wirkungen beziehen sich auf alle Ämter, die der Bestrafte beim Eintritt in den Ruhestand bekleidet hat.

(3) Höhe und Dauer der Kürzung des Ruhegehalts richten sich nach § 7 Abs. 1; beim Tode des Ruhestandsbeamten gilt § 7 Abs. 3 entsprechend.

Begründung:

Zu § 9: Neu ist die dienststrafrechtliche Verfolgbarkeit des Ruhestandsbeamten. Sie beschränkt sich auf bestimmte Tatbestände, vgl. § 12 Satz 2. Im einzelnen darf auf § 22 des Deutschen Beamtengesetzes und die Bemerkungen zu § 2 oben verwiesen werden. Wenn sich herausstellt, daß weder Aberkennung noch Kürzung des Ruhegehalts gerechtfertigt sind, wird schon die Einleitungsbehörde das Verfahren in der Regel einstellen (vgl. § 52 Abs. 2 Satz 3); das Dienststrafgericht muß es in diesen Fällen einstellen (§ 63 Abs. 3 Satz 2).

Erl. zu § 9:

Vgl. die Erl. zu §§ 7 und 8.

§ 10

(1) Wird gegen einen früheren Ruhestandsbeamten, der wieder zum Beamten ernannt worden ist, auf Entfernung aus dem Dienst (§ 8) erkannt, so verliert er den Anspruch auf das frühere Ruhegehalt und die Hinterbliebenenversorgung sowie die anderen Befugnisse nach § 9 Abs. 2 nur, wenn er wegen eines in dem früheren Beamtenverhältnis begangenen Dienstvergehens oder wegen einer der im § 22 Abs. 1 Satz 2 des Deutschen Beamtengesetzes bezeichneten Handlungen

— gleichgültig, wann er diese begangen hat — verurteilt wird.

(2) Ein Ruhestandsbeamter, der vor seiner letzten Verwendung schon aus einem früheren Beamtenverhältnis in den Ruhestand getreten war, behält die ihm aus dem früheren Beamtenverhältnis zustehenden Ansprüche und Befugnisse (§ 9 Abs. 2), wenn er nur wegen eines in dem letzten Beamtenverhältnis begangenen Dienstvergehens verurteilt wird und keine der im § 22 Abs. 1 Satz 2 des Deutschen Beamtengesetzes bezeichneten Handlungen Gegenstand der Verurteilung ist.

Begründung:

§ 10 Abs. 1 regelt den Fall, daß sich bei einem Beamten nachträglich ein Dienstvergehen herausstellt, das er in einem früheren Beamtenverhältnis begangen hat, oder eine Handlung, die nach § 22 Abs. 1 Satz 2 DBG. als Dienstvergehen gilt. Abs. 2 trifft die entsprechende Regelung für den Ruhestandsbeamten.

Für die zweitschwerste Strafe der Gehaltskürzung oder der Kürzung des Ruhegehalts sind in diesen Fällen die Vorschriften der §§ 7 Abs. 1 Satz 2 und 9 Abs. 1 Satz 1, zweiter Halbsatz, zu beachten.

Abschnitt III

Dienststrafverfahren

1. Allgemeine Vorschriften

§ 11

(1) Gehaltskürzung, Entfernung aus dem Dienst, Kürzung und Aberkennung des Ruhegehalts können nur von den Dienststrafgerichten im förmlichen Dienststrafverfahren verhängt werden.

(2) Warnung, Verweis und Geldbuße kann auch der Dienstvorgesetzte durch Dienststrafverfügung verhängen.

Zu Abschnitt III:

Nach § 11 ist das Verfahren wie bisher entweder ein förmliches Dienststrafverfahren (§ 28) oder ein Verfahren des Dienstvorgesetzten. Da auch dieses gewissen Formvorschriften unterliegt, vermeidet die RDStO. den Ausdruck „nichtförmliches" Verfahren.

§ 12

Schwebt gegen einen Beamten zur Zeit seines Eintritts in den Ruhestand ein förmliches Dienststrafverfahren, so wird dessen Fortsetzung durch den Eintritt in den Ruhestand nicht berührt. Gegen einen Ruhestandsbeamten kann ein Dienststrafverfahren nur wegen eines vor Eintritt in den Ruhestand begangenen Dienstvergehens oder wegen einer Handlung, die nach § 22 Abs. 1 Satz 2 des Deutschen Beamtengesetzes als Dienstvergehen gilt, eingeleitet werden.

Begründung:

§ 12 begrenzt die Verfolgbarkeit des Ruhestandsbeamten auf die Dienstvergehen im Sinne des § 22 Abs. 1 DBG. Übergangsvorschriften dazu in § 115 Abs. 2. Im übrigen vgl. die Bemerkungen zu § 9.

Satz 1, wonach die Fortsetzung eines schwebenden Verfahrens durch den Eintritt in den Ruhestand nicht berührt wird, ist nicht so zu verstehen, als ob hierdurch die Einleitungsbehörde gezwungen wäre, das Verfahren fortzusetzen. Nach dem Opportunitätsprinzip hat sie es vielmehr in der Hand, auf Grund von § 52 Abs. 2 Satz 1 das Verfahren einzustellen.

Durch Novelle vom 18. August 1934 war in das preußische Dienststrafrecht eine fünfjährige Frist eingeführt worden, nach deren Ablauf das Verfahren gegen einen Ruhegehaltsempfänger eingestellt werden mußte. Da eine derartige Ausschlußfrist das Opportunitätsprinzip in gewisser Weise durchbricht, sieht die RDStO. davon ab, hierin dem preußischen Recht zu folgen.

Erl. zu § 12:

Vgl. Erl. 2 zu § 2.

§ 13

(1) Ist gegen den eines Dienstvergehens Beschuldigten wegen derselben Tatsachen die öffentliche Klage im strafgerichtlichen Verfahren erhoben, so kann ein Dienststrafverfahren zwar eingeleitet, es muß aber bis zur Beendigung des strafgerichtlichen Verfahrens ausgesetzt werden. Ebenso muß ein bereits eingeleitetes Dienststrafverfahren ausgesetzt werden, wenn während seines Laufes die öffentliche Klage erhoben wird. Das Dienststrafverfahren kann fortgesetzt werden, wenn im strafgerichtlichen Verfahren aus Gründen nicht verhandelt werden kann, die in der Person des Beschuldigten liegen.

(2) Wird der Beschuldigte im strafgerichtlichen Verfahren freigesprochen, so kann wegen der Tatsachen, die Gegenstand der strafgerichtlichen Untersuchung waren, ein Dienststrafverfahren nur dann eingeleitet oder fortgesetzt werden, wenn diese Tatsachen, ohne den Tatbestand eines Strafgesetzes zu erfüllen, ein Dienstvergehen enthalten.

(3) Für die Entscheidung im Dienststrafverfahren sind die tatsächlichen Feststellungen des strafgerichtlichen Urteils bindend, wenn nicht das Dienststrafgericht einstimmig die wiederholte Prüfung der Tatsachen beschließt.

Begründung:

§ 13 regelt das Verhältnis des Dienststrafverfahrens zum strafgerichtlichen Verfahren im wesentlichen dem geltenden Recht entsprechend. Das Strafverfahren hat grundsätzlich den Vorrang und bindet insbesondere im Falle des Freispruchs den Dienststrafrichter in bestimmtem Umfange (Abs. 2). Welcher Zeitpunkt für die Aussetzung des Dienststrafverfahrens, das an sich eingeleitet werden kann (Abs. 1), maßgebend ist, ergibt sich aus den Vorschriften der StPO. über die Erhebung der öffentlichen Klage.

In Abs. 3 entscheidet sich das Gesetz für die Bindung an die tatsächlichen Feststellungen des Strafurteils, um voneinander abweichende Entscheidungen zweier Gerichte nach Möglichkeit auszuschließen. Es mußte jedoch die Möglichkeit belassen werden, bei solchen Strafurteilen, die nach einstimmiger Ansicht des Dienststrafgerichts in ihren tatsächlichen Feststellungen fehl gegangen sind, andere Feststellungen zugrunde zu legen. Die Vorschriften des § 13 über den Vorrang des Strafverfahrens gelten, wie sich aus ihrer Stellung unter den „allgemeinen Vorschriften" ergibt, grundsätzlich auch für das Verfahren des Dienstvorgesetzten, werden aber, solange kein förmliches Verfahren eingeleitet ist, praktisch keine besondere Rolle spielen.

Erl. zu § 13:

1. Es genügen nicht staatsanwaltliche Ermittlungen, vielmehr muß öffentliche Klage erhoben sein.

2. Gründe, die in der Person des Beschuldigten liegen vgl. § 15.

3. Beispiel zu Abs. 2: Die Kassenbücher sind zwar nicht gefälscht, aber liederlich geführt.

4. Die tatsächlichen Feststellungen des strafgerichtlichen Urteils sind sowohl bindend, wenn ein Freispruch, wie wenn eine Verurteilung erfolgt, vgl. § 62 Abs. 2 RDStO.

§ 14

Das Dienststrafverfahren kann ausgesetzt werden, wenn die Beurteilung des Dienstvergehens von der Beurteilung einer Frage abhängt, über die in einem anderen — schwebenden oder einzuleitenden — Verfahren entschieden werden soll. Das Dienststrafver-

fahren ist spätestens nach der endgültigen Erledigung dieses Verfahrens fortzusetzen. Die in dem anderen Verfahren getroffenen tatsächlichen Feststellungen sind nicht bindend, können aber der Entscheidung im Dienststrafverfahren zugrunde gelegt werden, ohne daß sie nochmals geprüft zu werden brauchen.

Begründung:

§ 14 ermöglicht es, ein Dienststrafverfahren auch dann auszusetzen, wenn zwar kein Strafverfahren, aber ein anderes Verfahren schwebt, dessen Ausgang zweckmäßigerweise abgewartet wird. Gedacht ist insbesondere an einen bürgerlichen Rechtsstreit, an Patent-, Verwaltungsstreit- und Steuerstrafverfahren, ferner auch an Verfahren vor Standesehrengerichten. Das Verhältnis zwischen Parteigerichtsverfahren und Dienststrafverfahren wird außerhalb des Gesetzes geregelt.

Unter „Frage" im Sinne des Satz 1 kann sowohl ein Rechtsverhältnis als auch eine Tatfrage verstanden werden.

Erl. zu § 14:

Die Frage muß nach Satz 1 Gegenstand der Entscheidung sein, nicht nur in dem Verfahren eine Rolle spielen.

§ 15

(1) Die Einleitung oder Fortsetzung eines Dienststrafverfahrens wird nicht dadurch gehindert, daß der Beschuldigte, nachdem er das Dienstvergehen begangen hat, geisteskrank oder sonst verhandlungsunfähig geworden ist.

(2) In diesem Fall beantragt die Einleitungsbehörde (§ 29) beim Amtsgericht die Bestellung eines Pflegers zur Wahrnehmung der Rechte des Beschuldigten in dem weiteren Verfahren. Das Amtsgericht hat dem Antrag zu entsprechen. Der Pfleger muß Beamter sein.

Begründung:

§ 15 läßt, abweichend vom allgemeinen Strafrecht, die Möglichkeit zu, auch gegen einen geisteskranken oder sonst verhandlungsunfähigen Beschuldigten ein Verfahren durchzuführen. Die Erfahrungen der Praxis haben diese Möglichkeit bisher vermissen lassen. Rechtspolitische Bedenken stehen nicht entgegen, da, den allgemeinen Zwecken des Dienststrafrechts entsprechend, auch ein solches Verfahren nicht in erster Linie Strafcharakter hat, d. h. nicht die Sühne für eine Verletzung der Rechtsordnung, sondern die Reinigung des Beamtenkörpers bezweckt. Die Rechte des Beschuldigten werden in solchen Fällen durch einen vom Amtsgericht zu bestellenden Pfleger ausreichend gewahrt. Der Pfleger muß Beamter sein, also jemand, der mit den Gepflogenheiten des Dienstes, den dienstlichen Pflichten usw. vertraut ist. Ist bereits ein Vormund oder Pfleger anderweitig bestellt, der Beamter ist, so steht nichts im Wege, diesen auch als Pfleger im Sinne des § 15 Abs. 2 zu bestätigen. Tritt der Fall des Abs. 1 schon vor Einleitung des förmlichen Verfahrens, z. B. während der Vorermittelungen ein, so ist es Sache des Dienstvorgesetzten, sich wegen des Antrags auf Bestellung eines Pflegers an die Einleitungsbehörde zu wenden.

Erl. zu § 15:

Pflegschaft §§ 1909 ff. BGB.

§ 16

Die Gerichte und Verwaltungsbehörden haben auf Ersuchen des Dienstvorgesetzten, des Untersuchungsführers oder des Vorsitzenden eines Dienststrafgerichts in Dienststrafsachen Amts- und Rechtshilfe zu leisten; um die eidliche Vernehmung von Zeugen und Sachverständigen können nur die Amtsgerichte ersucht werden. Hat der Dienstvorgesetzte um die Vernehmung ersucht, so entscheidet das Amtsgericht über die Vereidigung.

Begründung:

§ 16 stellt die Amts- und Rechtshilfepflicht für Dienststrafsachen fest, soweit diese Pflicht nicht schon auf Grund anderer Gesetze besteht. „Verwaltungsbehörden" in diesem Sinne sind u. a. auch die Behörden oder Verwaltungsstellen (vgl. § 112 Abs. 5) von Körperschaften des öffentlichen Rechts. Die eidliche Vernehmung im Wege der Rechtshilfe ist den Amtsgerichten vorbehalten. Wird das Ersuchen von einem Dienstvorgesetzten gestellt, der selbst nicht zur Abnahme von Eiden berechtigt ist, so liegt die Entscheidung darüber, ob die Vereidigung zulässig und notwendig ist, beim Amtsgericht. Eine selbst nicht zur Abnahmen von Eiden berechtigte Stelle kann also nicht auf dem Wege über das ersuchte Amtsgericht die eidliche Vernehmung eines Zeugen erzwingen. Andererseits ermöglicht § 16 als allgemeine Vorschrift die eidliche Vernehmung von Zeugen usw. auch außerhalb des förmlichen Dienststrafverfahrens, z. B. in den Vorermittlungen.

Da § 16 nur von den Vernehmungen, die auf Ersuchen erfolgen, handelt, bleibt die Befugnis jedes Dienstvorgesetzten, die ihm unterstehenden Beamten dienstlich zu vernehmen oder durch nachgeordnete Behörden vernehmen zu lassen, unberührt. Die Befugnis des Untersuchungsführers, eidlich zu vernehmen, ergibt sich aus § 46.

Erl. zu § 16:

1. Die Amtsgerichte sind selbst dann zu ersuchen, wenn der Dienstvorgesetzte für andere Zwecke das Recht zur eidlichen Vernehmung hätte. Eidliche Vernehmung durch den Untersuchungsführer vgl. § 46; durch den Vorsitzenden des Dienststrafgerichts §§ 61, 20.
2. Zulässigkeit der Vereidigung § 17 Abs. 3.
3. Dienstvorgesetzter des Ruhestandsbeamten § 21 Abs. 4.

§ 17

(1) Die Stellen, die die Beweiserhebung anordnen, entscheiden — unbeschadet des § 16 Satz 2 — über die Form, in der Beweise zu erheben sind. Niederschriften über Aussagen von Personen, die schon in einem an-

deren gesetzlich geordneten Verfahren vernommen worden sind, können im Dienststrafverfahren ohne nochmalige Vernehmung verwertet werden.

(2) Dienstliche Auskünfte von Behörden und Beamten sind schriftlich einzufordern.

(3) Über jede Beweiserhebung ist eine Niederschrift aufzunehmen.

(4) Die Vereidigung von Zeugen und Sachverständigen ist nur zulässig, wenn Gefahr im Verzug oder wenn der Eid mit Rücksicht auf die Bedeutung der Aussage oder als Mittel zur Herbeiführung einer wahren Aussage erforderlich ist.

Begründung:

§ 17 Abs. 1 und 2 sollen verhindern, daß vom Dienststrafgericht etwa die Unterlassung einer bestimmten Art der Beweiserhebung, z. B. die Abstandnahme von der Vernehmung eines Zeugen, dessen Bekundung sich schon anderweitig (z. B. aus Protokollen, Aktenvermerken, Auskünften einer Behörde oder dergl.) ergibt, als Verfahrensmangel angesehen wird.

Erl. zu § 17:

1. Stellen, die die Beweiserhebung anordnen, sind die Dienstvorgesetzten, der Untersuchungsführer, die Dienststrafgerichte.

2. Dienstvorgesetzter des Ruhestandsbeamten § 21 Abs. 4.

§ 18

Der Beschuldigte kann im Dienststrafverfahren weder verhaftet noch vorläufig festgenommen noch — abgesehen von dem Fall des § 48 — zwangsweise vorgeführt werden.

Begründung:

§ 18: Verhaftungen, die außerhalb des Dienststrafverfahrens erfolgen, werden durch diese Vorschrift nicht verhindert.

§ 19

(1) Die in diesem Gesetz vorgeschriebenen Zustellungen werden ausgeführt:

1. durch Übergabe an den Empfänger gegen Empfangsschein oder, wenn er die Annahme oder die Ausstellung des Empfangsscheins verweigert, durch Anfertigung einer Niederschrift darüber,
2. durch eingeschriebenen Brief mit Rückschein,
3. nach den Vorschriften der Zivilprozeßordnung über die Zustellung von Amts wegen,
4. an Behörden auch durch Vorlegung der Akten mit den Urschriften der zuzustellenden Schriftstücke; der Empfänger hat den Tag der Vorlegung in den Akten zu vermerken.

(2) Die Zustellung nach Abs. 1 Nr. 3 kann durch jeden Beamten ausgeführt werden. Die öffentliche Zustellung wird auf Antrag der Einleitungsbehörde oder des Untersuchungsführers von der Dienststrafkammer bewilligt. Die zuzustellende Ausfertigung ist an der Gerichtstafel der Dienststrafkammer anzuheften; enthält das Schriftstück eine Ladung, so ist außerdem ein Auszug einmalig in das Ministerialblatt des Reichsministeriums des Innern einzurücken.

(3) Alle anderen Mitteilungen erfolgen formlos.

(4) Der Beamte muß Zustellungen und Mitteilungen unter der Anschrift, die er seinem Dienstvorgesetzten angezeigt hat, gegen sich gelten lassen.

§ 20

Zur Ergänzung dieses Gesetzes sind die Vorschriften des Gerichtsverfassungsgesetzes (Sitzungspolizei, Gerichtssprache, Beratung und Abstimmung) und der

Strafprozeßordnung anzuwenden, soweit nicht die Eigenart des Dienststrafverfahrens entgegensteht.

Begründung:

§ 20: Die Worte „Zur Ergänzung" besagen, daß die Vorschriften des Gerichtsverfassungsgesetzes und der Strafprozeßordnung nur insoweit heranzuziehen sind, als die Reichsdienststrafordnung über die betreffende Frage nichts enthält.

Erl. zu § 20:

Anzuwenden sind auch z. B. die Vorschriften über Ausschließung und Ablehnung der Gerichtspersonen, über Fristen und Wiedereinsetzung in den vorigen Stand.

2. Vorermittlungen

§ 21

(1) Werden Tatsachen bekannt, die den Verdacht eines Dienstvergehens rechtfertigen, und hält der Dienstvorgesetzte ein Dienststrafverfahren für angezeigt, so veranlaßt er die zur Aufklärung des Sachverhalts erforderlichen Ermittlungen. Dabei sind nicht nur die belastenden, sondern auch die entlastenden und die für die Strafbemessung bedeutsamen Umstände zu ermitteln.

(2) Das wesentliche Ergebnis der Ermittlungen ist dem Beschuldigten bekanntzugeben. Er ist über die ihm zur Last gelegte Verfehlung unter Aufnahme einer Niederschrift zu hören; er kann sich auch schriftlich äußern.

(3) Der Beschuldigte kann beantragen, daß weitere Ermittlungen vorgenommen werden. Der Dienstvorgesetzte entscheidet, ob dem Antrag stattzugeben ist.

(4) Als Dienstvorgesetzter gilt bei einem Ruhestandsbeamten die vor Beginn des Ruhestandes für den Beamten zuletzt zuständige oberste Dienstbehörde; sie kann

ihre Befugnisse auf nachgeordnete Behörden übertragen. Besteht die hiernach zuständige oberste Dienstbehörde nicht mehr, so bestimmt der Reichsminister des Innern, wer als Dienstvorgesetzter gilt.

Begründung:

Die §§ 21—23 geben im wesentlichen nur das wieder, was bisher schon in Übung war. Auch formlose Vorermittelungen dürfen sich nicht hinter dem Rücken des Beamten abspielen. Er ist vielmehr davon zu unterrichten, ebenso wie er auch nach § 42 Abs. 1 Satz 2 DBG. Anspruch darauf hat, über Beschwerden und Behauptungen, die ihm nachteilig werden können, gehört zu werden.

Die Einstellung der Vorermittelungen hat keine Rechtskraftwirkung (§ 22 Abs. 2).

Erl. zu § 21:

Die Hinzuziehung eines Verteidigers ist in dieser Lage des Verfahrens nicht zugelassen, vgl. §§ 49 Abs. 3, 56 Abs. 1.

§ 22

(1) Ergeben die Ermittlungen kein Dienstvergehen, oder hält der Dienstvorgesetzte eine Dienststrafe nicht für angezeigt, so stellt er das Verfahren ein und teilt dies dem Beschuldigten mit.

(2) Ungeachtet der Einstellung kann der höhere Dienstvorgesetzte wegen desselben Sachverhalts eine Dienststrafe verhängen oder die Einleitungsbehörde das förmliche Dienststrafverfahren einleiten.

Erl. zu § 22:

1. Die Mitteilung an den Beschuldigten ist eine gesetzliche Pflicht.
2. Das Recht nach Abs. 2 unterliegt keiner zeitlichen Beschränkung (anders der Fall des § 27).
3. Verhängung einer Dienststrafe § 24; Einleitung des förmlichen Dienststrafverfahrens §§ 28 ff.

§ 23

Stellt der Dienstvorgesetzte das Verfahren nicht ein, und hält er seine Strafgewalt für ausreichend, so verhängt er die Dienststrafe. Andernfalls führt er die Entscheidung des höheren Dienstvorgesetzten oder der Einleitungsbehörde herbei.

3. Dienststrafverfügung

§ 24

(1) Jeder Dienstvorgesetzte ist zu Warnungen und Verweisen gegen die ihm nachgeordneten Beamten befugt.

(2) Geldbußen können verhängen

1. die oberste Dienstbehörde bis zum zulässigen Höchstbetrage (§ 6),
2. die der obersten Dienstbehörde unmittelbar nachgeordneten Dienstvorgesetzten bis zur Hälfte des zulässigen Höchstbetrags,
3. die übrigen Dienstvorgesetzten bis zu einem Viertel des zulässigen Höchstbetrags.

(3) Die oberste Dienstbehörde kann für ihren Geschäftsbereich die Befugnis der im Abs. 2 Nr. 3 bezeichneten Dienstvorgesetzten zur Verhängung von Geldbußen weiter abstufen.

Begründung:

Zu §§ 24 und 26: Die Zuständigkeit zur Verhängung von Geldbußen und der Beschwerdezug richten sich nach der Organisation der Verwaltung. Der Beamte hat auch hier (vgl. § 42 Abs. 2 Satz 1 DBG.) den Dienstweg einzuhalten; er darf seinen unmittelbaren Dienstvorgesetzten nicht übergehen. Dieser ist aber seinerseits (mit Ausnahme der obersten Dienstbehörde, § 27) an die einmal erlassene Verfügung gebunden. Die Ausgestaltung des Beschwerdezuges muß sich nach den Bedürfnissen der einzelnen Verwaltungen richten. In Betriebsverwaltungen mit zahlreichem Personal kommen kleine Dienststrafen verhältnismäßig häufig vor, werden auch in der Regel von dem bestraften Beamten als berechtigt hingenommen. Für diese Verwaltungen kann eine einzige Beschwerdestufe genügen. Andere Verwaltungen müssen nach der Art ihrer Behördenorganisation Wert darauf legen, in jedem Falle eine förmliche Beschwerdemöglichkeit bis an den Minister zu schaffen. Beiden Bedürfnissen trägt § 26 Abs. 3 Rechnung.

Erl. zu § 24:

1. Nur der Dienstvorgesetzte, nicht der Vorgesetzte (§ 2 Abs. 5 DBG.) hat die Befugnisse nach Abs. 1. Bekleidet ein Beamter mehrere Ämter, so hat der Dienstvorgesetzte für jedes dieser Ämter die Befugnis.

2. Für Beamte der uniformierten staatlichen Vollzugspolizei vgl. § 111, für Gemeinde- und Körperschaftsbeamte § 112.

§ 25

Die Dienststrafe wird durch eine schriftliche, mit Gründen versehene Verfügung verhängt, die dem Beschuldigten zuzustellen oder verhandlungsschriftlich zu eröffnen ist.

Erl. zu § 25:

Zustellung vgl. § 19; Beamte der uniformierten staatlichen Vollzugspolizei § 111.

§ 26

(1) Der Beschuldigte kann gegen die Dienststrafverfügung, wenn sie nicht von der obersten Dienstbehörde erlassen ist, innerhalb zweier Wochen nach Zustellung oder Eröffnung schriftlich Beschwerde erheben. Die Beschwerde ist bei dem Dienstvorgesetzten, der die Dienststrafverfügung erlassen hat, einzulegen. Die Frist wird auch gewahrt, wenn während ihres Laufes die Be-

schwerde bei dem Dienstvorgesetzten eingelegt wird, der über sie zu entscheiden hat.

(2) Der Dienstvorgesetzte, der die Dienststrafverfügung erlassen hat, ist nicht berechtigt, die Dienststrafe aufzuheben oder zu mildern. Er hat die Beschwerde spätestens innerhalb einer Woche dem nächsthöheren Dienstvorgesetzten vorzulegen. Dieser entscheidet.

(3) Gegen die auf die Beschwerde ergehende Entscheidung sind weitere Beschwerden bis an die oberste Dienstbehörde zulässig; die oberste Dienstbehörde kann jedoch den Beschwerdezug durch Verordnung allgemein oder für einzelne Beamtengruppen beschränken. Abs. 1 und 2 gelten sinngemäß.

(4) Die Entscheidung der obersten Dienstbehörde ist in allen diesen Fällen endgültig.

§ 27

Der höhere Dienstvorgesetzte oder die oberste Dienstbehörde können eine Dienststrafverfügung des nachgeordneten Dienstvorgesetzten, die oberste Dienstbehörde auch eine von ihr selbst erlassene Dienststrafverfügung innerhalb eines Jahres, nachdem sie erlassen ist, aufheben und in der Sache anders entscheiden oder die Einleitung des förmlichen Dienststrafverfahrens veranlassen. Vor der Entscheidung ist der Beschuldigte zu hören. § 26 gilt sinngemäß.

Begründung:

§ 27: Dem Führer-Grundsatz entspricht es, daß die höhere Behörde Dienststrafverfügungen eines nachgeordneten Dienstvorgesetzten nachprüfen und gegebenenfalls schärfere Maßregeln gegen den bestraften Beamten ergreifen kann. Andererseits würde es die Dienstfreudigkeit eines mit einer geringen Dienststrafe davongekommenen

Beamten auf die Dauer lähmen, wenn er bis an das Ende seiner Diensttätigkeit damit rechnen müßte, wegen des bereits geahndeten Vergehens noch nach längerer Zeit in ein förmliches Verfahren verwickelt zu werden. Eine Ausschlußfrist ist daher am Platze. Die Frist von einem Jahre wird im allgemeinen für die Nachprüfung im Verwaltungswege ausreichen.

Erl. zu § 27:

1. Durchbrechung des Grundsatzes: ne bis in idem; vgl. § 22.
2. Die höheren Dienstvorgesetzten müssen selbst entscheiden.

4. Einleitung des förmlichen Dienststrafverfahrens

Begründung:

Zu §§ 28, 29: Die Einleitung ist der entscheidende Akt, durch den das förmliche Verfahren in Gang kommt. Zur Entlastung der obersten Reichsbehörden ist die Einleitungsbefugnis abgestuft (anders als im bisherigen Reichsrecht), jedoch bleibt es der obersten Reichsbehörde unbenommen, die Befugnis allgemein oder im Einzelfall an sich zu ziehen. Die Zuständigkeiten im einzelnen ergeben sich aus der Organisation der Verwaltung.

§ 28

Das förmliche Dienststrafverfahren gliedert sich in die Untersuchung und in das Verfahren vor dem Dienststrafgericht. Es wird durch schriftliche Verfügung der Einleitungsbehörde eingeleitet. Die Verfügung wird dem Beschuldigten zugestellt und, wenn dieser Mitglied der Nationalsozialistischen Deutschen Arbeiterpartei ist, dem Stellvertreter des Führers in Abschrift mitgeteilt. Die Einleitung wird mit der Zustellung wirksam.

Erl. zu § 28:

1. Das Verfahren im „förmlichen" Dienststrafverfahren ist ein formelles. Eine Verletzung wesentlicher Vorschriften kann das Verfahren unwirksam machen.

2. Bezügl. der Beamten auf Widerruf vgl. § 107; Zustellung § 19.

§ 29

(1) Einleitungsbehörden sind

a) für Beamte, deren Ernennung sich der Führer und Reichskanzler vorbehalten hat, mit Ausnahme der unter c bezeichneten, die für die Dienstaufsicht zuständigen obersten Reichsbehörden; diese können ihre Befugnis mit Zustimmung des Reichsministers des Innern auf unmittelbar nachgeordnete Behörden übertragen, sie jedoch im Einzelfall wieder an sich ziehen,

b) für andere Beamte, mit Ausnahme der unter c bezeichneten, die für die Ernennung zuständigen Behörden,

c) für Beamte der Gemeinden, Gemeindeverbände und der anderen Körperschaften, Anstalten und Stiftungen des öffentlichen Rechts die Behörden, die der für die Aufsicht zuständige Reichsminister im Benehmen mit dem Reichsminister des Innern bestimmt,

d) für an nichtstaatlichen öffentlichen Schulen tätige beamtete Lehrpersonen, die der staatlichen Bestätigung bedürfen, die Behörden, die der Reichsminister für Wissenschaft, Erziehung und Volksbildung im Einvernehmen mit dem Reichsminister des Innern bestimmt.

Die obersten Reichsbehörden können auch für die unter b bis d genannten, ihrer Aufsicht unterstehenden Beamten die Befugnis der Einleitungsbehörde allgemein oder im Einzelfall an sich ziehen.

(2) Zuständig ist die Einleitungsbehörde, der der Be-

schuldigte im Zeitpunkt der Einleitung untersteht, bei einem nicht wieder beschäftigten Wartestandsbeamten und bei einem Ruhestandsbeamten die Behörde, die bei seinem Eintritt in den Wartestand oder in den Ruhestand zuständig war; besteht diese Behörde nicht mehr, so bestimmt die oberste Reichsbehörde, welche Behörde zuständig ist. Die Zuständigkeit der Einleitungsbehörde nach Satz 1 wird durch eine Beurlaubung oder Abordnung des Beschuldigten nicht berührt.

Erl. zu § 29:

Gemeinde- und Körperschaftsbeamte § 112; richterliche Beamte § 108; Wehrmachtsbeamte § 113. Die Rechtsstellung der an nichtstaatlichen öffentlichen Schulen tätigen beamteten Lehrpersonen ist länderweise unterschiedlich, teilweise auch strittig. Solange zu ihrer Ordnung nicht ein Reichsgesetz erlassen ist, ist eine Sonderregelung nötig.

§ 30

(1) Bekleidet ein Beschuldigter mehrere Ämter, die nicht im Verhältnis von Haupt- zu Nebenamt stehen, und beabsichtigt die Einleitungsbehörde, zu deren Geschäftsbereich eines dieser Ämter gehört, ein förmliches Dienststrafverfahren gegen ihn einzuleiten, so teilt sie dies den für die anderen Ämter zuständigen Einleitungsbehörden mit. Ein weiteres Dienststrafverfahren kann gegen den Beschuldigten wegen desselben Sachverhalts nicht eingeleitet werden.

(2) Bekleidet ein Beschuldigter mehrere Ämter, die im Verhältnis von Haupt- zu Nebenamt stehen, so kann nur die für das Hauptamt zuständige Einleitungsbehörde ein förmliches Dienststrafverfahren gegen ihn einleiten. Abs. 1 Satz 2 gilt entsprechend.

(3) Die Einleitungsbehörde kann Dienststrafverfahren, die sie gegen mehrere Beschuldigte wegen des gleichen Sachverhalts eingeleitet hat, bis zum Eingang der Anschuldigungsschrift bei der Dienststrafkammer (§ 53) durch Verfügung miteinander verbinden und wieder trennen.

(4) Sind mehrere Einleitungsbehörden beteiligt, so entscheiden auf Antrag einer Einleitungsbehörde die zuständigen obersten Dienstbehörden gemeinsam über Verbindung und Trennung der Verfahren und darüber, welche Einleitungsbehörde für den Fortgang des Verfahrens zuständig sein soll.

Begründung:

§ 30 füllt zwei Lücken des bisherigen Rechts aus, in beiden Fällen (Abgrenzung bei mehreren Ämtern — Abs. 1 und 2 —, Verbindung und Trennung von Verfahren — Abs. 3 und 4 —) mit dem Ziel, einheitliches Vorgehen zu gewährleisten und überflüssige Verwaltungsarbeit zu ersparen.

Erl. zu § 30:

Vgl. §§ 80, 112 Abs. 6.

5. Dienststrafgerichte

Begründung:

Zu §§ 31 ff. (Dienststrafgerichte). Gleichwie für alle deutschen Beamten nunmehr materiell gleiches Dienststrafrecht gilt, wird auch die Dienststrafgerichtsbarkeit für das ganze Reich vereinheitlicht. Die Dienststrafkammern im ersten und der Reichsdienststrafhof im zweiten und letzten Rechtszuge sind grundsätzlich für alle Beamten des Reiches, der Länder, der Gemeinden und sonstigen Körperschaften, Anstalten und Stiftungen des öffentlichen Rechts zuständig. Eine Ausnahme rechtfertigt sich lediglich durch die Sonderstellung der Rechtspflege (Näheres s. zu § 109).

Die Organisation der Dienststrafgerichte wird sich dem künftigen Aufbau der Verwaltungsgerichte anpassen (§§ 32 und 41).

In beiden Rechtszügen wirken neben rechtskundigen Beisitzern andere Beisitzer aus der Beamtenschaft mit. Sie werden aus allen Laufbahnen und Verwaltungszweigen ausgewählt. In ihrer Mitwirkung drückt sich der Gemeinschaftsgedanke innerhalb der Beamtenschaft aus. Die Zahl der an der Entscheidung teilnehmenden Mitglieder ist gegenüber dem bisherigen Recht beschränkt worden, für den ersten Rechtszug auf drei, für den zweiten Rechtszug in Beschlußsachen auf drei, sonst auf fünf Mitglieder.

Die Zuständigkeit der Dienststrafkammer bestimmt sich in der Regel örtlich (§ 33); von der Möglichkeit der Verweisung einer Sache von der zuständigen an eine andere Dienststrafkammer (vgl. z. B. § 90 des Reichsbeamtengesetzes) ist bewußt Abstand genommen worden, um etwaigen Maßnahmen, die den Anschein einer unsachlichen Einflußnahme auf die Rechtsprechung der Dienststrafgerichte erwecken könnten, von vornherein den Boden zu entziehen.

§ 31

(1) Dienststrafgerichte sind die Dienststrafkammern und der Reichsdienststrafhof.

(2) Die Dienststrafgerichte sind unabhängig und nur dem Gesetz unterworfen.

(3) Die Mitglieder der Dienststrafgerichte üben ihre Tätigkeit in richterlicher Unabhängigkeit aus. Auf den sachlichen Inhalt einer in Ausübung dieser Tätigkeit getroffenen Entscheidung kann ihre Versetzung in den Ruhestand nach § 71 des Deutschen Beamtengesetzes nicht gestützt werden.

Erl. zu § 31:

Vgl. für richterliche Beamte §§ 108, 110; für Beamte der Reichsjustizverwaltung § 109; für Wehrmachtsbeamte § 113.

a) Dienststrafkammern

§ 32

Die Dienststrafkammern werden bei Verwaltungsgerichten gebildet. Der Reichsminister des Innern bestimmt Sitz und Bezirk der Dienststrafkammern; er kann bei einer Dienststrafkammer mehrere Abteilungen bilden; er regelt den Geschäftsgang.

§ 33

(1) Zuständig ist die Dienststrafkammer, in deren Bezirk der Beschuldigte bei Einleitung des förmlichen Dienststrafverfahrens seinen dienstlichen Wohnsitz hat. Liegt der dienstliche Wohnsitz im Ausland, so ist die Dienststrafkammer in Berlin zuständig; für bestimmte Arten von Beamten im Grenzdienst kann jedoch die oberste Reichsbehörde im Einvernehmen mit dem Reichsminister des Innern die dem dienstlichen Wohnsitz am nächsten liegende Dienststrafkammer als zuständig bezeichnen.

(2) Bei wiederbeschäftigten Wartestandsbeamten ist der Sitz der Behörde, bei anderen Wartestandsbeamten und bei Ruhestandsbeamten der Wohnsitz oder, wenn ein Wohnsitz im Inland nicht besteht, der letzte dienstliche Wohnsitz maßgebend.

Erl. zu § 33:

Der dienstliche Wohnsitz braucht nicht der bürgerlich-rechtliche Wohnsitz zu sein. § 19 DBG., § 7 BGB.

§ 34

Streitigkeiten über die Zuständigkeit von Dienststrafkammern entscheidet auf Antrag einer Dienststrafkammer oder einer anderen am Verfahren beteiligten Behörde der Reichsdienststrafhof durch Beschluß.

Erl. zu § 34:

Also nicht auf Vorbringen des Beschuldigten.

§ 35

(1) Mitglieder der Dienststrafkammer sind der Vorsitzende, seine Stellvertreter, rechtskundige und andere Beisitzer.

(2) Die Mitglieder müssen auf Lebenszeit ernannte Beamte im Alter von mindestens dreißig Jahren sein, die ihren dienstlichen Wohnsitz im Bezirk der Dienststrafkammer haben.

(3) Der Vorsitzende der Dienststrafkammer und seine Stellvertreter müssen planmäßige richterliche Beamte der Verwaltungsgerichtsbarkeit oder der ordentlichen Gerichtsbarkeit sein.

(4) Die rechtskundigen Beisitzer müssen die Befähigung zum höheren Verwaltungsdienst oder zum Richteramt besitzen.

§ 36

(1) Der Reichsminister des Innern bestellt die Mitglieder der Dienststrafkammer auf drei Jahre; er kann sie bei Ablauf ihrer Amtszeit wiederbestellen.

(2) Wird während der Amtszeit die Bestellung neuer Mitglieder erforderlich, so werden sie nur für den Rest der Amtszeit bestellt.

(3) Die Beteiligung der Nationalsozialistischen Deutschen Arbeiterpartei bei der Auswahl der Mitglieder regelt der Reichsminister des Innern im Einvernehmen mit dem Stellvertreter des Führers.

§ 37

Die Dienststrafkammer entscheidet mit drei Mitgliedern, dem Vorsitzenden (oder seinem Stellvertreter) und zwei Beisitzern, von denen einer rechtskundig sein muß; einer der Beisitzer soll der Laufbahn und möglichst dem Verwaltungszweig des Beschuldigten angehören.

Erl. zu § 37:

Laufbahn: Höherer Dienst, schwierigerer Büro- (technischer) Dienst, einfacher Büro- (technischer) Dienst, unterer Dienst.

§ 38

(1) Der Vorsitzende kann Beisitzern, die sich ohne vorherige Entschuldigung ihren Pflichten entziehen, die dadurch verursachten Auslagen auferlegen. Bei nachträglicher genügender Entschuldigung kann er seine Anordnung ganz oder teilweise aufheben.

(2) Auf Einspruch des Betroffenen entscheidet die Dienststrafkammer endgültig. Der Betroffene darf bei der Entscheidung nicht mitwirken.

§ 39

Ein Mitglied der Dienststrafkammer, gegen das ein förmliches Dienststrafverfahren oder wegen eines Verbrechens oder vorsätzlichen Vergehens ein Strafverfahren eingeleitet oder dem nach § 6 Abs. 1 des Deutschen Beamtengesetzes die Führung seiner Dienstgeschäfte verboten ist, kann während dieses Verfahrens oder der Dauer des Verbots sein Amt nicht ausüben.

§ 40

(1) Das Amt eines Mitglieds der Dienststrafkammer erlischt, wenn das Mitglied

1. im Strafverfahren zu einer Freiheitsstrafe oder an Stelle einer Freiheitsstrafe zu einer Geldstrafe oder im förmlichen Dienststrafverfahren zu Geldbuße oder einer schwereren Strafe rechtskräftig verurteilt wird,
2. aus der Nationalsozialistischen Deutschen Arbeiterpartei ausgeschlossen oder ausgestoßen wird,
3. in den Wartestand oder in ein Amt außerhalb des Bezirks der Dienststrafkammer versetzt oder als Hochschullehrer entpflichtet wird, oder
4. auf andere Weise aus dem Hauptamt scheidet, das es bei seiner Bestellung bekleidet hat.

(2) Das Amt des Vorsitzenden oder Stellvertreters des Vorsitzenden erlischt ferner, wenn die Voraussetzungen des § 35 Abs. 3 wegfallen.

b) Reichsdienststrafhof

§ 41

(1) Der Reichsdienststrafhof wird bei dem Reichsverwaltungsgericht gebildet. Er gliedert sich in Dienststrafsenate. Das Nähere bestimmt der Reichsminister des Innern.

(2) Der Reichsdienststrafhof besteht aus einem Präsidenten, seinen Stellvertretern, richterlichen und anderen Beisitzern.

(3) Der Präsident, seine Stellvertreter und die richterlichen Beisitzer müssen Mitglieder des Reichsverwaltungsgerichts sein.

(4) Die Mitglieder des Reichsdienststrafhofs (Abs. 2) werden vom Führer und Reichskanzler auf drei Jahre bestellt.

(5) Im übrigen gelten § 35 Abs. 2, §§ 36, 38 bis 40 sinngemäß.

§ 42

(1) Will ein Dienststrafsenat in einer Rechtsfrage von der Entscheidung eines anderen Dienststrafsenats oder des Großen Dienststrafsenats (Abs. 3) abweichen, so hat er die Rechtsfrage unter Begründung seiner Rechtsauffassung an den Großen Dienststrafsenat zu verweisen. Dies gilt nicht, wenn der Senat, von dessen Entscheidung er abweichen will, der Abweichung zustimmt.

(2) Ein Dienststrafsenat kann die Entscheidung des Großen Dienststrafsenats auch in einer Rechtsfrage von grundsätzlicher Bedeutung herbeiführen, wenn nach seiner Auffassung die Fortbildung des Rechts oder die Sicherung einer einheitlichen Rechtsprechung es erfordern. Hält der Vertreter der obersten Dienstbehörde (§ 75 Abs. 1) aus einem solchen Grunde die Entscheidung des Großen Dienststrafsenats für erforderlich, so ist die Sache dem Großen Dienststrafsenat vorzulegen.

(3) Der Große Dienststrafsenat besteht aus dem Präsidenten des Reichsdienststrafhofs, seinen Stellvertretern und je einem richterlichen Mitgliede, das der Vorsitzende jedes Dienststrafsenats von Fall zu Fall zur Mitwirkung in den Großen Dienststrafsenat entsendet.

(4) Bei Stimmengleichheit wird die Stimme des dem Dienstalter nach, bei gleichem Dienstalter der Geburt nach jüngsten Mitglieds nicht mitgezählt; der Berichterstatter hat jedoch immer Stimmrecht.

(5) Die Entscheidung der Rechtsfrage durch den Großen Dienststrafsenat ist in der zu entscheidenden Sache bindend.

§ 42 (Entscheidung eines „Großen Dienststrafsenats" über Rechtsfragen) dient der Einheitlichkeit der Rechtsprechung.

§ 43

Jeder Dienststrafsenat beschließt mit zwei richterlichen Mitgliedern, einschließlich des Vorsitzenden, und einem weiteren Mitglied. Er entscheidet in der Hauptverhandlung mit drei richterlichen Mitgliedern, einschließlich des Vorsitzenden, und zwei weiteren Mitgliedern.

6. Untersuchung

Begründung:

Zu §§ 44 ff. (Untersuchung): Die RDStO. hält an einer förmlichen Voruntersuchung, hier „Untersuchung" genannt, fest. Der Grundsatz der Unmittelbarkeit der mündlichen Verhandlung läßt sich auf das Dienststrafverfahren nicht ohne weiteres übertragen. Im allgemeinen sind mit der Voruntersuchung im Dienststrafrecht überwiegend gute Erfahrungen gemacht worden. Ihre Beseitigung würde die Gründlichkeit der Beweisaufnahme gefährden, die Verlegung des Schwergewichts in die Hauptverhandlung auch dem Staate vielfach erhebliche Mehrkosten verursachen. Verschleppungsbestrebungen des Beschuldigten, die in größeren Verfahren gelegentlich zutage getreten sind, wird ein Untersuchungsführer, der die Zügel der Untersuchung fest in der Hand hat, mit Erfolg entgegentreten können, um so mehr, wenn — wie schon nach bisherigem Reichsrecht — ein Verteidiger dem Beschuldigten in der Untersuchung noch nicht zur Seite steht, während auf der anderen Seite die Einleitungsbehörde durch ihren Vertreter ausreichende Handhaben hat, um das Verfahren vorwärts zu treiben.

Schließlich kann die Einleitungsbehörde, wenn der Sachverhalt bereits klar zutage liegt, insbesondere also nach vorausgegangenem Strafverfahren, das mit Verurteilung geendet hat, von der Untersuchung absehen (§ 44 Abs. 1).

Der Untersuchungsführer hat die Stellung eines unabhängigen Untersuchungsrichters.

In Dienststrafverfahren, deren Untersuchung z. B. durch die große Zahl der Anschuldigungspunkte oder durch die Zahl der zu vernehmenden Zeugen außergewöhnlich umfangreich ist, kann sich die Bestellung eines Hilfsuntersuchungsführers als zweckmäßig erweisen. Sie wird daher nach dem Vorgang des § 184 der Strafprozeßordnung in der Fassung des Gesetzes vom 28. 6. 1935 (Reichsgesetzbl. I S. 844, 846), dessen einzelne Vorschriften gemäß § 20 RDStO. ergänzend anzuwenden sind, zugelassen (§ 44 Abs. 2 Satz 2), darf aber — worauf die Einleitungsbehörden in den Ausführungsbestimmungen noch besonders hinzuweisen sein werden — keinesfalls etwa als willkommene Entlastung eines jeden Untersuchungsführers zur Regel werden.

Der Vertreter der Einleitungsbehörde — die an das allgemeine Strafprozeßrecht anklingende Bezeichnung „Beamter der Staatsanwaltschaft" vermeidet das Gesetz bewußt — ist lediglich der verlängerte Arm oder das Sprachrohr der Einleitungsbehörde.

§ 44

(1) Die Einleitungsbehörde kann von der Untersuchung absehen, wenn sie den Sachverhalt für aufgeklärt ansieht; sie hat den Beschuldigten davon in Kenntnis zu setzen.

(2) Andernfalls bestellt sie bei oder nach der Einleitung des Verfahrens einen Beamten zum Untersuchungsführer sowie einen weiteren Beamten zu ihrem Vertreter in dem Verfahren und teilt dies dem Beschuldigten mit. Sie kann Hilfsuntersuchungsführer bestellen.

(3) Der Untersuchungsführer ist in der Durchführung der Untersuchung unabhängig und, abgesehen von den Fällen des § 50, an Weisungen nicht gebunden. Sein Amt erlischt aus den gleichen Gründen wie das Amt eines Mitgliedes der Dienststrafkammer nach § 40 Abs. 1 Nr. 1, 2 oder 4. Er kann abberufen werden, wenn die Voraussetzungen des § 40 Abs. 1 Nr. 3 bei ihm eintreten. Über seine Ablehnung entscheidet die Einleitungsbehörde endgültig.

(4) Der Vertreter der Einleitungsbehörde hat ihren Weisungen zu folgen.

Erl. zu § 44:

1. Nur Beamte können Untersuchungsführer oder Vertreter der Einleitungsbehörde sein. Beide sind notwendige Organe im Untersuchungsverfahren.
2. Die Einleitungsbehörde bestellt den Untersuchungsführer (anders als im bisherigen pr. Recht).
3. Ablehnung des Untersuchungsführers §§ 25 ff. StPO.

§ 45

(1) Der Untersuchungsführer hat einen Schriftführer zuzuziehen und ihn, wenn er nicht Beamter ist, auf dieses Amt zu vereidigen.

(2) Über die Ablehnung des Schriftführers entscheidet der Untersuchungsführer endgültig.

Erl. zu § 45:

Die Zuziehung eines Schriftführers ist eine zwingende Vorschrift; ist er nicht Beamter, so ist er zu vereidigen.

§ 46

Der Untersuchungsführer kann Zeugen und Sachverständige eidlich vernehmen. Er kann Beschlagnahmen und Durchsuchungen anordnen und sie durch die dazu sonst berufenen Behörden ausführen lassen. Polizeibehörden und Vertreter der Einleitungsbehörde sind nicht befugt, eine Beschlagnahme oder Durchsuchung im Dienststrafverfahren anzuordnen.

Erl. zu § 46:

Beschlagnahmen und Durchsuchungen §§ 94 ff. StPO.

§ 47

Der Beschuldigte ist zu Beginn der Untersuchung zu laden und, falls er erscheint, zu vernehmen, auch wenn er bereits während der Vorermittlungen gehört worden ist. Ist er aus zwingenden Gründen am Erscheinen verhindert, und hat er dies rechtzeitig mitgeteilt, so ist er erneut zu laden.

Erl. zu § 47:

Es besteht für den Beschuldigten kein Zwang zu erscheinen, vgl. § 18 (keine Vorführung), § 48 (Untersuchung auf Geisteszustand), § 59 (Nichterscheinen in der Hauptverhandlung).

§ 48

(1) Zur Vorbereitung eines Gutachtens über den Geisteszustand des Beschuldigten kann die Dienststrafkammer auf Antrag des Untersuchungsführers anordnen, daß der Beschuldigte in eine öffentliche Heil- und Pflegeanstalt gebracht und dort verwahrt und untersucht wird. Der Untersuchungsführer hat den Beschuldigten von dem Antrag in Kenntnis zu setzen. Der Vorsitzende der Dienststrafkammer bestellt von Amts wegen für dieses Untersuchungsverfahren einen Beamten zum Verteidiger und stellt ihm den Beschluß der Dienststrafkammer zu.

(2) Gegen den Beschluß ist Beschwerde zulässig; sie hat aufschiebende Wirkung.

(3) Die Verwahrung in der Anstalt darf nicht länger als sechs Wochen dauern.

Begründung:

In § 48 ist neu die Möglichkeit der zwangsweisen Untersuchung des Beschuldigten auf seinen Geisteszustand schon während der Untersuchung. Dies gilt sinngemäß für das Verfahren vor der Dienststrafkammer (§ 53 Abs. 5). Wird Geisteskrankheit festgestellt, so hat an Stelle des nach § 48 Abs. 1 Satz 3 zum Verteidiger bestellten Beamten ein Pfleger nach § 15 Abs. 2 zu treten.

Erl. zu § 48:

Zustellung § 19.

§ 49

(1) Der Beschuldigte kann an den Beweiserhebungen teilnehmen. Er ist zu allen Beweiserhebungen, abgesehen von Beschlagnahmen und Durchsuchungen, zu laden. Der Untersuchungsführer kann den Beschuldigten von der Teilnahme ausschließen, wenn er dies aus besonderen dienstlichen Gründen oder mit Rücksicht auf den Untersuchungszweck für erforderlich hält; der Beschuldigte ist jedoch über das Ergebnis dieser Beweiserhebungen zu unterrichten.

(2) Der Untersuchungsführer soll Beweisanträgen des Beschuldigten stattgeben, soweit sie für die Schuldfrage, das Strafmaß oder für die Gewährung eines Unterhaltsbeitrages (§ 64) von Bedeutung sein können.

(3) Ein Verteidiger ist während der Untersuchung nicht zugelassen.

Begründung:

§ 49: Die Zulassung des Beschuldigten zu allen Beweiserhebungen — eine wesentliche Abweichung vom bisherigen Reichsrecht — dient dem Ziel, die Hauptverhandlung nach Möglichkeit zu entlasten, andererseits die Verteidigungsmöglichkeit des Beschuldigten nicht zu beschränken.

Erl. zu § 49:

1. Vgl. § 56 Abs. 1 (Verteidiger in dem Verfahren vor der Dienststrafkammer). Kosten der Verteidigung § 100 Abs. 2.
2. Beschlagnahmen und Durchsuchungen §§ 94 ff. StPO.

§ 50

(1) Der Vertreter der Einleitungsbehörde ist zu allen Beweiserhebungen, abgesehen von Beschlagnahmen und Durchsuchungen, zu laden. Er kann daran teilnehmen, sich aber auch jederzeit durch Einsichtnahme in die Akten

über den Stand der Untersuchung unterrichten. Seinen Beweisanträgen muß der Untersuchungsführer stattgeben.

(2) Der Vertreter der Einleitungsbehörde kann beantragen, die Untersuchung auf neue Punkte, die den Verdacht eines Dienstvergehens rechtfertigen, zu erstrecken. Der Untersuchungsführer muß den Anträgen entsprechen; er kann von sich aus die Untersuchung auf neue Punkte ausdehnen, wenn der Vertreter der Einleitungsbehörde zustimmt. Der Untersuchungsführer hat dem Beschuldigten Gelegenheit zu geben, sich auch zu den neuen Anschuldigungen zu äußern.

Begründung:

§ 50: Die Einflußnahme der Einleitungsbehörde durch ihren Vertreter auf den Gang des Verfahrens ist gegenüber dem bisherigen Recht stark ausgebaut, unter dem Gesichtspunkt, daß bis zum Tätigwerden des Dienststrafgerichts die Einleitungsbehörde — unbeschadet der Pflicht des Untersuchungsführers, die Untersuchung objektiv zu führen — die eigentliche Herrin des Verfahrens sein soll.

§ 51

(1) Hält der Untersuchungsführer das Ziel der Untersuchung für erreicht, so hat er dem Beschuldigten Gelegenheit zu geben, sich abschließend zu äußern. Er kann dem Beschuldigten von dem für das Verfahren erheblichen Inhalt der Personalakten Kenntnis geben und ihm in die sonstigen Akten auch Einsicht gewähren.

(2) Nach der abschließenden Anhörung des Beschuldigten (Abs. 1 Satz 1) legt der Untersuchungsführer die Akten mit einem zusammenfassenden Bericht der Einleitungsbehörde vor.

§ 52

(1) Die Einleitungsbehörde muß das förmliche Dienststrafverfahren, solange es noch nicht bei der Dienststrafkammer anhängig ist (§ 53 Abs. 3), einstellen, wenn

1. es nicht rechtswirksam eingeleitet oder sonst unzulässig ist,
2. der Beschuldigte stirbt,
3. der Beschuldigte aus dem Beamtenverhältnis ausscheidet oder entlassen wird,
4. bei einem Ruhestandsbeamten die Folgen einer gerichtlichen Verurteilung oder der Aberkennung der deutschen Staatsangehörigkeit nach § 132 des Deutschen Beamtengesetzes eintreten,
5. der Beschuldigte als Ruhestandsbeamter auf seine Rechte als solcher der obersten Dienstbehörde gegenüber schriftlich verzichtet. Durch einen solchen Verzicht erlöschen die Ansprüche auf Ruhegehalt und Hinterbliebenenversorgung sowie die Befugnis, die Amtsbezeichnung und die im Zusammenhang mit dem früheren Amt verliehenen Titel zu führen und die Uniform zu tragen.

(2) Die Einleitungsbehörde kann das förmliche Dienststrafverfahren, solange es noch nicht bei der Dienststrafkammer anhängig ist (§ 35 Abs. 3), einstellen, wenn sie dies nach dem Ergebnis der Untersuchung oder aus anderen Gründen für angebracht hält; sie kann in diesem Fall auch eine Dienststrafe im Rahmen der ihr nach § 11 Abs. 2, § 24 zustehenden Befugnis verhängen oder, wenn sie ihre Dienststrafgewalt nicht für ausreichend hält, die Entscheidung des höheren Dienstvorgesetzten herbeiführen. Wird eine Dienststrafe verhängt, so können die Kosten des Verfahrens dem Beschuldigten

auferlegt werden. Gegenüber einem Ruhestandsbeamten kann die Einleitungsbehörde das Verfahren auch dann einstellen, wenn sie ein Dienstvergehen (§ 12 Satz 2) zwar für erwiesen, die Aberkennung oder die Kürzung des Ruhegehalts aber nicht für gerechtfertigt hält.

(3) In den Fällen des Abs. 1 und des Abs. 2 Satz 1 und 3 gelten § 22 Abs. 2 und § 27 sinngemäß.

(4) Die Einstellungsverfügung ist zu begründen und dem Beschuldigten zuzustellen.

Begründung:

§ 52: Die Frage, wann ein förmliches Dienststrafverfahren eingestellt werden muß oder eingestellt werden kann, sei es von der Einleitungsbehörde oder von dem Dienststrafgericht, war im bisherigen Reichs- und Landesrecht nicht erschöpfend geregelt. § 52 füllt, in Verbindung mit § 63 Abs. 3, diese Lücke aus. In Abs. 1 sind die in Frage kommenden Fälle der Beendigung des Beamtenverhältnisses nach dem Deutschen Beamtengesetz berücksichtigt. Nr. 5 enthält die wichtige materielle Vorschrift, daß ein der obersten Dienstbehörde gegenüber schriftlich erklärter Verzicht eines Ruhestandsbeamten auf seine Rechte diese zum Erlöschen bringt. Für den aktiven Beamten ergibt sich die entsprechende Folge aus den §§ 60, 66 Abs. 2 des Deutschen Beamtengesetzes.

Neu ist die Bestimmung, daß im Falle der Verhängung einer Dienststrafe bei Einstellung des Verfahrens durch die Einleitungsbehörde dem Beschuldigten die Kosten des Verfahrens auferlegt werden können.

Die Einstellung des Verfahrens nach § 52 Abs. 2 hat ebensowenig Rechtskraftwirkung wie die Einstellung der Vorermittlungen nach § 22.

Erl. zu § 52:

Vgl. Erl. 1 zu § 8. Ausscheiden aus dem Beamtenverhältnis §§ 51 ff.; Entlassung §§ 57 ff. DBG.

7. Verfahren vor der Dienststrafkammer bis zur Hauptverhandlung

Begründung:

Zu §§ 53ff.: Den entscheidenden Einschnitt im förmlichen Verfahren, zwischen Untersuchung und Verfahren vor der Dienststrafkammer, bildet die Einreichung der Anschuldigungsschrift. Nach ihrem Eingang bei der Dienststrafkammer, dem „Anhängigwerden" des Verfahrens, kann die Einleitungsbehörde den weiteren Lauf des Verfahrens nicht mehr aufhalten und, im Gegensatz zum geltenden Reichsrecht (§ 101 RDB.), das Verfahren ihrerseits nicht mehr einstellen. Ein Eingreifen bleibt dann nur noch im Wege der Niederschlagung durch den Führer und Reichskanzler möglich.

Die Anschuldigungsschrift, gegebenenfalls mit den Erweiterungen, die sie durch Nachträge nach § 53 Abs. 4 erfährt, begrenzt den Gegenstand der mündlichen Verhandlung und der Urteilsfindung (§ 62). Vom Eingang der Anschuldigungsschrift an kann sich der Beschuldigte eines Verteidigers bedienen; Beamte sind, von Rechtslehrern an Hochschulen abgesehen, als solche nicht zugelassen, da es für den autoritären Staat nicht tragbar ist, daß ein Beamter in einem gerichtlichen Verfahren gegen die Behörde, u. U. sogar gegen den Minister als Einleitungsbehörde, die Interessen eines anderen vertritt (§ 56). Von der Zustellung der Anschuldigungsschrift an haben der Beschuldigte und sein Verteidiger das Recht auf Akteneinsicht im Rahmen des § 57.

§ 53

(1) Der Vertreter der Einleitungsbehörde verfaßt nach ihren Weisungen eine Anschuldigungsschrift und legt sie mit den Akten der Dienststrafkammer vor.

(2) Die Anschuldigungsschrift soll die Tatsachen, in denen ein Dienstvergehen erblickt wird, und die Beweismittel geordnet darstellen. Sie darf diese Tatsachen zuungunsten des Beschuldigten nur insoweit verwerten.

als ihm in der Untersuchung Gelegenheit gegeben worden ist, sich dazu zu äußern.

(3) Mit dem Eingang der Anschuldigungsschrift ist das Verfahren bei der Dienststrafkammer anhängig.

(4) Teilt die Einleitungsbehörde der Dienststrafkammer mit, daß sie neue Anschuldigungspunkte zum Gegenstand der Verhandlung machen wolle, so hat die Dienststrafkammer das Verfahren auszusetzen, bis der Vertreter der Einleitungsbehörde nach Ergänzung der Vorermittlungen oder der Untersuchung einen Nachtrag zur Anschuldigungsschrift vorlegt oder die Fortsetzung des Verfahrens beantragt.

(5) § 48 gilt sinngemäß; eines Antrags bedarf es nicht.

Erl. zu § 53:

1. Der Anschuldigungsschrift kommt für das weitere Verfahren besondere Bedeutung zu: sie bestimmt den Umfang des Prozeßstoffes; nur die in der Anschuldigungsschrift als Dienstvergehen bezeichneten Anschuldigungspunkte dürfen der Urteilsfindung zugrunde gelegt werden. Die Anschuldigungsschrift darf nur die Anschuldigungspunkte enthalten, die in der Voruntersuchung mit dem Angeschuldigten erörtert worden sind. Die Anschuldigungsschrift darf sich nicht auf abstrakte Vorwürfe, z. B. den der „groben Pflichtverletzung" oder dgl. beschränken, sie muß vielmehr den konkreten Sachverhalt darlegen, an den der Maßstab des Dienststrafgesetzes gelegt werden soll. Zu diesem Zweck muß sie unter Anführung einzelner Tatsachen und der erforderlichen Beweismittel eine zeitlich und sachlich genaue Darstellung der dem Angeschuldigten zum Vorwurf gemachten Handlungen und Unterlassungen, in denen ein Dienstvergehen erblickt wird, enthalten.

2. Mit dem in § 53 Abs. 3 genannten Zeitpunkt kann die Einleitungsbehörde das Verfahren nicht mehr einstellen.

§ 54

(1) Die Dienststrafkammer kann bei ihr anhängige Dienststrafverfahren in jeder Lage durch Beschluß miteinander verbinden oder wieder trennen.

(2) Der Reichsdienststrafhof kann Dienststrafverfahren, die bei verschiedenen Dienststrafkammern anhängig sind, auf Antrag einer Einleitungsbehörde oder einer beteiligten Dienststrafkammer oder eines Beschuldigten in jeder Lage durch Beschluß miteinander verbinden oder wieder trennen und die zuständige Dienststrafkammer bestimmen.

§ 55

Der Vorsitzende der Dienststrafkammer stellt dem Beschuldigten eine Ausfertigung der Anschuldigungsschrift und der Nachträge (§ 53 Abs. 4) zu und bestimmt eine Frist, innerhalb deren der Beschuldigte sich schriftlich äußern kann.

§ 56

(1) Der Beschuldigte kann sich in dem Verfahren vor der Dienststrafkammer der Hilfe eines Verteidigers bedienen. Von Amts wegen wird ein Verteidiger, abgesehen von dem Fall des § 48 Abs. 1 Satz 3, nicht bestellt.

(2) Verteidiger können die bei einem deutschen Gericht zugelassenen Rechtsanwälte und Verwaltungsrechtsräte sowie Rechtslehrer an deutschen Hochschulen sein.

Erl. zu § 56:

Kosten der Verteidigung § 100 Abs. 2.

§ 57

Der Beschuldigte und sein Verteidiger können nach Zustellung der Anschuldigungsschrift die der Dienststrafkammer vorgelegten Akten, mit Ausnahme von Personalakten, einsehen und Abschriften daraus entnehmen. Der Vorsitzende der Dienststrafkammer kann ihnen auch Auszüge aus den Personalakten, soweit diese Belastendes enthalten, vorlegen.

Erl. zu § 57:

Belastendes: also tatsächliche Vorgänge, keine Werturteile.

§ 58.

(1) Nach Ablauf der Frist des § 55 setzt der Vorsitzende den Termin zur Hauptverhandlung an und lädt hierzu den Vertreter der Einleitungsbehörde, den Beschuldigten und seinen Verteidiger. Er lädt ferner die Zeugen und Sachverständigen, deren persönliches Erscheinen er für erforderlich hält; ihre Namen sollen in den Ladungen des Vertreters der Einleitungsbehörde, des Beschuldigten und seines Verteidigers angegeben werden. Ebenso ordnet er die Herbeischaffung anderer Beweismittel an, die er für notwendig hält.

(2) Ist der Beschuldigte Mitglied der Nationalsozialistischen Deutschen Arbeiterpartei, so ist dem Stellvertreter des Führers eine Abschrift der Ladung (Abs. 1 Satz 1) zu übersenden.

(3) Zwischen der Zustellung der Ladung und der Hauptverhandlung muß eine Frist von mindestens einer Woche liegen, wenn der Beschuldigte nicht auf die Einhaltung der Frist verzichtet; es gilt als Verzicht, wenn der Beschuldigte sich auf die Hauptverhandlung eingelassen hat, ohne zu rügen, daß die Frist nicht eingehalten sei. Liegt der dienstliche Wohnsitz oder der Wohnort des Beschuldigten im Ausland, so hat der Vorsitzende die Frist angemessen zu verlängern.

8. Hauptverhandlung

Begründung:

Zu §§ 59 ff.: Die Hauptverhandlung ist künftig nicht mehr öffentlich (§ 60). Die besondere Stellung des öffentlichen Dienstes und die Eigenart des Dienststrafverfahrens begründen diese Abweichung vom allgemeinen Strafrecht. Der Gang der Hauptverhandlung entspricht im wesentlichen dem geltenden Recht. Den Umfang der Beweisaufnahme bestimmt das Gericht (§ 61 Abs. 2).

Der „Unterhaltsbeitrag", den das Dienststrafgericht in einem auf die schwerste Strafe lautenden Urteil unter bestimmten Voraussetzungen auf Lebenszeit oder auf bestimmte Zeit bewilligen kann, darf 75% des erdienten Ruhegehalts für längstens fünf Jahre und 50% über diesen Zeitraum hinaus nicht übersteigen (§ 64). Dem zu freigebigen Gebrauch dieses Härteausgleichs — bisher war es möglich bis zu 99% zu bewilligen — setzt der Entwurf hiermit eine Schranke.

§ 59

(1) Die Hauptverhandlung findet statt, auch wenn der Beschuldigte nicht erschienen ist. Er kann sich durch einen Verteidiger vertreten lassen. Der Vorsitzende der Dienststrafkammer kann aber, sofern der Beschuldigte seinen dienstlichen Wohnsitz nicht im Ausland hat, das persönliche Erscheinen des Beschuldigten anordnen und ihm dabei androhen, daß bei seinem Ausbleiben ein Verteidiger zu seiner Vertretung nicht zugelassen werde.

(2) Ist der Beschuldigte vorübergehend verhandlungsunfähig, so kann das Verfahren bis zur Dauer von vier Wochen ausgesetzt werden; ist er aus zwingenden Gründen am Erscheinen verhindert, und hat er dies rechtzeitig mitgeteilt, so ist ein neuer Termin zur Hauptverhandlung anzusetzen.

§ 60

(1) Die Hauptverhandlung ist nicht öffentlich. Der Reichsminister des Innern und die von ihm ermächtigten Personen sowie Vorgesetzte des Beschuldigten oder von ihnen beauftrage Beamte können der Verhandlung beiwohnen. Der Vorsitzende der Dienststrafkammer kann andere Personen zulassen, wenn ein durch körperliche Gebrechen behinderter Beschuldigter ihrer zur Hilfeleistung bedarf.

(2) Ist der Beschuldigte Mitglied der Nationalsozialistischen Deutschen Arbeiterpartei, so kann der Stellvertreter des Führers einen Beauftragten in die Hauptverhandlung entsenden.

Erl. zu § 60:

1. Auch die Urteilsverkündung ist nicht öffentlich.
2. Die in Abs. 1 Satz 2 bezeichneten Personen können neben einem Verteidiger zugelassen werden.

§ 61

(1) In der Hauptverhandlung trägt ein vom Vorsitzenden aus den Mitgliedern der Dienststrafkammer ernannter Berichterstatter in Abwesenheit der Zeugen das Ergebnis des bisherigen Verfahrens vor. Dabei können Niederschriften über Beweiserhebungen aus dem Dienststrafverfahren oder einem anderen gesetzlich geordneten Verfahren durch Verlesen zum Gegenstand der Hauptverhandlung gemacht werden. Soweit die Personalakten des Beschuldigten Tatsachen enthalten, die für die Gesamtbeurteilung erheblich sein können, sind sie vorzutragen. Ist der Beschuldigte erschienen, so wird er gehört.

(2) Nach Anhörung des Beschuldigten werden die Zeugen und Sachverständigen vernommen, soweit nicht

der Beschuldigte und der Vertreter der Einleitungsbehörde auf die Vernehmung verzichten, oder die Dienststrafkammer sie für unerheblich erklärt.

(3) Die Dienststrafkammer kann, wenn sie weitere Beweiserhebungen für erforderlich hält, neue Zeugen oder Sachverständige vernehmen oder eines ihrer Mitglieder damit beauftragen oder eine Behörde darum ersuchen.

(4) Nach Schluß der Beweisaufnahme werden der Vertreter der Einleitungsbehörde, sodann der Beschuldigte und sein Verteidiger gehört. Der Beschuldigte hat das letzte Wort.

§ 62

(1) Die Dienststrafkammer kann zum Gegenstand der Urteilsfindung nur die Anschuldigungspunkte machen, die in der Anschuldigungsschrift und ihren Nachträgen dem Beschuldigten als Dienstvergehen zur Last gelegt werden.

(2) Die im Dienststrafverfahren oder in einem anderen gesetzlich geordneten Verfahren erhobenen Beweise können der Urteilsfindung zugrunde gelegt werden, soweit sie Gegenstand der Hauptverhandlung waren. Über das Ergebnis der Beweisaufnahme entscheidet die Dienststrafkammer nach ihrer freien Überzeugung, soweit sich nicht aus § 13 Abs. 3 etwas anderes ergibt.

§ 63

(1) Das Urteil kann nur auf Bestrafung, Freispruch oder Einstellung des Verfahrens lauten.

(2) Auf Freispruch ist zu erkennen, wenn kein Dienstvergehen erwiesen ist.

(3) Die Dienststrafkammer hat das Verfahren einzustellen, wenn die Voraussetzungen des § 52 Abs. 1 vorliegen; vor Beginn der Hauptverhandlung kann sie es in diesen Fällen durch Beschluß einstellen. Sie hat das Verfahren gegen einen Ruhestandsbeamten ferner einzustellen, wenn sie ein Dienstvergehen zwar für erwiesen, die Aberkennung oder die Kürzung des Ruhegehalts aber nicht für gerechtfertigt hält.

§ 64

(1) Die Dienststrafkammer kann in einem auf Entfernung aus dem Dienst oder auf Aberkennung des Ruhegehalts lautenden Urteil dem Verurteilten einen Unterhaltsbeitrag auf Lebenszeit oder auf bestimmte Zeit bewilligen, wenn besondere Umstände eine mildere Beurteilung zulassen, der Verurteilte nach seiner wirtschaftlichen Lage der Unterstützung bedürftig und ihrer nicht unwürdig erscheint. Der Unterhaltsbeitrag darf für längstens fünf Jahre höchstens fünfundsiebzig vom Hundert und über diesen Zeitraum hinaus höchstens fünfzig vom Hundert des Ruhegehalts betragen, das der Verurteilte in dem Zeitpunkt, in dem das Urteil gefällt wird, erdient hätte oder erdient hatte; er ist nach Hundertteilen dieses Ruhegehalts zu bemessen.

(2) Die Dienststrafkammer kann bestimmen, daß der Unterhaltsbeitrag ganz oder teilweise an Personen, zu deren Unterhalt der Verurteilte gesetzlich verpflichtet ist, gezahlt wird; nach Rechtskraft des Urteils kann dies auch die oberste Dienstbehörde bestimmen.

(3) Die Zahlung des Unterhaltsbeitrages beginnt im Zeitpunkt des Verlustes der Dienst- oder Versorgungsbezüge.

(4) Der Unterhaltsbeitrag erlischt, wenn der Verurteilte wieder zum Beamten ernannt wird. Im übrigen gelten die Vorschriften der §§ 127 bis 129, 132, 134 und 135 des Deutschen Beamtengesetzes sinngemäß; der Verurteilte gilt dabei als Ruhestandsbeamter, der Unterhaltsbeitrag als Ruhegehalt.

Erl. zu § 64:

1. Der Unterhaltsbeitrag erlischt beim Tode des Berechtigten. Nur im Gnadenweg kann Witwen oder Waisen eine versorgungsähnliche Leistung bewilligt werden.
2. Entziehung des Unterhaltsbeitrags § 96.

§ 65

(1) Das Urteil wird durch Verlesen der Urteilsformel und Mitteilung der wesentlichen Urteilsgründe verkündet. Es ist schriftlich abzufassen und mit Gründen zu versehen. Hat die Dienststrafkammer eine Vernehmung nach § 61 Abs. 2 für unerheblich erklärt, so ist dies zu begründen. Hat die Dienststrafkammer einen Unterhaltsbeitrag nach § 64 bewilligt, so sind die Gründe hierfür anzugeben.

(2) Die Mitglieder der Dienststrafkammer, die bei der Entscheidung mitgewirkt haben, sollen das Urteil unterschreiben.

(3) Dem Beschuldigten, dem Vertreter der Einleitungsbehörde und, wenn der Beschuldigte Mitglied der Nationalsozialistischen Deutschen Arbeiterpartei ist, auch dem Stellvertreter des Führers sind Ausfertigungen des Urteils mit Gründen zuzustellen.

9. Rechtsmittel im förmlichen Dienststrafverfahren

Begründung:

Zu §§ 66 ff. (Rechtsmittel): § 66 Abs. 1 schließt Beschwerden im förmlichen Verfahren insoweit aus, als die

Entscheidungen der Dienststrafkammer „endgültig", d. h. in der Reichsdienststrafordnung selbst oder in anderen, auf das Dienststrafrecht verweisenden Gesetzen, wie z. B. dem Deutschen Beamtengesetz, ausdrücklich als endgültig bezeichnet sind (Beispiel: § 135 Abs. 3 Satz 2 DBG.).

Die Berufungsfrist ist im Interesse der Beschleunigung des Verfahrens auf zwei Wochen abgekürzt; zwei weitere Wochen stehen für die Begründung zur Verfügung (§§ 67, 69). Auch sonst sind Sicherungen eingebaut worden, um die bisher allgemein beklagte Verschleppung der Dienststrafverfahren, die nur zum Teil durch formelle Vorschriften bedingt war, überwiegend aber auf Machenschaften des im ersten Rechtszuge verurteilten Beamten beruhte, künftig nach Möglichkeit zu verhindern. Zu diesem Zweck wird das Vorbringen neuer Tatsachen und Beweismittel in Anlehnung an die Regelung des Arbeitsgerichtsgesetzes beschränkt (§ 69 Abs. 3). Es wird ferner eine Vorprüfung durch den Vorsitzenden der Dienststrafkammer eingeschaltet, der die Berufung u. a. auch dann als unzulässig verwerfen kann, wenn sie nicht rechtzeitig begründet worden ist, d. h. also auch, wenn sie überhaupt nicht, wie in § 69 Abs. 1 und 2 vorgeschrieben, begründet worden ist. Der Verurteilte andererseits ist gegen einen etwaigen Versuch der Dienststrafkammer, die Durchführung der gegen ihr eigenes Urteil eingelegten Berufung auf diesem Wege abzuschneiden, gesichert durch die Möglichkeit, den nach § 70 Abs. 2 ergehenden Beschluß im Beschwerdewege nach § 66 anzufechten.

Ferner kann der Reichsdienststrafhof die Berufung u. a. ohne weiteres im Beschlußwege zurückweisen, wenn sie „offensichtlich unbegründet" ist (§ 73 Abs. 1 Nr. 2), ein Mittel, das sich als geeignet erweisen wird, um das Plenum des Dienststrafsenats mit aussichtslosen Berufungen zu verschonen.

a) Beschwerde

§ 66

(1) Gegen nicht endgültige Beschlüsse der Dienststrafkammer ist die Beschwerde an den Reichsdienststrafhof zulässig, gegen Entscheidungen, die der Urteilsfällung

vorausgehen, jedoch nur, soweit sie eine Beschlagnahme oder Durchsuchung, eine Straffestsetzung oder eine dritte Person betreffen.

(2) Die Beschwerde ist bei der Dienststrafkammer innerhalb von zwei Wochen seit Bekanntgabe der Entscheidung einzulegen; die Beschwerdefrist wird jedoch auch gewahrt, wenn während ihres Laufes die Beschwerde beim Reichsdienststrafhof eingelegt wird.

(3) Die Dienststrafkammer kann der Beschwerde abhelfen. Andernfalls entscheidet der Reichsdienststrafhof durch Beschluß endgültig.

Erl. zu § 66:

Beschwerdeberechtigt ist der Beschwerte, also der Beschuldigte, der Vertreter der Einleitungsbehörde, der Zeuge, gegen den eine Strafe festgesetzt ist, der Eigentümer einer beschlagnahmten Sache usw.

b) Berufung

§ 67

(1) Gegen das Urteil der Dienststrafkammer ist innerhalb zweier Wochen nach seiner Zustellung Berufung an den Reichsdienststrafhof zulässig. Liegt der dienstliche Wohnsitz oder der Wohnort des Beschuldigten im Ausland, so hat der Vorsitzende der Dienststrafkammer die Berufungsfrist durch eine Verfügung, die zugleich mit dem Urteil zuzustellen ist, angemessen zu verlängern.

(2) Die Kostenentscheidung allein kann nicht angefochten werden.

Erl. zu § 67:

1. Zustellung § 19.

2. Berufungsberechtigt ist der Beschuldigte und der Vertreter der Einleitungsbehörde.

§ 68

Die Berufung ist bei der Dienststrafkammer schriftlich oder durch schriftlich aufzunehmende Erklärung vor der Geschäftsstelle einzulegen. Die Berufungsfrist wird auch gewahrt, wenn während ihres Laufes die Berufung beim Reichsdienststrafhof eingelegt wird.

§ 69

(1) Spätestens innerhalb zweier weiterer Wochen nach Ablauf der Berufungsfrist ist die Berufung zu begründen; § 67 Abs. 1 Satz 2 und § 68 gelten sinngemäß.

(2) In der Begründung ist anzugeben, inwieweit das Urteil angefochten wird, welche Änderungen des Urteils beantragt und wie diese Anträge begründet werden.

(3) Neue Tatsachen und Beweismittel, die nach Ablauf der Frist des Abs. 1 vorgebracht werden, braucht das Dienststrafgericht nur zuzulassen, wenn sie nach der Berufungsbegründung entstanden sind oder ihr verspätetes Vorbringen nach der freien Überzeugung des Dienststrafgerichts nicht auf einem Verschulden dessen, der sie geltend macht, beruht.

Erl. zu § 69:

Die Berufungsbegründung kann auf jede Frage beschränkt werden, die einer selbständigen Entscheidung fähig ist, z. B. auf das Strafmaß, die Höhe des Unterhaltsbeitrags, nicht jedoch auf den einzelnen Anschuldigungspunkt (Einheit des Vergehens). Vgl. auch Begründung zu § 74 Abs. 1 Satz 2.

§ 70

(1) Der Vorsitzende der Dienststrafkammer verwirft die Berufung als unzulässig, wenn sie sich nur gegen die Kostenentscheidung richtet oder verspätet eingelegt oder

nicht rechtzeitig begründet worden ist. Die Entscheidung ist zuzustellen.

(2) Innerhalb zweier Wochen nach der Zustellung kann die Entscheidung der Dienststrafkammer beantragt werden; § 67 Abs. 1 Satz 2 gilt sinngemäß. Die Dienststrafkammer entscheidet über die Zulässigkeit der Berufung durch Beschluß.

§ 71

(1) Wird die Berufung nicht als zulässig verworfen, so werden die Berufungsschrift und die Berufungsbegründung dem Vertreter der Einleitungsbehörde oder, wenn dieser die Berufung eingelegt hat, dem Beschuldigten in Abschrift zugestellt.

(2) Die Berufung kann innerhalb zweier Wochen nach der Zustellung schriftlich beantwortet werden; § 67 Abs. 1 Satz 2 gilt sinngemäß.

§ 72

(1) Nach Ablauf der Frist des § 71 Abs. 2 werden die Akten dem Reichsdienststrafhof übersandt.

(2) Der Vorsitzende des Dienststrafsenats beraumt entweder die Hauptverhandlung an oder überweist die Sache dem Senat zum Beschluß (§ 73).

§ 73

(1) Der Reichsdienststrafhof kann durch Beschluß

1. die Berufung aus den Gründen des § 70 Abs. 1 Satz 1 als unzulässig verwerfen,
2. die Berufung als offensichtlich unbegründet zurückweisen,
3. das Urteil aufheben und die Sache an eine Dienststrafkammer zur nochmaligen Verhandlung und Entscheidung zurückverweisen, wenn er weitere

Aufklärungen für erforderlich hält, oder wenn schwere Mängel des Verfahrens vorliegen,

4. die Sache zur Hauptverhandlung verweisen.

Für die Einstellung des Verfahrens gilt § 63 Abs. 3 sinngemäß.

(2) Vor der Beschlußfassung in den Fällen des Abs. 1 Nr. 1 bis 3 ist, wenn der Beschuldigte Berufung eingelegt hat, dem Vertreter der Einleitungsbehörde und, wenn dieser Berufung eingelegt hat, dem Beschuldigten Gelegenheit zur Äußerung zu geben.

(3) Die Beschlüsse sind unanfechtbar; sie sind, außer im Fall des Abs. 1 Nr. 4, schriftlich abzufassen, mit Gründen zu versehen und dem Beschuldigten sowie dem Vertreter der Einleitungsbehörde zuzustellen.

§ 74

Soweit der Reichsdienststrafhof die Berufung für zulässig und für begründet hält, hat er das Urteil der Dienststrafkammer aufzuheben und, wenn er nicht nach § 73 Abs. 1 Nr. 3 verfährt, in der Sache selbst zu entscheiden.

Begründung:

§ 74: Wie die Entscheidung, die der Reichsdienststrafhof selbst in der Sache fällt, lauten kann, ergibt sich aus § 63. Gemäß § 20 besteht jetzt auch im Dienststrafrecht die durch die neue Fassung der §§ 331 und 358 StPO. (Änderungsgesetz vom 28. 6. 1935 — Reichsgesetzbl. I S. 844 —) eingeführte Möglichkeit einer reformatio in peius.

Der Reichsdienststrafhof entscheidet, abweichend vom Strafprozeßrecht, stets, auch über Schuldfrage und Strafmaß, mit einfacher Stimmenmehrheit (§ 75 Abs. 2). Die Autorität eines starken, sich als Führer des Gerichts fühlenden Vorsitzenden wird sich auf diese Weise leichter durchsetzen. Bei der Dienststrafkammer spielt das Stimmenverhältnis keine Rolle, da sie nur mit drei Richtern besetzt ist.

Erl. zu § 74:

Zulässigkeit der Berufung §§ 69 Abs. 3 und 70; Begründetheit § 69 Abs. 2.

§ 75

(1) Im Verfahren vor dem Reichsdienststrafhof tritt an die Stelle des Vertreters der Einleitungsbehörde ein Vertreter der obersten Dienstbehörde. Im übrigen gelten, soweit die §§ 72 bis 74 nichts anderes vorschreiben, die Vorschriften über das Verfahren vor der Dienststrafkammer sinngemäß. Von dem Verlesen von Niederschriften (§ 61 Abs. 1 Satz 2) kann jedoch abgesehen werden, wenn der Beschuldigte, sein Verteidiger und der Vertreter der obersten Dienstbehörde darauf verzichten.

(2) Der Reichsdienststrafhof entscheidet mit einfacher Stimmenmehrheit.

c) Rechtskraft

§ 76

(1) Die Entscheidungen der Dienststrafkammer werden mit Ablauf der Rechtsmittelfrist rechtskräftig, wenn kein Rechtsmittel eingelegt ist. Wird auf Rechtsmittel verzichtet oder ein Rechtsmittel zurückgenommen, so ist der Zeitpunkt maßgebend, in dem die Erklärung des Verzichts oder der Zurücknahme dem Dienststrafgericht zugeht.

(2) Endgültige Entscheidungen der Dienststrafkammer werden mit ihrer Bekanntgabe rechtskräftig.

§ 77

Die Beschlüsse des Reichsdienststrafhofs werden mit der Zustellung, seine Urteile mit der Verkündung rechtskräftig.

10. Vorläufige Dienstenthebung

Begründung:

Zu §§ 78 ff. (**vorläufige Dienstenthebung**): Die Frage, wie die vorläufige Dienstenthebung („Suspension vom Amte") zu regeln sei, hat in früheren Erörterungen über das Dienststrafrecht eine gewisse Rolle gespielt. Aus liberalistischen Gedankengängen heraus wurde sogar ihre völlige Abschaffung befürwortet, weil sie die Wirkungen des Urteils teilweise vorweg nehme, was „allgemeinen Rechtsgrundsätzen" widerspreche, und als Ersatz die einfache Zwangsbeurlaubung vorgeschlagen. Die letztere Möglichkeit bleibt auf jeden Fall gegeben (vgl. § 6 DBG.). Auf das Mittel der vorläufigen Dienstenthebung kann eine auf straffe Dienstzucht bedachte und schnell zugreifende Verwaltung nicht verzichten. Andererseits liegt es in der Linie des Opportunitätsprinzips, die Entscheidung darüber in jedem Falle der Behörde zu überlassen und nicht von gewissen gesetzlichen Tatbeständen (wie in § 125 RBG.) abhängig zu machen. Es lassen sich Handlungen eines Beamten denken, die nur im förmlichen Dienststrafverfahren völlig geklärt werden können, ohne daß dies indessen nach außen, durch eine förmliche Enthebung vom Dienste, in Erscheinung zu treten braucht.

Es besteht aber weiter grundsätzlich kein Bedürfnis, die vorläufige Dienstenthebung in jedem Falle mit den schweren wirtschaftlichen Nachteilen der Gehaltseinbehaltung zu verknüpfen, mit denen sie nach bisherigem Reichsrecht gesetzlich verbunden ist. Auch diese Maßnahme soll, ebenso wie die Höhe der Gehaltseinbehaltung, im Ermessen der Einleitungsbehörde stehen. Bei Wartestands- und Ruhestandsbeamten tritt sinngemäß eine Kürzung ihrer Versorgungsbezüge ein, die jedoch mit Rücksicht auf die geringeren Beträge dieser Bezüge höchstens bis zu einem Drittel gehen darf (§ 79).

Die einbehaltenen Beträge verfallen, außer bei Verurteilung, auch in bestimmten Fällen der Einstellung des Verfahrens (§ 82 Abs. 1). Die Vorschrift des § 82 Abs. 1 Nr. 4 ist den Bedürfnissen der Praxis entsprungen; bisher mußten einbehaltene Beträge dem Beamten voll nachgezahlt werden, wenn das gegen ihn laufende Verfahren lediglich wegen eines Formfehlers eingestellt worden war, und obgleich ein neues, formgerecht eingeleitetes Verfahren mit seiner Dienstentlassung geendet hatte.

§ 78

Die Einleitungsbehörde kann einen Beamten vorläufig des Dienstes entheben, wenn das förmliche Dienststrafverfahren gegen ihn eingeleitet wird oder eingeleitet worden ist.

Erl. zu § 78:

Die Entscheidung liegt im pflichtmäßigen Ermessen der Aufsichtsbehörde. Nachprüfung nur durch Beschwerde.

§ 79

(1) Die Einleitungsbehörde kann gleichzeitig mit der vorläufigen Dienstenthebung oder später anordnen, daß dem Beamten ein Teil, höchstens die Hälfte, der jeweiligen Dienstbezüge einbehalten wird, wenn im Dienststrafverfahren voraussichtlich auf Entfernung aus dem Dienst oder Aberkennung des Ruhegehalts erkannt werden wird.

(2) Ist in einem auf Entfernung aus dem Dienst lautenden, noch nicht rechtskräftigen Urteil ein Unterhaltsbeitrag bewilligt worden, so ist dem Beamten mindestens ein dem Betrage des Unterhaltsbeitrages entsprechender Teil der Dienstbezüge zu belassen.

(3) Die Einleitungsbehörde kann bei Wartestands- und Ruhestandsbeamten gleichzeitig mit der Einleitung des förmlichen Dienststrafverfahrens oder später an-

ordnen, daß ein Teil, höchstens ein Drittel, des Wartegeldes oder Ruhegehalts einbehalten wird. Abs. 2 gilt sinngemäß.

Erl. zu § 79:
Vgl. Erl. zu § 78.

§ 80

(1) Bekleidet der Beschuldigte mehrere Ämter, die im Verhältnis von Haupt- zu Nebenamt stehen, so ist zur Anordnung der vorläufigen Dienstenthebung und der Einbehaltung der Dienstbezüge nur die für das Hauptamt zuständige Einleitungsbehörde befugt.

(2) Die vorläufige Dienstenthebung und die Einbehaltung der Dienstbezüge erstrecken sich auf alle Ämter, die der Beamte bekleidet, soweit sich aus § 112 Abs. 6 nichts anderes ergibt.

Erl. zu § 80:
Vgl. § 30.

§ 81

(1) Die Einleitungsbehörde kann die nach § 78 und nach § 79 getroffenen Anordnungen jederzeit aufheben.

(2) Mit dem rechtskräftigen Abschluß des Dienststrafverfahrens enden die Anordnungen kraft Gesetzes.

§ 82

(1) Die nach § 79 einbehaltenen Beträge verfallen, wenn

1. im Dienststrafverfahren auf Entfernung aus dem Dienst oder auf Aberkennung des Ruhegehalts oder
2. in einem wegen desselben Sachverhalts eingeleiteten Strafverfahren auf eine mit Amts- oder

Ruhegehaltsverlust verbundene Strafe erkannt oder

3. das Dienststrafverfahren aus den Gründen des § 52 Abs. 1 Nr. 3 bis 5 eingestellt worden ist und die Einleitungsbehörde festgestellt hat, daß nach dem Ergebnis der Untersuchung Entfernung aus dem Dienst oder Aberkennung des Ruhegehalts gerechtfertigt gewesen wäre, oder
4. das Dienststrafverfahren auf Grund des § 52 Abs. 1 Nr. 1 eingestellt worden ist und ein innerhalb dreier Monate nach der Einstellung wegen desselben Dienstvergehens eingeleitetes neues Verfahren zur Entfernung aus dem Dienst oder zur Aberkennung des Ruhegehalts geführt hat.

(2) Die einbehaltenen Beträge sind nachzuzahlen, wenn das Dienststrafverfahren auf andere Weise rechtskräftig abgeschlossen oder von der Einleitungsbehörde eingestellt wird. Die Kosten des Strafverfahrens und des Dienststrafverfahrens, soweit der Verurteilte sie zu tragen hat, und eine ihm auferlegte Geldbuße können von den nachzuzahlenden Beträgen abgezogen werden.

Erl. zu § 82:

Das Verfallen geschieht zugunsten des Dienstherrn, der die Dienstbezüge schuldet.

Abschnitt IV

Wiederaufnahme des Dienststrafverfahrens

1. Zulässigkeit der Wiederaufnahme

Zu Abschnitt IV:

Die Wiederaufnahme von Dienststrafverfahren war dem bisherigen Reichsrecht fremd. In den Ländern war sie z. T. zugelassen, besonders weitgehend in Preußen, dort allerdings erst seit dem 1. April 1932. Der Wiederaufnahmegedanke entspricht an sich der nationalsozialistischen Auffassung, daß ein an der Ehre eines Menschen begangenes Unrecht wieder gutgemacht werden muß. Der Weg der Begnadigung reicht hierzu in der Regel nicht aus. Der Entwurf läßt daher ein förmliches Wiederaufnahmeverfahren grundsätzlich zu.

Auf der anderen Seite würde dieser Gedanke verwässert, wenn dieses Mittel, ein rechtskräftig gewordenes Gerichtsurteil anzugreifen, auch zugelassen würde gegenüber Strafen, die sich jedenfalls objektiv nicht als Ehrenminderung äußern. Die Wiederaufrollung eines förmlichen Verfahrens zur Wiederherstellung der zu Unrecht verletzten Ehre eines Beamten kann nur in Frage kommen, wenn auch die Ehre des Beamten nach außen gelitten hat, aber nicht schon in jedem Falle, in dem ein Beamter von vielleicht übermäßig entwickeltem Ehrgefühl sich selbst als entehrt vorkommt. Für die Anwendbarkeit eines gesetzlich geordneten Verfahrens können nicht subjektive Empfindungen des Betroffenen maßgebend sein, sondern nur objektive Merkmale. Nach diesem Gesichtspunkt ist der Gesetzgeber auch bei dem Gesetz über die Aufhebung der im Kampf für die nationale Erhebung erlittenen Dienststrafen und sonstigen Maßregelungen vom 23. Juni 1933 verfahren.

Ein objektives Merkmal bietet die Entscheidung, ob ein Beamter im Dienst belassen oder ob er daraus entfernt wird. Geschieht das letztere nicht, bleibt vielmehr das Beamtenverhältnis bestehen, die rechtliche Stellung des Beamten also unangetastet, gestattet der nationalsozialistische Staat — durch seine Dienststrafgerichte — dem Beamten auch weiterhin, „Vollstrecker seines Willens" (§ 1 Abs. 2 DBG.) zu sein, so wird dem Beamten jedenfalls von keinem Dritten die Ehre abgesprochen werden können. Demgegenüber ist es belanglos, ob etwa der Beamte selbst dieses Gefühl hat, z. B. weil er nicht aller Schuld ledig gesprochen, sondern mit einer Dienststrafe, vielleicht mit der zweitschwersten der Gehaltskürzung, belegt worden ist. Eine solche Strafe mag ihm — und soll ihm auch — „an die

Ehre gehen". Stellt sie sich aber nachträglich als ungerechtfertigt heraus, so bedarf diese Tatsache nicht der förmlichen Bestätigung durch ein Dienststrafgericht. Es wird vielmehr genügen, wenn dem Beamten von seinem Dienstvorgesetzten in der geeigneten Form, sei es durch Beförderung oder anderweitige bevorzugte Behandlung im Verwaltungswege, sei es auch durch Ersatz des erlittenen Vermögensschadens im Gnadenwege Genugtuung zuteil wird.

Aus diesen Erwägungen heraus beschränkt der Entwurf die Wiederaufnahmemöglichkeit zugunsten des Verurteilten auf Urteile, die die schwerste Strafe der Entfernung aus dem Dienst (der bei Ruhestandsbeamten die Aberkennung des Ruhegehalts gleichsteht) verhängt haben, und zuungunsten des Verurteilten auf die Fälle, in denen dieses Ziel angestrebt wird. Völlig ausgeschlossen ist somit die Wiederaufnahme gegenüber einer außerhalb des förmlichen Dienststrafverfahrens vom Dienstvorgesetzten verhängten Strafe.

Das Verfahren lehnt sich im übrigen an das bisherige preußische Recht an, jedoch unter Vereinfachung des Verfahrensganges (erst Zulassungsverfahren, §§ 87/88, dann entscheidendes Verfahren §§ 89 ff.). Für die Entscheidung (§ 92) gilt das zu § 74 über die reformatio in peius Gesagte sinngemäß (vgl. § 373 Abs. 2 StPO. in der Fassung des Gesetzes vom 28. 6. 1935 — RGBl. I S. 844).

§ 96 (Entziehung des Unterhaltsbeitrages) füllt eine im bisherigen Recht als solche empfundene Lücke aus. Abgesehen von den Fällen, in denen der Unterhaltsbeitrag schon nach den Vorschriften des Deutschen Beamtengesetzes zum Ruhen oder Erlöschen kommt (vgl. § 64 Abs. 4 RDStO.), besteht künftig die Möglichkeit, ihn unter bestimmten Voraussetzungen zu entziehen. Die Entscheidung darüber ist der den örtlichen Verhältnissen näherstehenden Dienststrafkammer übertragen. Es handelt sich hier also im weiteren Sinne auch um eine — allerdings auf einen bestimmten Teil des Urteils beschränkte — Wiederaufnahme des Verfahrens zuungunsten des Verurteilten.

§ 83

(1) Die Wiederaufnahme des Verfahrens ist nur zulässig gegenüber der rechtskräftigen Entscheidung eines Dienststrafgerichts,

a) in der auf Entfernung aus dem Dienst oder auf Aberkennung des Ruhegehalts erkannt ist, mit dem Ziel einer Aufhebung oder Milderung des Urteils, oder

b) in der nicht auf Entfernung aus dem Dienst oder auf Aberkennung des Ruhegehalts erkannt ist, mit dem Ziel, ein auf eine dieser Strafen lautendes Urteil herbeizuführen,

wenn

1. Tatsachen oder Beweismittel beigebracht werden, die erheblich und neu sind — als erheblich sind sie anzusehen, wenn sie allein oder in Verbindung mit den früher gemachten Feststellungen eine andere Entscheidung zu begründen geeignet sind; als neu sind Tatsachen und Beweismittel anzusehen, die dem Dienststrafgericht bei seiner Entscheidung noch nicht bekannt waren und von denen der Antragsteller nachweist oder glaubhaft macht, daß er sie nicht schon früher geltend machen konnte —,
2. die Entscheidung auf dem Inhalt einer fälschlich angefertigten oder verfälschten Urkunde oder auf einem Zeugnis oder Gutachten beruht, das vorsätzlich oder fahrlässig falsch abgegeben worden ist,
3. ein gerichtliches Urteil, auf dessen tatsächlichen Feststellungen das Dienststrafurteil beruht,

durch ein anderes rechtskräftiges Urteil aufgehoben worden ist,

4. der Beschuldigte nachträglich ein Dienstvergehen glaubhaft eingestanden hat, das in dem ersten Verfahren nicht festgestellt werden konnte,
5. ein Dienststrafrichter, der bei der Entscheidung mitgewirkt hat, sich in der Sache einer strafbaren Verletzung seiner Amtspflicht schuldig gemacht hat,
6. bei der Entscheidung des Reichsdienststrafhofs ein Mitglied mitgewirkt hat, das von der Ausübung des Richteramts kraft Gesetzes ausgeschlossen war, es sei denn, daß die Gründe für einen gesetzlichen Ausschluß bereits erfolglos geltend gemacht worden waren.

(2) Die Wiederaufnahme ist auch zulässig, wenn eine Strafe verhängt worden ist, die nach Art oder Höhe im Gesetz nicht vorgesehen war.

Erl. zu § 83:

Überleitungsvorschrift für den zeitlichen und örtlichen Geltungsbereich § 117.

§ 84

Die Wiederaufnahme des Verfahrens nach § 83 Abs. 1 Nr. 2 und 5 ist nur zulässig, wenn wegen der behaupteten Handlung eine rechtskräftige Verurteilung erfolgt ist, oder wenn ein strafgerichtliches Verfahren aus anderen Gründen als wegen Mangels an Beweisen nicht eingeleitet oder nicht durchgeführt werden kann.

§ 85

Die Wiederaufnahme des Verfahrens ist unzulässig, wenn nach dem Dienststrafurteil ein strafgerichtliches Urteil ergangen ist.

1. das sich auf dieselben Tatsachen gründet und sie ebenso würdigt, solange dieses Urteil nicht rechtskräftig aufgehoben ist,
2. durch das der Verurteilte sein Amt oder sein Ruhegehalt verloren hat oder es verloren hätte, wenn er noch im Dienst gewesen wäre oder Ruhegehalt bezogen hätte.

2. Verfahren

§ 86

(1) Zur Wiederaufnahme des Verfahrens bedarf es eines Antrages. Antragsberechtigt sind

1. der Verurteilte und sein gesetzlicher Vertreter, nach seinem Tode sein Ehegatte, seine Verwandten auf- und absteigender Linie und seine Geschwister,
2. die Einleitungsbehörde. Besteht die Einleitungsbehörde nicht mehr, so bestimmt die oberste Reichsbehörde eine Behörde, die ihre Befugnisse ausübt.

(2) Der Antrag ist schriftlich bei dem Dienststrafgericht, dessen Entscheidung angefochten wird, einzureichen. Er muß den gesetzlichen Grund der Wiederaufnahme und die Beweismittel bezeichnen.

(3) Die im Abs. 1 Nr. 1 genannten Personen können sich eines Verteidigers (§ 56 Abs. 2) bedienen.

§ 87

Über die Zulassung des Antrags entscheidet das Dienststrafgericht, dessen Entscheidung angefochten wird. Es kann dazu erforderlichenfalls Ermittlungen anstellen.

§ 88

(1) Das Dienststrafgericht (§ 87) verwirft den Antrag durch Beschluß, wenn es die gesetzlichen Voraus-

setzungen für die Zulassung des Antrags nicht für gegeben oder den Antrag für offensichtlich unbegründet hält.

(2) Der Beschluß ist dem Antragsteller zuzustellen.

(3) Gegen einen nach Abs. 1 ergehenden Beschluß der Dienststrafkammer ist die Beschwerde zulässig.

§ 89

(1) Verwirft das Dienststrafgericht den Antrag nicht, so beschließt es die Wiederaufnahme des Verfahrens. Dieser Beschluß berührt das angefochtene Urteil nicht.

(2) Für das weitere Verfahren ist die Dienststrafkammer zuständig, die in dem früheren Verfahren im ersten Rechtszug entschieden hat, im Fall des § 83 Abs. 1 Nr. 6 der Reichsdienststrafhof.

(3) Hat das Dienststrafgericht die Wiederaufnahme des Verfahrens beschlossen, so gelten in den Fällen des § 83 Abs. 1 b die §§ 78 bis 82 sinngemäß.

§ 90

(1) Der Vorsitzende des nach § 89 Abs. 2 zuständigen Dienststrafgerichts hat der Einleitungsbehörde oder, wenn diese die Wiederaufnahme des Verfahrens beantragt hat, dem Verurteilten oder den anderen im § 86 Abs. 1 Nr. 1 genannten Personen den Antrag und den nach § 89 Abs. 1 ergangenen Beschluß zuzustellen und ihnen dabei eine angemessene Frist zur Erklärung zu bestimmen.

(2) Der Vorsitzende oder ein von ihm beauftragtes Mitglied des Dienststrafgerichts nimmt die erforderlichen Ermittlungen vor, um den Sachverhalt aufzuklären. Dabei gelten sinngemäß die Vorschriften über die Untersuchung mit Ausnahme des § 49 Abs. 3.

(3) Die Einleitungsbehörde, für das Verfahren vor dem Reichsdienststrafhof die oberste Dienstbehörde, ernennt einen Beamten zu ihrem Vertreter in dem Verfahren.

§ 91

(1) Nach Ablauf der Frist des § 90 Abs. 1 kann das Dienststrafgericht auf Antrag der Einleitungsbehörde ohne neue mündliche Verhandlung die frühere Entscheidung aufheben und auf Freisprechung erkennen. Diese Entscheidung ist endgültig.

(2) Andernfalls bringt es die Sache zur Hauptverhandlung. Für diese gelten die §§ 58 bis 62 und § 65 sinngemäß.

§ 92

(1) In der Hauptverhandlung kann das Dienststrafgericht die frühere Entscheidung entweder aufrechterhalten oder aufheben und anders entscheiden; diese Entscheidung kann auch ergehen, wenn das Beamtenverhältnis des Verurteilten nicht mehr besteht.

(2) Gegen eine nach Abs. 1 ergehende Entscheidung der Dienststrafkammer ist Berufung zulässig.

3. Ausschluß von Dienststrafrichtern

§ 93

(1) Ein Dienststrafrichter, der im früheren Verfahren an der den ersten oder zweiten Rechtszug abschließenden Entscheidung mitgewirkt hat, ist von der Mitwirkung im Wiederaufnahmeverfahren ausgeschlossen.

(2) Ein Beamter, der im früheren Verfahren als Untersuchungsführer oder als Vertreter der Einleitungsbehörde (Vertreter der Anklage) mitgewirkt hat, darf im Wiederaufnahmeverfahren nicht tätig werden.

4. Entschädigung unschuldig Verurteilter

§ 94

Wird ein zur Entfernung aus dem Dienst oder zur Aberkennung des Ruhegehalts Verurteilter im Wiederaufnahmeverfahren nicht ebenso bestraft, so gilt § 55 des Deutschen Beamtengesetzes sinngemäß.

§ 95

(1) Der Verurteilte und die Personen, zu deren Unterhalt er gesetzlich verpflichtet ist, können über die Bezüge nach § 94 hinaus auf Grund entsprechender Anwendung des Gesetzes, betreffend die Entschädigung der im Wiederaufnahmeverfahren freigesprochenen Personen, vom 20. Mai 1898 (Reichsgesetzbl. S. 345) Ersatz des sonstigen Schadens vom Reiche verlangen.

(2) Der Anspruch auf Entschädigung ist zur Vermeidung seines Verlustes innerhalb dreier Monate nach rechtskräftigem Abschluß des Wiederaufnahmeverfahrens bei der obersten Dienstbehörde zu verfolgen. Ihre Entscheidung ist dem Berechtigten zuzustellen. Lehnt sie den Anspruch ab, so gelten für seine Weiterverfolgung die §§ 142 bis 147 des Deutschen Beamtengesetzes.

5. Entziehung des Unterhaltsbeitrages

§ 96

Auf Antrag der obersten Dienstbehörde kann die Dienststrafkammer beschließen, daß ein nach § 64 bewilligter Unterhaltsbeitrag herabgesetzt oder ganz entzogen wird, wenn sich nachträglich herausstellt, daß der Bedachte des Unterhaltsbeitrages unwürdig war, oder wenn er sich dessen als unwürdig erweist oder wenn sich seine wirtschaftlichen Verhältnisse wesentlich gebessert haben. Die Dienststrafkammer kann, wenn sie Beweiserhebungen für erforderlich hält, eines ihrer Mitglieder damit beauftragen oder eine Behörde darum ersuchen. Dem Bedachten ist Gelegenheit zur Äußerung zu geben. Wegen der Kosten gelten die §§ 98, 100 und 101 sinngemäß.

Abschnitt V

Kosten des Dienststrafverfahrens

Zu Abschnitt V:

Die Kostentragung ist gegenüber dem bisherigen Recht in verschiedenen Punkten anders geregelt. Bisher konnten die außerhalb des förmlichen Dienststrafverfahrens, also durch formlose Ermittlungen, entstandenen Kosten dem bestraften Beamten nicht auferlegt werden, weder wenn nur der Dienstvorgesetzte eine Strafe verhängte, noch wenn ein Urteil erging. In beiden Fällen ist dies jetzt möglich (§§ 97 und 98). Die Kosten können dem Beschuldigten auch in bestimmten Fällen der Einstellung des Verfahrens auferlegt werden (§ 98 Abs. 2). Als Kosten sollen wie bisher nur bare Auslagen, nicht Gebühren erhoben werden; das Nähere werden die Durchführungsvorschriften regeln.

§ 97

(1) Der Dienstvorgesetzte kann einem Beamten, gegen den er eine Dienststrafe verhängt hat, die durch die Ermittlungen entstandenen Kosten ganz oder teilweise auferlegen. Sie können von den Dienstbezügen abgezogen werden, auch soweit diese nicht pfändbar sind. Sie fließen dem unmittelbaren Dienstherrn zu.

(2) Kosten, die nicht nach Abs. 1 von den Beamten

zu erstatten sind, fallen dem unmittelbaren Dienstherrn zur Last.

Erl. zu § 97:

1. Die Entscheidung braucht nicht notwendig in einer Verfügung zu ergehen. Anders im Falle des 101 Abs. 1 im förmlichen Dienststrafverfahren.

Pfändbarkeit von Dienstbezügen vgl. Erl. 2 zu § 39 DBG., sowie § 126 DBG.

2. Die Kosten nach Abs. 2 können also der Gemeinde zur Last fallen, auch wenn die Ermittlungen bezügl. eines Gemeindebeamten durch die Aufsichtsbehörde erfolgt sind.

§ 98

(1) Der Beschuldigte, der im Dienststrafverfahren verurteilt wird, ist zugleich für schuldig zu erklären, die in dem gesamten Verfahren entstandenen Kosten ganz oder teilweise zu tragen.

(2) Dasselbe gilt, wenn das förmliche Dienststrafverfahren aus den Gründen des § 52 Abs. 1 Nr. 3 bis 5 und Abs. 2 Satz 3 eingestellt wird und nach dem Ergebnis der Untersuchung die Verhängung einer Dienststrafe gerechtfertigt gewesen wäre.

§ 99

(1) Der Beschuldigte, der ein Rechtsmittel zurückgenommen oder erfolglos eingelegt hat, ist für schuldig zu erklären, die durch den Gebrauch dieses Rechtsmittels entstandenen Kosten zu tragen. Hatte das Rechtsmittel teilweise Erfolg, so kann das Dienststrafgericht dem Beschuldigten einen angemessenen Teil dieser Kosten auferlegen.

(2) Diese Vorschriften gelten sinngemäß für die Kosten, die durch einen Antrag auf Wiederaufnahme des Verfahrens entstanden sind.

§ 100

(1) Die dem Beschuldigten erwachsenen notwendigen Auslagen können dem Reich ganz oder teilweise auferlegt werden, wenn der Beschuldigte freigesprochen oder das förmliche Dienststrafverfahren aus anderen als den im § 98 Abs. 2 bezeichneten Gründen eingestellt wird. Sie sind dem Reich aufzuerlegen, wenn der Vertreter der Einleitungsbehörde ein Rechtsmittel zurückgenommen oder erfolglos eingelegt hat.

(2) Kosten der Verteidigung trägt das Reich nur, wenn sie ihm ausdrücklich auferlegt worden sind. Dies gilt auch für das Wiederaufnahmeverfahren.

§ 101

(1) Jede Entscheidung in der Hauptsache muß bestimmen, wer die Kosten des Verfahrens zu tragen hat.

(2) Die Kosten, zu deren Tragung der Beschuldigte verurteilt worden ist, und die dem Reich auferlegten Kosten sind durch die Geschäftsstelle der Dienststrafkammer festzusetzen. Auf Beschwerde gegen die Festsetzung entscheidet die Dienststrafkammer endgültig. § 97 Abs. 1 Satz 2 gilt sinngemäß.

(3) Die im förmlichen Dienststrafverfahren festgesetzten Kosten fließen dem Reiche zu, auch soweit sie bei den Vorermittlungen entstanden sind.

Abschnitt VI

Vollstreckung, Begnadigung

§ 102

(1) Entfernung aus dem Dienst und Aberkennung des Ruhegehalts werden mit der Rechtskraft des Urteils

wirksam. Ein auf Entfernung aus dem Dienst lautendes Urteil gilt, wenn der Verurteilte vor Eintritt der Rechtskraft in den Ruhestand tritt, als Urteil auf Aberkennung des Ruhegehalts, ein auf Gehaltskürzung lautendes Urteil sinngemäß als Urteil auf Kürzung des Ruhegehalts.

(2) Warnung und Verweis gelten, wenn sie durch Dienststrafverfügung verhängt werden, mit deren Zustellung oder Eröffnung, wenn sie durch Urteil verhängt werden, mit der Rechtskraft als vollstreckt.

(3) Geldbuße, Gehaltskürzung und Kürzung des Ruhegehalts vollstreckt der Dienstvorgesetzte; bei Ruhestandsbeamten gilt § 21 Abs. 4. Die Durchführungsvorschriften bestimmen, wie die Kürzung der Dienstbezüge bei Beamten, die Gebühren beziehen, vollstreckt wird.

(4) Die Geldbuße kann von den Dienstbezügen abgezogen werden, auch soweit diese nicht pfändbar sind.

(5) Geldbußen, die der Dienstvorgesetzte verhängt, fließen dem unmittelbaren Dienstherrn des Beamten zu. Geldbußen, die durch Urteil verhängt werden, sind an das Reich abzuführen.

Zu Abschnitt VI:

§ 102 beseitigt gewisse Unklarheiten, die bisher über die Art der Vollstreckung der einzelnen Dienststrafen bestanden. Zur Behebung von Zweifeln ist in Abs. 1 Satz 2 auch klargestellt, daß sich ein auf Entfernung aus dem Dienst lautendes Urteil ohne weiteres in ein solches auf Aberkennung des Ruhegehalts umwandelt, wenn der Verurteilte in den Ruhestand tritt (z. B. durch Erreichung der Altersgrenze, Ablauf seiner Amtszeit usw.), bevor das Urteil rechtskräftig geworden ist. Es bedarf also in diesem Falle nicht eines neuen Urteils.

Aus Abs. 5 ergibt sich — mangels anderer Regelung —, daß die Beträge einer Gehalts- und Ruhegehaltskürzung dem unmittelbaren Dienstherrn des Beamten verbleiben.

Erl. zu § 102:

1. Sondervorschrift für Beamte der uniformierten staatlichen Vollzugspolizei § 111.
2. Pfändbarkeit von Dienstbezügen vgl. Erl. 2 zu § 39 DBG. sowie § 126 DBG.

§ 103

Die Durchführungsvorschriften bestimmen, in welcher Weise Geldbeträge (§§ 38, 97, 101, 102 Abs. 4) beigetrieben werden.

Begründung:

§ 103 überläßt die Entscheidung der Frage, ob Geldbeträge, die auf Grund von Entscheidungen in Dienststrafsachen geschuldet werden, künftig nach den für die Beitreibung öffentlicher Abgaben geltenden Vorschriften oder nach einem besonderen Verwaltungszwangsverfahren beigetrieben werden sollen, den Durchführungsvorschriften.

§ 104

(1) Dem Führer und Reichskanzler steht das Gnadenrecht in Dienststrafsachen für alle Beamten zu. Er übt es selbst aus oder überträgt die Ausübung anderen Stellen.

(2) Wird die Strafe der Entfernung aus dem Dienst im Gnadenwege aufgehoben, so gilt § 54 Abs. 2 des Deutschen Beamtengesetzes sinngemäß.

Begründung:

§ 104 gibt lediglich der Vollständigkeit halber für das Dienststrafrecht den Inhalt des § 8 des Reichsstatthaltergesetzes vom 30. Januar 1935 wieder. Die Bestimmung hat hier wie dort nur deklaratorische Bedeutung.

Erl. zu § 104:

1. Die Niederschlagung bezieht sich auf schwebende Verfahren. Die Ausübung des Gnadenrechts hat sich der Führer und Reichskanzler teils selbst vorbehalten (Erl. vom 1. Febr. 1935, RGBl. I S. 74), teils sie nachgeordneten Stellen überlassen, vgl. hierzu Erl. des Pr. MinPräs. vom 6. Febr. 1935, GS. S. 13; Anordnung des RuPrMdJ. vom 21. Febr. 1935, RGBl. I S. 213; des RuPr. Wissenschaftsministers vom 21. Juni 1935, RGBl. I S. 753; des RuPr. Arbeitsministers vom 2. Sept. 1935, RGBl. I S. 1124; der Reichsbahngesellschaft vom 7. Mai 1935, RG.-Bl. I S. 587.

Abschnitt VII

Verfahren bei Fernbleiben vom Dienst

§ 105

(1) Im Fall des § 17 Abs. 2 des deutschen Beamtengesetzes ist der Antrag des Beamten auf Entscheidung der Dienststrafkammer schriftlich bei dem Dienstvorgesetzten einzureichen und zu begründen. Der Dienstvorgesetzte legt den Antrag mit seiner Stellungnahme der Dienststrafkammer vor.

(2) Die Dienststrafkammer entscheidet ohne mündliche Verhandlung endgültig. Sie kann Beweise wie im förmlichen Dienststrafverfahren erheben. Wegen der Kosten gelten die §§ 99 bis 101 sinngemäß.

(3) Unbeschadet der Feststellung nach § 17 Abs. 2 Satz 2 des Deutschen Beamtengesetzes kann der Dienstvorgesetzte eine Dienststrafe verhängen oder die Einleitungsbehörde das förmliche Dienststrafverfahren einleiten. Im letzteren Fall kann die Dienststrafkammer die beiden Verfahren miteinander verbinden.

Zu Abschnitt VII:

§ 105 ergänzt die Vorschriften des Deutschen Beamtengesetzes über die Folgen unerlaubten schuldhaften Fernbleibens vom Dienst nach der formellen Seite hin.

§ 106.

Wird der Beamte vorläufig des Dienstes enthoben (§ 78), während er ohne Urlaub schuldhaft dem Dienst fernbleibt, so dauert der Verlust der Dienstbezüge fort, bis der Dienstvorgesetzte feststellt, daß der Beamte seine Amtsgeschäfte aufgenommen hätte, wenn er hieran nicht durch die vorläufige Dienstenthebung gehindert worden wäre.

Abschnitt VIII

Verfahren gegen Beamte auf Widerruf

§ 107

Gegen einen Beamten auf Widerruf, der eines Dienstvergehens beschuldigt wird, findet ein förmliches Dienststrafverfahren nicht statt. Die Behörde, die nach § 29 zur Einleitung eines förmlichen Dienststrafverfahrens zuständig wäre, kann einen Beamten mit der Untersuchung beauftragen; dieser Beamte hat die Rechte und Pflichten eines Untersuchungsführers. Wird eine Untersuchung angeordnet, so gelten die Vorschriften der §§ 78 bis 82 sinngemäß.

Zu Abschnitt VIII:

§ 107 will überflüssige Verfahren gegen Beamte auf Widerruf, die nach § 61 DBG. jederzeit entlassen werden können, verhindern, andererseits gewisse förmliche Untersuchungsmaßnahmen, z. B. eidliche Zeugenvernehmungen, ermöglichen.

Erl. zu § 107:

Es gelten also z. B. nicht die Vorschriften über die Kosten §§ 97 ff., wohl diejenigen über die vorläufige Dienstenthebung.

Abschnitt IX

Besondere Vorschriften

1. Für richterliche Beamte

Zu Abschnitt IX:

Dieser Abschnitt enthält die Abweichungen von den für alle Beamten geltenden Vorschriften für bestimmte Arten von Beamten. Soweit in diesem Abschnitt nichts Abweichendes bestimmt ist, gelten die vorhergehenden Vorschriften des Gesetzes. Die Abweichungen sind auf das unbedingt notwendige Maß begrenzt, um die Einheitlichkeit des Dienststrafrechts und der Dienststrafgerichtsbarkeit so wenig wie möglich zu durchbrechen.

§ 108

Im förmlichen Dienststrafverfahren gegen richterliche Beamte gilt folgendes:

1. An Stelle der Einleitungsbehörde entscheidet die Dienststrafkammer auf Antrag oder nach Anhörung des Vertreters der Einleitungsbehörde über die vorläufige Dienstenthebung und über die Einbehaltung von Dienstbezügen sowie über die Aufhebung dieser Anordnungen. Gegen die Entscheidung der Dienststrafkammer ist die Beschwerde an das Dienststrafgericht des zweiten Rechtszuges zulässig.
2. Sämtliche Beisitzer der Dienststrafkammer und des Dienststrafgerichts des zweiten Rechtszuges müssen

planmäßige richterliche Beamte der Verwaltungsgerichtsbarkeit oder der ordentlichen Gerichtsbarkeit sein.

Begründung:

Die in § 108 für die richterlichen Beamten vorgesehenen Besonderheiten sind in der Unabhängigkeit der Richter begründet. Die weitergehenden Abweichungen des bisherigen Rechts, insbesondere betreffend die Einleitung des förmlichen Dienststrafverfahrens und die Verhängung der nicht dem förmlichen Verfahren vorbehaltenen Dienststrafen, werden dadurch nicht gerechtfertigt und sind daher fallen gelassen.

Wer zu den richterlichen Beamten gehört, bestimmt sich nach den gesetzlichen Vorschriften. U. a. fallen hierunter auch die Mitglieder der Verwaltungsgerichte.

Erl. zu § 108:

1. Richterliche Beamte sind z. B. auch die der Verwaltungsgerichte, Arbeitsgerichte, Erbhofgerichte; richterliche Militärgerichtsbeamte vgl. § 113.

2. Die Vorschrift beschränkt sich — im Gegensatz zu § 109 nicht auf Dienstvergehen in und bei Ausübung der Rechtspflege.

2. Für Beamte der Reichsjustizverwaltung

§ 109

(1) Für das förmliche Dienststrafverfahren gegen Beamte der Reichsjustizverwaltung — mit Ausnahme der Mitglieder des Reichsgerichts — wegen Dienstvergehen, die in oder bei Ausübung der Rechtspflege begangen sind, gilt folgendes:

1. a) Dienststrafgericht des ersten Rechtszuges ist die Dienststrafkammer, die bei jedem Oberlandesgericht für seinen Bezirk errichtet wird. Sie entscheidet mit einem Vorsitzenden und zwei Beisitzern, von denen wenigstens einer ein im

Bezirks des Oberlandesgerichts planmäßig angestellter Richter der ordentlichen Gerichtsbarkeit sein muß. Im Verfahren gegen einen Richter müssen beide Beisitzer solche Richter sein.

b) Vorsitzender der Dienststrafkammer ist der Präsident des Oberlandesgerichts. In Fällen der Behinderung vertritt ihn sein ständiger Vertreter. Ist auch der Vertreter behindert, so führt der dem Dienstalter nach, bei gleichem Dienstalter der dem Lebensalter nach älteste richterliche Beisitzer den Vorsitz.

2. a) Als Dienststrafgericht des zweiten Rechtszuges wird ein Dienststrafsenat beim Reichsgericht gebildet. Er entscheidet mit einem Vorsitzenden und vier Beisitzern, von denen wenigstens zwei planmäßig angestellte Richter der ordentlichen Gerichtsbarkeit sein müssen. Im Verfahren gegen einen Richter müssen sämtliche Beisitzer solche Richter sein.

b) Vorsitzender des Dienststrafsenats ist der Reichsgerichtspräsident. In Fällen der Behinderung vertritt ihn sein ständiger Vertreter. Ist auch dieser behindert, so führt der dem Dienstalter nach, bei gleichem Dienstalter der dem Lebensalter nach älteste richterliche Beisitzer den Vorsitz.

3. Die Mitglieder des Dienststrafsenats bestellt der Führer und Reichskanzler, die Mitglieder der Dienststrafkammern der Reichsminister der Justiz, soweit sie nicht durch Nr. 1 b und 2 b gesetzlich bestimmt sind, auf drei Jahre. § 36 Abs. 3 gilt sinngemäß.

4. Der Reichsminister der Justiz regelt den Geschäfts-

gang der Dienststrafkammern und des Dienststrafsenats. Er übt für diese Gerichte die sonst dem Reichsminister des Innern zustehenden Befugnisse aus.

5. Die Aufgaben des Vertreters der Einleitungsbehörde werden von der Staatsanwaltschaft beim Oberlandesgericht, die Aufgaben des Vertreters der obersten Dienstbehörde von der Reichsanwaltschaft wahrgenommen.

(2) Die Einleitungsbehörde entscheidet, ob die Anschuldigung ein Dienstvergehen im Sinne des Abs. 1 Satz 1 betrifft. Liegt nach der Entscheidung der Einleitungsbehörde der Anschuldigung ein Sachverhalt zugrunde, der ganz oder auch nur zum Teil die Voraussetzung des Abs. 1 Satz 1 erfüllt, so sind die im Abs. 1 bezeichneten Dienststrafgerichte zuständig.

Begründung:

§ 109: Die Beamten der Reichsjustizverwaltung (einschl. der Richter) genießen nach der RDStO. insoweit eine Sonderstellung, als das den Gegenstand der Anschuldigung bildende Dienstvergehen „in oder bei Ausübung der Rechtspflege", d. h. in Ausübung richterlicher Tätigkeit, einschließlich der freiwilligen Gerichtsbarkeit, oder einer sonstigen Tätigkeit der Rechtspflege oder in Zusammenhang damit begangen worden ist. Nur wenn diese Voraussetzung vorliegt — worüber die Einleitungsbehörde (der Reichsminister der Justiz) entscheidet —, ist die Zuständigkeit der bei den ordentlichen Gerichten zu bildenden Dienststrafgerichte begründet. Maßgebend hierfür ist der Gesichtspunkt, daß die eigentliche Rechtspflegetätigkeit und eine dabei begangene Dienstpflichtverletzung in ihrer Eigenart nur von den mit der ordentlichen Rechtspflege ständig betrauten Organen zutreffend beurteilt werden kann. Ein Dienstvergehen dagegen, das ein in der Rechtspflege tätiger Beamter außerhalb dieser Tätigkeit, z. B. außerhalb des Dienstes überhaupt, begeht, unterscheidet sich dienststrafrechtlich in keiner Weise von gleichartigen Vergehen irgendeines anderen Beamten, kann daher von den allgemein zuständigen Dienststrafgerichten abgeurteilt werden.

Erl. zu § 109:

Beamte der Reichsjustizverwaltung, z. B. Richter, Staatsanwälte, Beamte des Bürodienstes bei den Gerichten, Beamte des Strafvollzugsdienstes.

3. Für Mitglieder des Reichsgerichts, des Reichsverwaltungsgerichts, des Reichsfinanzhofs, des Reichserbhofgerichts und des Rechnungshofs des Deutschen Reichs

§ 110

(1) Für das förmliche Dienststrafverfahren gegen ein Mitglied des Reichsgerichts, des Reichsverwaltungsgerichts, des Reichsfinanzhofs, des Reichserbhofgerichts, ein hauptamtliches Mitglied des Volksgerichtshofs oder gegen ein nach § 121 Abs. 1 Satz 1 der Reichshaushaltsordnung unabhängiges Mitglied des Rechnungshofs des Deutschen Reichs wird ein besonderer Dienststrafsenat beim Reichsgericht gebildet. Er entscheidet mit einem Vorsitzenden und sechs richterlichen Beisitzern.

(2) Vorsitzender ist der Reichsgerichtspräsident. Für seine Vertretung gilt § 109 Abs. 1 Nr. 2 b.

(3) Von den richterlichen Beisitzern müssen je zwei als richterliche Beisitzer dem Reichsdienststrafhof und dem beim Reichsgericht nach § 109 Abs. 1 Nr. 2 gebildeten Dienststrafsenat angehören. Die übrigen beiden Beisitzer müssen Mitglieder der Behörde sein, der der Beschuldigte angehört.

(4) Die richterlichen Beisitzer werden vom Führer und Reichskanzler auf drei Jahre bestellt.

(5) Der Dienststrafsenat entscheidet endgültig.

(6) Die Aufgaben des Vertreters der Einleitungsbehörde werden von der Reichsanwaltschaft wahrgenommen.

Begründung:

In § 110 wird den Mitgliedern bestimmter höchster Gerichte nur insoweit eine Sonderstellung eingeräumt, als sie bisher nicht dem allgemeinen Beamtendienststrafrecht unterlagen. Dies gilt übergangsweise entsprechend für oberste Gerichtsbehörden der Länder (§ 118).

Erl. zu § 110:

Überleitungsvorschrift für die Mitglieder der obersten Verwaltungsgerichte der Länder und die unabhängigen Mitglieder der Pr. Oberrechnungskammer § 116.

4. Für Beamte der uniformierten staatlichen Vollzugspolizei

§ 111

Der Reichsminister des Innern bestimmt, welche Vorgesetzten der uniformierten staatlichen Vollzugspolizei als Dienstvorgesetzte im Sinne des § 24 Abs. 1, Abs. 2 Nr. 3 und Abs. 3 gelten, und regelt den Beschwerdezug. Er kann andere Formen der Verhängung und Vollstreckung von Dienststrafen, als in den §§ 25 und 102 vorgeschrieben, zulassen.

5. Für Beamte der Gemeinden, Gemeindeverbände, gemeindlichen Zweckverbände und der anderen Körperschaften, Anstalten und Stiftungen des öffentlichen Rechts

§ 112

(1) Der Reichsminister des Innern gilt im Sinne dieses Gesetzes als oberste Dienstbehörde der Beamten

der Gemeinden, Gemeindeverbände und gemeindlichen Zweckverbände; er kann seine Befugnisse auf nachgeordnete Behörden übertragen. Er bestimmt, wer als nachgeordnete Behörde, Dienstvorgesetzter und höherer Dienstvorgesetzter im Sinne dieses Gesetzes anzusehen ist. Er kann die Zuständigkeit zur Verhängung von Warnungen, Verweisen und Geldbußen abweichend von den Vorschriften des § 24 regeln.

(2) Als Gemeindeverband im Sinne dieses Gesetzes gilt auch der Siedlungsverband Ruhrkohlenbezirk.

(3) Wer als oberste Dienstbehörde der an nichtstaatlichen öffentlichen Schulen tätigen beamteten Lehrpersonen, die der staatlichen Bestätigung bedürfen, gilt, bestimmt der Reichsminister für Wissenschaft, Erziehung und Volksbildung im Einvernehmen mit dem Reichsminister des Innern. Abs. 1 gilt sinngemäß.

(4) Für die Beamten der anderen Körperschaften, Anstalten und Stiftungen des öffentlichen Rechts gilt Abs. 1 sinngemäß. An die Stelle des Reichsministers des Innern tritt der für die Aufsicht über die Körperschaft, Anstalt oder Stiftung zuständige Reichsminister; er trifft seine Anordnungen nach Abs. 1 Satz 1 zweiter Halbsatz, Satz 2 und 3 im Benehmen mit dem Reichsminister des Innern.

(5) Für die im Abs. 4 bezeichneten Körperschaften usw. gilt § 151 Abs. 6 des Deutschen Beamtengesetzes sinngemäß.

(6) Ist eines der Ämter im Sinne des § 30 Abs. 1 Satz 1 ein gemeindliches Ehrenamt und wird gegen den Beamten nur wegen eines in dem Ehrenamt oder im Zusammenhang mit diesem begangenen Dienstvergehens ein förmliches Dienststrafverfahren eingeleitet,

so kann im Urteil die Wirkung der Entfernung aus dem Dienst auf das gemeindliche Ehrenamt und die in Verbindung mit ihm bekleideten Nebenämter beschränkt werden. Die Anordnung der vorläufigen Dienstenthebung (§§ 78, 80) kann entsprechend beschränkt werden.

Begründung:

§ 112 bezweckt weder Abweichungen materieller noch verfahrensrechtlicher Art, sondern läßt nur in weitem Umfange die Möglichkeit offen, für die Beamten der Gebiets- und sonstigen Körperschaften usw. des öffentlichen Rechts die Zuständigkeiten der in Dienststrafsachen tätig werdenden Behörden nach Bedarf zu regeln. Da die Neuorganisation der Selbstverwaltungskörperschaften — von der Deutschen Gemeindeordnung abgesehen — reichsrechtlich noch nicht abgeschlossen ist, muß sich die RDStO. insoweit mit Rahmenvorschriften begnügen.

Abs. 6 (betr. gemeindliche Ehrenämter) trägt einem praktischen Bedürfnis der gemeindlichen Selbstverwaltung Rechnung.

Erl. zu § 112:

1. Vgl. Erl. zu § 29.

2. Soweit in Körperschaften, Anstalten und Stiftungen d. ö. R. Gemeindebeamte beschäftigt werden, gilt nicht Abs. 4, sondern Abs. 1, z. B. die Gemeindebeamten in der Stadtschaft.

---

6. Für Wehrmachtbeamte

§ 113

(1) Für die Wehrmachtbeamten werden besondere Dienststrafgerichte gebildet. Das Nähere regelt der Reichskriegsminister im Benehmen mit dem Reichsminister des Innern und dem Reichsminister der Justiz.

(2) Der Reichskriegsminister kann im Einvernehmen mit dem Reichsminister der Justiz bestimmen, welche

Vorschriften der Militärstrafgerichtsordnung auf das Dienststrafverfahren gegen Wehrmachtbeamte anzuwenden sind.

(3) Die Vorschriften des § 28 Satz 3, § 36 Abs. 3, § 58 Abs. 2 und § 60 Abs. 2 über die Beteiligung des Stellvertreter des Führers und der Nationalsozialistischen Deutschen Arbeiterpartei finden im Dienststrafverfahren gegen Wehrmachtsbeamte keine Anwendung.

Abschnitt X

Übergangs- und Schlußvorschriften

Zu Abschnitt X:

Zu den Übergangsvorschriften wird auf die entsprechenden Bemerkungen zu den Abschnitten I bis IX verwiesen.

§ 114

Solange das Reichsverwaltungsgericht noch nicht besteht, wird der Reichsdienststrafhof als selbständige Behörde mit dem Sitz in Berlin durch den Reichsminister des Innern errichtet; die im § 41 Abs. 3 bezeichneten Mitglieder müssen Mitglieder eines obersten Verwaltungsgerichts sein.

§ 115

(1) Dieses Gesetz gilt ohne Rücksicht auf den Zeitpunkt, in dem das Dienstvergehen begangen ist; Dienstvergehen, die nach den bisherigen Vorschriften beim Inkrafttreten dieses Gesetzes verjährt sind, können jedoch nicht mehr verfolgt werden.

(2) Gegen einen Ruhestandsbeamten, der vor dem Inkrafttreten dieses Gesetzes in den Ruhestand getreten

ist, kann ein Dienststrafverfahren nur eingeleitet werden wegen eines vor dem Eintritt in den Ruhestand begangenen Dienstvergehens, wenn dies nach den bisher für ihn geltenden Vorschriften zulässig war, wegen Annahme von Belohnungen oder Geschenken, wenn das Dienstvergehen (§ 22 Abs. 1 Satz 2 des Deutschen Beamtengesetzes) nach Inkrafttreten dieses Gesetzes begangen ist. Im übrigen ist die Einleitung eines Dienststrafverfahrens gegen ihn nach den Vorschriften dieses Gesetzes zulässig; dies gilt auch dann, wenn ein wegen derselben Tatsachen eingeleitetes früheres Dienststrafverfahren nur wegen Verfahrensmangels eingestellt worden war.

(3) Die nach § 4 des Gesetzes zur Wiederherstellung des Berufsbeamtentums entlassenen Beamten werden dienststrafrechtlich den Ruhestandsbeamten gleich behandelt.

§ 116

Anhängige Dienststrafverfahren gehen mit dem Inkrafttreten dieses Gesetzes in der Lage, in der sie sich befinden, auf die nach diesem Gesetz zuständigen Behörden über; dies gilt nicht für die Dienststrafverfahren, die vor den Dienststrafkammern bei den Oberlandesgerichten und dem Dienststrafsenat beim Reichsgericht anhängig sind; diese gehen auf die im § 109 bezeichneten Dienststrafgerichte über. Maßnahmen, die nach den bisherigen Gesetzen getroffen worden sind, bleiben rechtswirksam.

§ 117

(1) Dienststrafverfahren, die nach den bisherigen Gesetzen rechtskräftig entschieden sind, ohne daß danach ein Wiederaufnahmeverfahren zulässig war, können nur

wiederaufgenommen werden, wenn das frühere Urteil nach dem 1. Januar 1930 rechtskräftig geworden ist.

(2) Anhängige Wiederaufnahmeverfahren, die nach diesem Gesetz unzulässig wären, sind einzustellen; die Kosten des Verfahrens trägt das Reich.

(3) Wenn das Dienststrafgericht, dessen Entscheidung im Wiederaufnahmeverfahren angefochten wird (§ 86 Abs. 2, § 87) oder das nach § 89 Abs. 2 für das weitere Verfahren zuständig wäre, nicht mehr besteht, tritt an seine Stelle der Reichsdienststrafhof. Er kann die Sache für das weitere Verfahren im Sinne des § 89 Abs. 2 an eine Dienststrafkammer verweisen.

Begründung:

§ 117 Abs. 1 beschränkt durch einen Stichtag die Zulässigkeit für Wiederaufnahmeverfahren, um zu verhindern, daß die Dienststrafgerichte durch eine Hochflut von Anträgen aus weit zurückliegender Zeit in ihrer eigentlichen Tätigkeit beeinträchtigt werden. Dies gilt jedoch nur, soweit ein Wiederaufnahmeverfahren bisher überhaupt nicht zulässig war, also insbesondere für die unmittelbaren Reichsbeamten. Für diese bedeutet die rückwirkende Einführung der Wiederaufnahmemöglichkeit gegenüber allen nach dem 1. Januar 1930 rechtskräftig gewordenen Urteilen trotz dieser Begrenzung eine erhebliche Vergünstigung gegen den bisherigen Rechtszustand.

§ 118

§ 110 gilt auch für die richterlichen Mitglieder der obersten Verwaltungsgerichte der Länder und die unabhängigen Mitglieder der Preußischen Oberrechnungskammer.

§ 119

Die auf Grund dieses Gesetzes ergehenden Entscheidungen der Dienstvorgesetzten und Dienststrafgerichte sind für die Beurteilung der vor einem Gericht geltend gemachten vermögensrechtlichen Ansprüche bindend.

Erl. zu § 119:

Nur Entscheidungen sind bindend, nicht etwa Tatsachenfeststellungen, die Grundlage oder Anlaß zu Entscheidungen waren.

§ 120

(1) Der Reichsminister des Innern erläßt, soweit dieses Gesetz nichts anderes vorschreibt, die zu seiner Durchführung erforderlichen Rechts- und Verwaltungsvorschriften, erforderlichenfalls im Einvernehmen mit der zuständigen obersten Reichsbehörde.

(2) Die Durchführungsvorschriften bestimmen auch, welche Bezüge als Dienstbezüge im Sinne der §§ 6, 7 und 79 anzusehen sind.

§ 121

(1) Dieses Gesetz tritt am 1. Juli 1937 in Kraft.

(2) Unberührt bleiben § 9 Abs. 4 des Bankgesetzes, § 23 des Reichsbahngesetzes und § 5 des Reichsbahn-Personalgesetzes.

(3) Im übrigen treten alle bisherigen Vorschriften außer Kraft, die das Dienststrafrecht gegenüber Beamten, auf die dieses Gesetz Anwendung findet, betreffen; die Amtszeit der Mitglieder der bisherigen Dienststrafgerichte des Reichs und der Länder endet.

(4) Soweit in Gesetzen, Verordnungen oder statutarischen Vorschriften auf die außer Kraft tretenden Vorschriften verwiesen wird, treten die entsprechenden Vorschriften dieses Gesetzes und die dazu erlassenen Durchführungsvorschriften an ihre Stelle.

(5) Soweit dieses Gesetz Vorschriften voraussetzt, die reichsgesetzlich noch nicht erlassen sind, sind die entsprechenden landesrechtlichen Vorschriften übergangsweise sinngemäß anzuwenden.

Erl. zu § 121:

Für Reichsbank- und Reichsbahnbeamte vgl. auch das inzwischen ergangene Gesetz vom 10. Febr. 1937, RGBl. II S. 47.

Berlin, den 26. Januar 1937.

Der Führer und Reichskanzler
Adolf Hitler

Der Reichsminister des Innern
Frick

Der Reichsminister der Finanzen
Graf Schwerin von Krosigk

Sachregister

I = Deutsches Beamtengesetz   II = Reichsdienststrafordnung

Die Zahlen geben die Paragraphen an.

E.

Kolibri 360 GmbH
Ferdinand-Jühlke-Straße 7
99095 Erfurt, Deutschland
produktsicherheit@kolibri360.de